*Steps to Independence*

親と教師が今日からできる

# 家庭・社会生活のためのABA指導プログラム

ブルース・L・ベイカー ● アラン・J・ブライトマン／著

井上雅彦／監訳

挙市玲子・谷口生美／訳

明石書店

**STEPS TO INDEPENDENCE** by Bruce L. Baker & Alan J. Brightman et al.

Copyright © 2004 by Paul H. Brookes Publishing Co., Inc.
Japanese translation published by arrangement
with Paul H. Brookes Publishing Co., Inc.
through The English Agency (Japan) Ltd.

# 謝　辞

　この本には、非常に充実した長い歴史があります。その歴史にかかわった多くの人々に感謝をささげます。ここで1970年代初期に始まった保護者向け指導教材作成の悪戦苦闘を振り返るのはやめ、ただ、大事なときにそこにいてくれたマイケル・ビーガブ、アン・ウェンドール、メリッサ・ベームにもう一度「ありがとう」と言うにとどめます。本書ももう第4版になりました。版を重ねるたびに、これまで多くの保護者に役立ってきた基本原則を守るだけでなく、教育界における考え方や実践方法の変化を反映した内容に更新しようと努めてきました。実にたくさんの保護者や先生、それに匿名の評者のみなさんからの建設的で有用なご意見をありがたく思います。この版では特に、ジャン・ブラッハー、ボニー・クレイマー、リタ・ガードナー、フランク・バードの各氏からご意見をいただいたことを感謝いたします。今回もまたブルックス出版社の友人たちの、本書にかける情熱と、素晴らしい本を出版するのだという疲れを知らない献身が私たちを元気づけてくれました。特に、私たちの担当である企画編集者のレベッカ・ラゾと、製作編集者のマッケンジー・クロスに感謝をささげます。

ブルース・L・ベイカー<br>
アラン・J・ブライトマン

# まえがき

　この本は、何よりも「期待」をテーマにしています。それはあなたへの期待、そして子どもへの期待です。特別なニーズをもつ子どもたちは、ともすれば「できない子ども」というレッテルが貼られがちです。彼らは工夫次第でさまざまなことが可能になると親や専門教育者が力説しても、「それがあの子の限界だから」という言葉が、幾多の親たちに投げつけられてきました。

　親の側もまた、別のレッテルを貼られていました。親は親であって、プロではない。親が子どものことをよく知っていても——子どもにしてやれることがあっても——教育にかかわる判断には役立たないと。親は子どもの「世話をする」人間であっても、教育の方向性を決めるのはほかの人だ、と考えられていました。

### ◆ふくらむ期待

　喜ばしいことに、時代は変わってきました。近年、特別なニーズをもつ子どもやその親に向けられる期待度は劇的に変化しました。21世紀の障害児は「できる子ども」です。彼らは学ぶことができます。障害をもたない同年代の仲間と実りある交流ができます。彼らはさまざまな角度から社会に参加できます。そして障害児をもつ親は今、子どものために——教育から余暇、職業選択に至るまで——できるだけ多くの選択肢を確保するパートナーと見なされているのです。

## ◆誰のために書かれた本？

　本書は、発達にいくぶんか遅れのある子どもをもつ親のために書かれています。その際、現実に子をもつ大勢の親御さんのご協力をいただき、多くの質問を受け、疑問を率直に聞かせていただきながら本の方向づけを行いました。そして、子どもに身の回りのことをさせるコツを親が学べば、子どもにとっても家族にとっても得るものが大きいという実例を、数え切れないほど報告していただきました。

　本書は親に語りかける形式をとっていますが、教師やその他の専門家（養護教諭、臨床心理士、ソーシャルワーカー、カウンセラーなど）からも、この本が役立つという反響をいただいています。こうした専門家は、知的・感情的に問題をかかえた子どもたちに、これまでさまざまなレッテルを貼ってきました――特殊、遅れ、発達障害、知的障害、学習障害、広汎性発達障害、自閉症などなど。でも、ここではそんなレッテルは関係ありません。この本が目を向けるのは、子どもの行動です。純粋に子どもの行動に焦点を絞った結果、障害をもたない子どもの親御さんからも、同じように役に立ったといううれしい報告を数多く受けています。

　この本で取り扱う年齢は主に3歳から思春期前で、紹介するケースもほとんどがその範囲のものです。ただ、来たるべき将来を垣間見てもらうため、思春期から青年期について述べた章もいくつか含まれています。

## ◆ねらいは？

　本書は、「子どもがはじめて接する影響力の大きな教師は親である」という、単純で当たり前のことを基本にします。そして、親にこれからも子どもの良き教師であり続けてもらうため、長年効果が実証されてきた手法を紹介するのが目的です。ここで紹介する取り組みの方法と具体的なガイドラインは、お子さんが社会でできるだけ自立し、楽しく暮らすことへつながるスキルの習得に役立つことでしょう。

　「自立」のとらえ方はさまざまですが、確かなことがいくつかあります。その1つは、自立は1日にして成らず。願っているだけでは訪れないということです。また、奇跡の新薬だとか劇的な新手法といったもので自立を達成

することもできません。自立を達成させるためには、しんぼう強く励まし続けることしかありません。時間をかけて一歩一歩、機会をとらえてはスキルを１つずつ教えることで達成されるのです。

### ◆ 何を教えるの？

この本で紹介するのは、注意を向けて指示を聞く基礎スキル、食事や着替えや身支度といった身辺自立スキル、トイレトレーニング、遊びスキル、高度な自己管理スキル、家事スキル、実用学習スキルです。すでにお子さんに教えたスキルもたくさんあるでしょう。読みながら、あなた自身がたくさんの提案の中から次のステップを選ぶことができます。また、学習機会をこばみストレスの原因にもなる、お子さんの問題行動に対処するガイドラインものせています。

特に多くの子どもが同じ順番で身につける身の回りスキルについては、スキルごとの具体的なプログラムを多くのせています。それ以外の分野では、教えるための基本原則を応用していただくことになります。例えば、遊びスキルでは、自転車の乗り方やスキーの滑り方、ダンスのしかたなどの具体的な説明はしません。けれど、教えるための基本の取り組み方さえ学べば、何を教えるときでも応用できるはずです。

具体的なプログラムも、基本の教え方を伝えるため要点に絞った形で紹介しています。お子さんに合わせて柔軟に進めてください。例えば、ベッドメイキングの手順に、あなたの判断でぬいぐるみや枕を追加するのも自由です。

### ◆ 教えるのは学校の仕事では？

もちろん学校の仕事ですが、あなたの仕事でもあります。近年、特別なニーズをもつ子どもに適切な公的教育が義務づけられるようになりました。しかし学校の責任が増すと同時に、親の責任も増しています。子どもの教育における重大な役割をになうからです。

特別なニーズをもつ子どもの親には、特別な責任があります。例えば子どもが糖尿病をわずらっていたら、親は子どもの命を救う責任を負い、立ち向かうでしょう。子どもが特別な学習ニーズをもつ場合、親の特別な責任は糖尿病のようにわかりやすくないかもしれません。しかし、その最も大きな責

まえがき

任は子どもをできるだけ自立させるよう導くことです。

### ◆ 本書の使い方

　この本を活動に結びつけてください──書き込みをし、自分のケースを考え、話し合ってください。この本では、教え方の基本原則から具体的な手順まで扱っています。飛ばし読みをして、ご自分とお子さんのニーズに合った部分を活用してください。ただ、基本の教え方を述べたセクションⅠは、最初に読んでおくことをおすすめします。

　セクションⅠを読み終えたら、セクションⅡのうち関心のある章へと進んでください。セクションⅡの前半4章で扱うのは、幼いお子さんのための基本的なスキルで、「基礎スキル」（第8章）、「基本的な身辺自立」（第9章）、「トイレトレーニング」（第10章）、「遊びスキル」（第11章）となっています。後半3章で扱うのは、広い年齢層を対象に自立を養うためのより高度なスキルで、「自己管理スキル」（第12章）、「家事スキル」（第13章）、「実用学習スキル」（第14章）となっています。

　セクションⅢは問題行動への対処法です。これはセクションⅡのスキルを教え始めてから読み始めることをおすすめします。このセクションは飛ばし読みせず、「何が問題行動かを見きわめる」（第15章）、「行動の分析」（第16章）、「問題行動対処プログラムの開始　その1：結果を変える」（第17章）、「問題行動対処プログラムの開始　その2：先行条件と代替行動」（第18章）の順に読んでください。

　付録は、実際にスキルを教える際に参照してください。基礎スキルの具体的な教え方案（付録A）、身辺自立スキル一覧（付録B）、身辺自立スキルの練習プログラム（付録C）、遊びスキルの練習プログラム（付録D）、実用学習スキルの練習プログラム（付録E）をのせています。

謝　辞　3

まえがき　4

> ▶ **セクションⅠ　基本を教える**

第1章 ▶ 教える前の準備……………………………………13
　　　親の役割／良い教え方とは／この本の方針／あなたは子そだてのエキスパート

第2章 ▶ スキルのねらいを定める…………………………19
　　　覚えさせるスキルを選ぶポイント

第3章 ▶ ステップの確立……………………………………23
　　　細かなステップで一歩ずつ

第4章 ▶ ごほうびを選ぶ……………………………………27
　　　達成したり、頑張った行動に対するごほうび／ごほうびのタイプ／ごほうびで着実に楽しく

第5章 ▶ 効果を最大限に高める環境を整備する…………37
　　　学習のための環境整備／焦りは禁物

第6章 ▶ 無理なく教えること………………………………41
　　　指示を出す／ごほうびの利用

第7章 ▶ 記録をとることとトラブルシューティング……49
　　　順調に進んでいるとき／うまくいかないとき／トラブルシューティングのチェックリスト／よくある質問／次へと進む前に

## ▶ セクションⅡ　スキルを教える

**第8章 ▶ 基礎スキル** ……………………………………………… 63
　注意を向ける／注意を向けさせるコツ／その他の基礎スキル

**第9章 ▶ 基本的な身辺自立** …………………………………… 73
　教える前の準備／教えるスキルのねらいを定める／スキルを構成するスモールステップを作る／子どもがやる気を起こすごほうびを選ぶ／効果を最大限に高める環境を整備する／無理なく教える／記録をとることとトラブルシューティング／課題からの逸脱

**第10章 ▶ トイレトレーニング** ………………………………… 91
　トイレに行くために必要なスキル／お子さんの準備はできていますか？／決心を固めること／記録をとること／何から始めるか——おしっこかウンチか／トイレスケジュールを立てる／ごほうびの活用／問題行動／ウンチのトレーニング／最後に／おしっこのトレーニング／1人でトイレに行く／よくある質問

**第11章 ▶ 遊びスキル** …………………………………………… 123
　教える遊びスキルのねらいを定める／ステップの確立：プログラム策定／ごほうびを選ぶ／教えるための環境整備／遊びを教える／記録をとることとトラブルシューティング／教え方の例

**第12章 ▶【自立した生活】自己管理スキル** ………………… 143
　始める前に：教えるためのポイント3点／基本のその先／自己管理スキルの評価／自己管理スキルの自立へ向けて／スキル実行の動機づけ／スキル実行の判断／日課を教える／最後に

**第13章 ▶【自立した生活】家事スキル** ……………………… 165
　スキル評価／家事の自立へ向けて／スキル実行の動機づけ／スキル実行の判断／日課を教える／家回りの修理／気をつけること

第14章 ▶【自立した生活】実用学習スキル……………………………191
　　　　教えることを決める／スキルをステップに細分化する／成功に向けた
　　　　環境整備／話す−見せる−うながす／ごほうび：トークンシステム／
　　　　トークンに関する質問集／スキルを機能させる

## ▶ セクションⅢ　問題行動への対処

第15章 ▶ 何が問題行動かを見きわめる……………………………………205
　　　　問題行動を特定する／ＡＢＣ分析／ゲイリーの場合

第16章 ▶ 行動の分析……………………………………………………………215
　　　　行動を特定する／問題行動の記録／ＡＢＣ分析を行う

第17章 ▶【問題行動対処プログラムの開始】
　　　　その１：結果を変える………………………………………………231
　　　　結果を正確に把握する／より良い結果を見つける

第18章 ▶【問題行動対処プログラムの開始】
　　　　その２：先行条件と代替行動………………………………………249
　　　　行動契約を行う／先行条件を変える／行動の記録を続ける／まとめ／
　　　　レポート：デビッドの場合

巻末付録 ▶
　付録Ａ　基礎スキル　264
　付録Ｂ　身辺自立スキル一覧　281
　付録Ｃ　身辺自立スキルの練習プログラム　298
　付録Ｄ　遊びスキルの練習プログラム　347
　付録Ｅ　実用学習スキルの練習プログラム　363

　監訳者あとがき　384

セクション I

# 基本を教える

# 第1章
# 教える前の準備

　21世紀は特別なニーズをもつ子どもの親にとってまさに新しい時代となろうとしています。1人ひとりの子どもの教育方針を親と専門家が協力して決める時代であり、親や専門家の役割が問われる時代です。子どもにどんなスキルを身につけさせるか判断するのは誰の役目なのでしょうか。また子どもがそれを身につけるまで目を配るのは誰の責任なのでしょうか。親が親である意味、教師が教師である意味をもう一度見直す必要があると言えるでしょう。

### ◆ 親の役割

　親の役割を見直すと言ってもその答えは1つではありません。そもそも親の生活には子どもに何かを教えることが自然と含まれています。取り立てて意識しなくとも親が子どもと触れ合うときにはつねに何かを教えているのです。子どもに特別なニーズがある場合は、その上で意識的に親が子どもにスキルを教える時間をもうけることがあります。時間を決めて毎日行う家庭もあれば、仕事や家の事情で毎日はできないと判断して手のあいたときや週末を利用する家庭もあります。どちらの方法でも子どもはちゃんと学んでいくものです。

### ◆ 良い教え方とは

　教えるという役割を親がどの程度どんな形で行うにせよ、良い教え方を知っておくにこしたことはありません。親自身がスタートからゴールまで順

序立った教え方を知り、さらに問題行動への基本的な対処法がわかっていれば子どもの教育にかかわるほかの人たちとも、ぐっと協力しやすくなるはずです。

　良い教え方を身につけるには実践あるのみです。もちろん、あなたは今までも子どもにたくさんのことを教えてきたはずです（お子さんがあなたの手を借りずにできるようになったことを数え上げてみてください！）。あなたはすでに教える力をもっています。その力をパワーアップさせるのがこの本です。この本を読んで新しい教え方を見つけたら、ぜひとも1つ試してみてください。そのために余分な時間をさく必要はありません。子どもと向き合ういつもの時間を使いながら、少しだけ方向転換すればいいのです。それだけであなたにとってもお子さんにとっても先々へとつながる実りある経験が得られるはずです。

## ◆この本の方針

　この本で紹介するテクニックは、専門家の間で「応用行動分析学」と呼ばれて数十年にわたって科学的に検証されてきた分野の「行動変容法」という方法に基づいています。実際の家庭や教育現場での経験やデータの積み重ねから効果が確認されている方法で、学校教育にも活用されています。

　しかし多くの教育関係者が大筋では賛同しているものの、一部意見の食い違う点もあります。ある人たちは子どもの普段の遊びや生活の中で自然にスキルを学ばせるのがいいと主張し、別の人たちはスキルを繰り返し練習し学ぶ場を特別にもうけるべきだと主張しているのです。その点について、この本の方針は「臨機応変」です。どちらの考え方にも一理ありますから、両方組み合わせるのが一番です。本の中で紹介している具体的なプログラムもお子さんの1日にどう取り入れるかは、それぞれのご家庭のその時々の状況に合わせて決めてください。

## ◆あなたは子そだてのエキスパート

　最後に確認しておきましょう。当たり前のことなのに、ともすると忘れられがちなこと。それはあなたはほかの人にはかえがたいかけがえのない人であるということです。たとえあなたが特別なニーズをもつ親の1人であり、

第1章　教える前の準備

　教育にたずさわる1人であるとしても、あなたという人間はこの世にただ1人です。あなたにはあなたの考え方があり、あなた自身の家庭があります。そしてあなたのお子さんのことにかけては、あなたが誰よりもよく知っているのです。

　ですから、どうか今までと違う自分になろうとは思わないでください。そのままのあなたに、教え方のコツと子どもに向ける新しい目線をプラスしてほしいのです。そうすればお子さんと一緒に未来を切りひらく大きな力となるでしょう。もしかしたらこの本の中には、あなたにとって格別目新しくない既知の事柄ものっているかもしれません。それでも、今よりもっとうまくできるようになるためにこの本を役立てていただけたらと思っています。あなた自身についても、お子さんについてもどうか希望を大きくもつことを忘れずに。

　第2章からは、スキルを教える道のりが始まります。しかしその前に、家庭での療育を試みてきたあるご家庭の様子をのぞいてみましょう。そこで行われているプログラムは一見単純そうですが、考え抜かれた上で実行された作戦が隠れているのです。

●●●●●●●●●●●●●●●●●●●●●●●●●●ビリーのベッド●●●●●●●●●●●●●●●●●●●●●●●●●●

　水曜日の朝、ビリーが目を覚ますと、壁の表に新しい項目が増えていました。一番下に、きれいに片づいたベッドの絵が加わったのです。ビリーはその意味がすぐにわかりました。

　この表は、何日か前にビリーとお母さんが一緒に貼った「ビリーのリスト」です。最初は絵が2つあるだけでしたが、今ではこんなに増えました。

　そして、ベッドメイキングが加わりました。ビリーは今までやったことがありません。でも、昨日の夜お母さんと話し合って、やってみようと決めたのでした。

　「支度はできた、ビリー？　もうすぐ朝ごはんよ」

　ビリーはリストをもう一度見上げました。手と顔を洗うのと歯みがきは問題なし。今ではお母さんに簡単にチェックマークをつけてもらえます。服を着るのは、お母さんが前の晩に用意してくれた服次第です。ト

セクション I　基本を教える

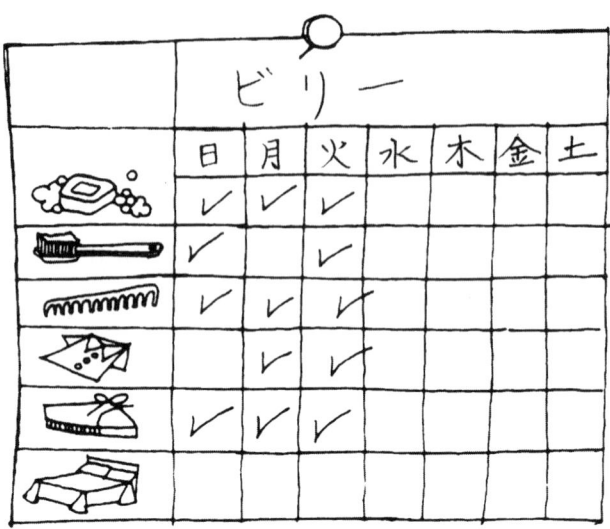

レーナーやセーターなら簡単だけど、小さいボタンのついている服はまだ難しくて、手伝ってもらうことがあります。

　ビリーがリストの順に朝の支度をしている間、お母さんが部屋に入ってきて、ベッドの片づけを始めました。ビリーが洗面所から戻ってくるとベッドはもうほとんど片づいていて、あとは半分に折りたたまれたベッドカバーを広げるだけになっていました。

　服も着て部屋を出る支度ができたビリーは、リストにチェックをつけてとお母さんにせがみました。

　「全部ちゃんとできたみたいね」。1つひとつ大げさに確認しながら、お母さんはチェックをつけ始めます。「靴はどうかしら？　うん、いいわね」。また1つチェックがつきました。「今朝はチェックが5つついたわね。全部でいくつチェックがついたら金曜日にボウリングに行く約束だっけ？」。

　「20個だよね？」

　「そう、20個よ。でも見て。新しいベッドの絵のところには、まだ1つもチェックがついていないわ。朝ごはんの前に、これもやってみる？」

第 1 章　教える前の準備

　急にビリーの顔がくもりました。新しいことにしり込みするのはいつものことです。「えーっ、おなかすいたよ」。
　穏やかな粘り強さを身につけていたお母さんは、ビリーの注意をごほうびに向けさせました。「ねえ、ビリー、すぐできちゃうのよ。それでチェックがもう 1 つつくんだから。お母さんがやってみるから、見ててね」。
　何しろベッドメイキングはほとんどすんでいて——あらかじめそうしておいたので——カバーを枕の上まで引っ張り上げるという、たった 1 つの単純な動作で終わりました。「見ててね」と言いながら、ゆっくりとこの動作をやって見せてから、お母さんはベッドカバーをさっきと同じ位置に戻し、ビリーに同じことをするよううながしました。

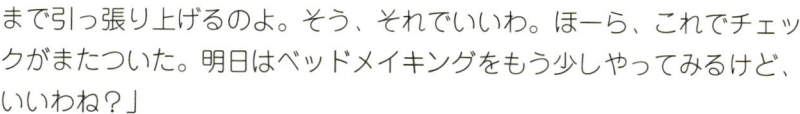

　「けっこう簡単そうだな」。ビリーは心の中で思いました。
　「さあ、ビリー、やってみて。枕の上まで引っ張り上げるのよ。そう、それでいいわ。ほーら、これでチェックがまたついた。明日はベッドメイキングをもう少しやってみるけど、いいわね？」
　「いいよ」
　ビリーは自分のベッドメイキングの仕上げをして、そのごほうびにチェックをつけてもらいました。リストのチェックは全部、こうして自分の力で手に入れたのです！

# 第2章
# スキルの
# ねらいを定める

　前章ではベッドメイキングがビリーの課題でしたが、リボンの結び方、キャッチボール、トイレの使い方など、課題は人それぞれでしょう。中には、一度覚えたはずのスキルの成功率が低い子もいるかもしれません。一度身につけたスキルを安定して実行させる方法についてはのちのちご紹介するとして、この章ではまず、新しいスキルの身のつけさせ方を学びます。あなたが最初にすることは、覚えさせたい新しいスキルの選択です。

### ◆ 覚えさせるスキルを選ぶポイント

#### ≫あなたが今子どもにしてあげていることは？
　まずは普段の1日を思い起こして、「あなたがお子さんのためにしてあげているけれど、自分でできるようになればいいのに」と思っていることを次ページの空欄に書き出してください。例えば、靴をはく、おもちゃを片づける、お風呂に入る、髪を洗う、お皿にのった肉を切り分ける、などなどです。
　お子さんにできそうなお手伝いを書き加えてもいいですね。ゴミ箱を空にするとか、食器を並べるとか、掃き掃除とか。遊びはどうでしょう？　今より上手にお友達と遊んだり、ひとり遊びができるように遊び方を覚えてほしいゲームやおもちゃはありませんか？

セクションⅠ　基本を教える

|  | 子どもが したがる | すぐに身に つけられる | 私が 教えたい |
|---|---|---|---|
| 1 |  |  |  |
| 2 |  |  |  |
| 3 |  |  |  |
| 4 |  |  |  |
| 5 |  |  |  |
| 6 |  |  |  |

　書き出しましたか？　具体的にリストアップすることで、このあとの説明がより役立つものになりますから、まだの人はぜひここでペンを手にとって書き込んでください。

　リスト全部を一度に教えることはできませんから、次に目標を絞り込むためのポイントを3つご紹介しましょう。

## ≫子どもが覚えたがっているのはどれか？

　お子さん自身がマスターしたがっていることを見きわめましょう。本人が口に出すこともあるでしょう。あるいは、お子さんが自らパンにバターをぬろうとしたり、靴のひもを結ぼうとしたり、お友達にまじってボール遊びで

ゴールをねらったりと、新しいことにトライする姿からも判断できると思います。

## ≫すぐに身につけられそうなものはどれか？

　子どもの発達には「座る→立つ→歩く」のような自然な順序があります。フォークが使えるようになってからナイフの使い方を覚えるように、お子さんが今できることを踏まえて次のスキルを選ぶ必要があります。

　ビリーのリスト（第1章）を思い出してください。そのリストは先に学んだことが少しずつ次へとつながるようになっていました。例えば、手と顔が洗えたら歯みがきへは楽に進めます。洗面所に慣れ、蛇口の操作ができるようになっているからです。すでに身についていて本人が喜んでしたがることを探すと、次のターゲットを決める手がかりになります。

　先ほど書いたご自分のリストを見てください。「これならそろそろできそう」と思えるものはありますか？　また本人のやる気が見えて一部分でもできることが含まれるものはありますか？

## ≫あなたが教えたいのはどれか？

　もちろん、親のあなたが今すぐ覚えてほしいと感じている重要なスキルがあるかもしれません。あるスキルが身についていないために家族全体が困ることがあるからです。子どもが1人で食事をとることが難しいために家族が落ち着いてテーブルを囲めないとか、服を1人で着ることが難しいためにその世話で朝の貴重な時間をとられてしまうなどです。

　こうしたことを踏まえて、リストアップしたスキルに3つのポイントの順位を書いてみましょう。そしてそれを参考にして先ほど書いたリストからスキルを1つ選んでみましょう。できれば、身の回りの世話や遊びから入ることをおすすめします。トイレトレーニングやお勉強的なこと（時計の読み方やお金の数え方など）は少し難しいので順番をあとにしたほうがいいでしょう。選んだ項目を丸で囲み、次ページの欄に書き出してください。ここから先は、選んだスキルを念頭に置きながら読んでいくことになります。

セクションI　基本を教える

```
教えるスキル：


```

　【お願い】ここを書き込んでから次へ進んでください。本に直接書き込むことに抵抗がある方もいらっしゃるでしょうが、これがこの本を効果的に活用する方法なのです。書いたスキルはいつでも変更できますので、気を楽に！

# 第3章
# ステップの確立

●●●●●●●●●●●●●●スモールステップで前進●●●●●●●●●●●●●●

「ちょっと失礼するよ、みんな。リッチーの寝る支度を手伝わなくちゃいけないから」

「そう言えばマイク、この前ポーカーをしにここへ集まったときにリッチーにシャワーの浴び方を教えていたけど、もうできるようになったかい?」

「イエスでもありノーでもありだな。自分で服は脱げるし水も出せるけど、湯の温度調節は手を貸してやらないとね。今は泡を立てて体を洗う練習中だよ。顔と手の洗い方はもう覚えたんだ。今はおなかと胸、足の洗い方を教えているんだ。泡を流したあとに体をふくのは問題ないよ、最初に教えたからね」

「なんだか教師みたいなしゃべり方だな、マイク。軽い質問を1つしただけなのに……。ポーカーのゲームでもマイクがそんなに頭を回すようになったら、みんなボロ負けしそうだよ」

●●●●●●●●●●●●●●●●●●●●●●●●●●●●●●●●●●●●●●●●●●●

「シャワーを浴びる」こと全体を1つのスキルと見なしている人は、マイクの答えに面食らうかもしれません。けれど、できる人にとっては単純に思えるスキルも、実はいくつもの動作の組み合わせから成り立っているのです。

## セクションⅠ　基本を教える

### ◆ 細かなステップで一歩ずつ

　スキル習得のためには、まずそのスキルをお子さんが身につけやすい細かなステップに分解しましょう。お子さんの目線で考えることが成功への近道となるのです。

　ここでビリーのリスト（第１章）を思い出してみましょう。ベッドメイキングに至るまでに、ビリー親子はいくつもの身の回りのスキルをクリアしていました。次々とスキル習得を成功させるなんて、ビリーのお母さんには特殊な才能でもあるのでしょうか？　いいえ、ビリーのお母さんがとった方法は行動観察をして細かなステップに分解して考えるという、誰にでもできる方法なのです。

　一見複雑で難しそうなスキルに見えるベッドメイキングも、よく見ると順序だった細かいステップの組み合わせであることがわかります。どんなステップから成り立っているのかを確かめるため、ビリーのお母さんは自分で、ゆっくりとベッドメイキングをしてみました。いつもは習慣でさっとしてしまうことをこうしてゆっくりやってみると、いかに多くの動作から成り立っているかがわかります。無意識にすませているベッドメイキングにこんなにたくさんの手順があるなんてこと、誰が思うでしょう？　でも、ビリーの目から見ればそうなのです。これらのステップを順序よくこなせないからこそ、ビリーはまだベッドメイキングができないのです。

　ビリーのお母さんは、ベッドメイキングの手順を丁寧にリストアップして、このスキルを教える計画をねりました。スキルを単純な動作に分割すると、何を教えていけばいいのかが見えてきました。ビリーのお母さんの場合、分割したステップは次のようになりました。

## 第3章 ステップの確立

ベッドメイキング

1. 掛けシーツを頭側いっぱいまで引っ張る。
2. 両サイドを引っ張ってしわを伸ばす。
3. 毛布を頭側へ引っ張ってしわを伸ばす。
4. 毛布と掛けシーツを一緒に折り返す。
5. ベッドカバーを頭側へ引っ張ってしわを伸ばす。
6. ベッドカバーを折り返す。
7. 枕を置く。
8. 枕の上にベッドカバーをかぶせる。

今度は、あなた自身が選んだスキルを細かいステップに分割してみましょう(これを**課題分析**といいますが、そんな用語は気にしなくてけっこう)。靴でもボールでも三輪車でも浴槽でも、実際のものを前にして**動作をしてください**! そうしたら、下にステップを書き出しましょう。7段階でおさまらないときは下に欄を足してください。

1.

2.

3.

4.

5.

6.

7.

セクションⅠ　基本を教える

　スキルを細かく分けたこのステップが、あなたの指導計画の基本になります。
　さあ、ステップの一覧ができましたね。これで何を教えるかがはっきりしました。
　教え方の一番大事なルールは「少しずつ確実に進めること」です。まずは、お子さんが今できることのほんのちょっと先をねらいましょう。その次のステップには、お子さんの準備が十分に整ってから進むこと。つい多くを望み、先を急ぎたくなりますが、それはいけません。1つのスキルをたくさんのステップに分割することができた注意深いあなたなら慎重に少しずつ教えていくこともできるはずです（ちなみに、ビリーのお母さんは仕上げのステップから最初に教えていましたね。これは**さかのぼり連鎖**〈逆行連鎖化〉という指導法で、第9章に出てきます）。
　このあとの4つの章では、確実に教えていくためのガイドラインをいくつかご紹介します。それを参考に、あなたならではのアレンジを加えていってください。あなたの最終目的は、誰かのまねをすることではありません。あなたのお子さんにとって良い指導者となることです。あなたの指導スタイルはあなただけのもの、それでこそ意義があるのです！

# 第4章
# ごほうびを選ぶ

　ここでちょっと考えてみましょう。第1章でビリーがベッドメイキングをしてみようと思ったのはなぜでしょう。

　特別なニーズをもつ子どもが物事を学ぶのは簡単なことではありません。彼らはわかりにくいことを言われて慣れないことをし、結局失敗に終わる、という経験を繰り返してきているかもしれません。失敗が目に見えていたら、親からの提案を拒否したり新しいスキルを学びたがらなかったりするのも無理のないことです。特別なニーズをもつ子どもたちは、ほかの大勢の子どもたちが経験する達成感や成功体験が乏しい場合が多いために、たとえ自分でできるようになりたいと思うことがあっても、人にやってもらう今の状況に甘んじたほうが安全と感じてしまうのです。

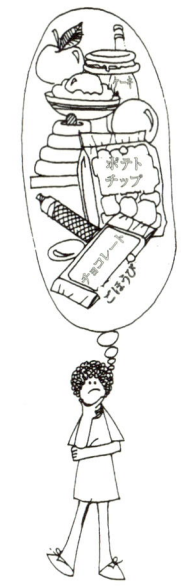

　この本では、いくつかの応用行動分析の大切なコツによって、失敗と落胆の代わりに成功と満足を体験してもらうことで、お子さんの世界観を変えていきます。けれど、現在のあなたのお子さんは、まだ何かを熱心に学ぶ準備ができていないかもしれません。「どうせまた失敗するだろう」と感じているかもしれません。その場合、やる気を引き出すためのきっかけ、つまりごほうびが必要となってきます。

セクション I　基本を教える

## ◆達成したり、頑張った行動に対するごほうび

　私たちが何かをする理由、つまり動機にはいろいろなものがあります。お金（給料）、他人からの賞賛（ほめ言葉や笑顔）、楽しみな予定（休暇）、仕事をやり遂げた自己満足感。これらはどれも「ごほうび」に当たります。私たちも一度経験すると、次が楽しみになり、繰り返し手に入れるための努力をしますね。これはお子さんにとっても同じこと。つまり、**行動の後にその子にとって好きなことや楽しいことやごほうびがあると、その行動が繰り返される可能性が高くなるのです**。

**・・・・・・・・・・・・・・・・・・・・・・ほめ言葉と賞品・・・・・・・・・・・・・・・・・・・・・・**

　「……23、24、25回！　えらいわ、ローザ、髪をとかせたわね！じゃあ、髪にリボンをつけてあげるね」

　ローザは、いとこのアリシアが明るい黄色のリボンを髪に結んでくれる間、鏡に見入っていました。ローザは自分でちゃんと髪がとかせたのです！

　「ローザ、かわいくできたから、お母さんに見せておいで」

　ローザのお母さんは驚きました。「まあ、私が言ってもしないのに、アリシアが言うと髪をとかすのはどうしてかしら。私がなだめても、すかしても、頼み込んでもだめなのよ……」

　アリシアはにっこり笑いました。「さあ、どうしてかしら。でも、ローザはほめられるのが好きみたい。それに、この黄色いリボンが大好きなのよ」。

**・・・・・・・・・・・・・・・・・・・・・・・・・・・・・・・・・・・・・・・・・・・・・・・・・・・・・・・・・・**

　何かを成し遂げると、尊敬する相手から認めてもらったりほめてもらったり、うれしいことがあります。そうした喜びは、次にまた頑張ろうという励みになります。これがごほうびの**性質**であり、**目的**でもあります。

　ローザが自分で髪をとかしたのはアリシアのほめ言葉がうれしいから、そして特にリボンが気に入ったからです。このように喜ばせたりしながら行動をうながすのは、せっついたり怒鳴ったりするよりずっと効果があります。しかも、ごほうびが期待できると子どもは次に同じことをするのが楽しみに

なります。

　「でも、どんなときにごほうびをあげればいいのかしら？」とお思いかもしれませんね。何かを教えているときの子どもの行動は大きく次の4つに分けられます。

> 1．何もしない（例：こちらに注意を向けない、窓の外をぼんやり見ている）。
> 2．言われたことと違う行動をとる（例：「やだ」と叫ぶ、泣く、部屋を出て行く）。
> 3．言われたことを少しでもやってみようとする。
> 4．言われたことを立派にやり遂げる。

　このうち3と4は望ましい行動ですから、すぐにごほうびをあげましょう。1と2は望ましくない行動ですから、ごほうびの必要はありません。簡単ですね？　しかしごほうびの目的と使い方をしっかりと理解しないまま、1から4まですべてにごほうびを与えるミスをおかす人は意外に多いのです。では次に、ごほうびのタイプ別にその効果的な活用法と起こりがちなミスを見ていきましょう。

## ◆ ごほうびのタイプ

### ≫ 注　目

　あなたが子どもに与えることができる最大のごほうび、それは「注目」です。注目を示す方法を考えてみましょう——**笑顔を向ける、ぎゅっと抱きしめる、ほおずりやキスをする、拍手する、歓声を上げる、ほめる**、などなどです。また背中を軽くたたきながら「頑張ったね」と声をかけるのは、子どもにとって大きな励みになるでしょう。

　あなたの熱心な注目は大きなごほうびになり、子どもの行動を引き出す強い力をもつだけに、その使い方には注意が必要です。怒鳴るとか注意するとかなだめすかす、これらも「注目のごほうび」になってしまっていることもあるのです。怒鳴ったり注意したりすることは、歓声や笑顔のようなうれしさはなくとも、あなたがお子さんに注目を向けていることには違いありませ

んから、これらもごほうびになりうるのです。怒鳴ったり注意したりすることが子どもにとって「注目のごほうび」になっているとすれば、その行動はなくなっていくどころか、ますます強まっていくでしょう。

　だからこそ、スキルを身につけさせる際には、「注目」の上手な使い方がポイントになります。うまくできたとき、またはやってみようと頑張ったときに、熱心なほめ言葉であれ何であれ、心からの自然な注目をすかさず示しましょう。簡単にうれしい注目を得ることができるのだと気づけば、お子さんがあなたの言うことに耳を傾ける確率は高くなり、お互いにとってうれしい経験となるでしょう。

## ≫おやつ

　少量の食べ物や飲み物のごほうびです。小さなクッキーやブドウの粒、少量のジュースなどは子どもが喜ぶおやつです。

　お子さんの好物を選んでください。しばらくして飽きたら別の物に切り換えます。教えている間指導者がごほうびを手にもっていると、より効果があります。おやつのごほうびを使うのは、お子さんのおなかがすいている（のどがかわいている）ときにしましょう。お子さんが教えたことをうまくできたとき、できなくても頑張ったとき、すかさずおやつをあげてください。このとき、必ず一緒にほめ言葉もかけてあげましょう。

　お子さんが新しいステップ（前よりも少し難しいこと）に進んだばかりであれば、成功するたびにおやつをあげます。そのステップがだいぶ身についてきたら、2回の成功につき1回のおやつ、その後は3回以上の成功で1回とします。その段階になったら、成功の回数を（2回であげたあと、5回であげ、次は1回、次は3回のように）いろいろ変えたほうが効果的な場合もあります。

　次のステップに進むころには、おやつがなくともほめ言葉だけで今のステップができるようにしましょう。おやつは、新しい（難しい）ことにトライするときにかぎった手段です。そのかわり、ほめ言葉はいつでも決して惜しまないでください。

第4章　ごほうびを選ぶ

●●●●●●●●●●●●●食べ物について考える●●●●●●●●●●●●●

　おやつのごほうびを好まない親御さんもいます。「動物のしつけのようだ」とか「うちの子はおやつを使わなくてもやっていけそうだ」という理由です。もちろん、決めるのはあなた自身です。ただ、決める際はお子さんのことをよく考えてみるようおすすめします。

　良い教師は、（自分自身の好みではなく）子どもにとって何が効果的かを重視して方針を決めるものです。確かに、注目だけをごほうびとして学んでいける子どももたくさんいます。けれど、おやつを使うと習得が早くなる子もいるのです。試してみる価値はあるでしょう。

●●●●●●●●●●●●●●●●●●●●●●●●●●●●●●●●●●●●●

## ≫活　動

　お子さんが普段から好む活動はどれも、新しいスキルを習得するときの効果的なごほうびとして使えます。ＣＤを聞くこと、テレビを見ること、コンピューターゲーム、散歩、お菓子作り、レスリングごっこ、お人形遊び、ミニカー遊びなどです。しかしこうした活動が効果を発揮するのは、少しの間の我慢ができる子どもです。年齢が高い子や、すでにある程度のことが身についている子におすすめです。

　うれしいことをバネに、あまりうれしくないことを先に片づけるやり方は、「グランマの法則」と呼ばれることがあります。賢いグランマ（おばあちゃん）は、「先にほうれん草を食べたら、後でアイスをあげるわよ」と言うものです。つまり、**子どもの好きな活動は、あまり好きでない活動のごほうびとなるわけです。**

　では例題です。ベロニカはテレビアニメを見るのが大好き。でも運動嫌いでちょっと太り気味です。そこで、ベロニカのお姉ちゃんはローラースケートを教えることにしました。グランマの法則に従った正しい言い方は、次のどちらでしょう？

---

1．「一緒に15分スケートをしたら、そのあとでアニメを見ていいわよ」
2．「今はテレビを見ていてもいいけど、あとで一緒に15分間スケートをしなきゃだめよ」

---

そう、"最初に嫌なこと、あとで楽しいこと"というグランマの法則にかなった正解は1番です。2番は、やさしい言い方のように思えるかもしれませんが、結局はのちのちのもっと大きな困難につながってしまいます。活動をごほうびとして使うなら、グランマの法則をお忘れなく。

## ≫ トークン（積み立てポイント）

子どもが課題を達成するたびにごほうびをあげるのでなく、のちのちのごほうびを目標にしてモチベーションを持続させることもできます。それに使われるのが今行っている課題とあとのごほうびをつなぐ架け橋、「トークン（積み立てポイント）」です。

紙にチェックや星印を描いてもいいですし、ゲーム用のチップや小さな券、ビリーの壁にあったようなチェックリスト（第1章）を使ってもいいでしょう。トークンによるごほうびで大事なのは、子どもにとっての交換価値です。ビリーの場合も、チェックマーク20個でボウリングに出かけるのをとても楽しみにしていました。トークンを効果的に使うためには、最終的に子どもにとって価値のあるものと交換できなくてはなりません（12章、14章参照）。

トークンは、わかりやすく徐々に導入するのが大切です。まず、子どもが好ましいことをしたら、ほめ言葉と簡単な説明（例：「えらいわね、ゴミを出してくれたからこれを1つあげるわ」）を添えて、トークンを1つあげます。最初のうちは、トークンのしくみがわからないでしょうから、それがうれしいものと交換できることを示すために「これ1つで～（おやつ、小さなおもちゃ、ゲーム、本など）と交換できるのよ」と教え、その場で交換してあげましょう。

### ●トークンを使う●

どんな種類のトークンを使うにしても、お子さんがその意味を理解するまでには時間がかかるでしょう。上でも述べたとおり、最初のうちはトークンをすぐにお子さんの喜ぶものに換えてあげる必要があります。

## 第4章　ごほうびを選ぶ

　最初のうちは、大げさに、わかりやすく。できたことをほめてトークンを渡したら、すぐにトークンをごほうびと交換しますが、この過程を1つひとつ言葉にして伝えましょう。例：「えらいわ、フランシスコ、言われなくても手を洗ったのね！　チェックをつけましょうね（ポイント表にチェックをつけて、フランシスコに見せる）。このチェックは何の印かしら？　自分で手を洗えた印ね。じゃあ、表を返してちょうだい（返してもらう）。何がもらえるかしら──クッキーよ。やった！」。

　やがて、獲得したトークンをすぐに交換せずに「とっておく」時間を少しずつ長くします（5分→10分～15分→その日の終わりまで、といったように）。このシステムへの興味をつなぎとめておくために、ときには必要に応じて、すぐ交換する段階に逆戻りしてもかまいません。「トークン方式は1日にして成らず」です。気長に教えましょう。

●●●●●●●●●●●●●●●●●●●●●●●●●●●●●●●●●●●●●●●●●●●●●●●●●●●●●

　何かを教えている間、お子さんが獲得するトークンは1個とはかぎりません。また、それ以外のときでも、望ましい行動があったらトークンをあげてかまいません。いったんトークンのシステムを理解させたら、次はトークンをためて積み立てることを教えるといいでしょう。いちいち小さなごほうびに交換するのでなく、1日の終わりや週末、あるいは目標としていた数のトークンがたまったときに、より大きなごほうびと交換するのです（第1章のビリー参照）。

　ごほうびにふさわしいものは？　それは、あなたのお子さん次第です。トークンシステムは、子ども自身が**選択する**ことを学ぶ機会にもなります。最初の「すぐ交換」の段階でも、何がほしいかお子さんに前もって聞いたり選んでもらうといいでしょう。「ジュースとクッキーのどちらがいい？」のように二択から始めて、種類が増えたらイラスト入りのごほうびメニューを用意してもいいですね。積み立てができるようになったら、お子さんの希望を聞きながら、ごほうびの内容や目標とするトークンの数を親子で相談しましょう。トークン1個でジュースだけれど、トークン5個だとチョコレート、のように、即時交換と積み立て交換の同時進行も可。週末の映画やボウリングといった大きなごほうびは、根気よくトークンを積み立て、長時間待つ力を養うことができます。

子どもに自ら選ばせることには利点が2つあります。第1に、話し合いをして現実的な選択をすることが、自己決定の力をつけさせることになり、将来の自立につながります。第2に、自分で選んだごほうびは、より強い動機づけになるのです。

　トークンは、あなたにとっては手軽で、子どもにとってはうれしい、非常に効果の高いタイプのごほうびです。ただし、以下のことをつねに心にとめておく必要があります。

1．**してほしいこととトークンの数を毎回前もって確認すること**。話し合って決めたことができなかったら、絶対にトークンをあげてはいけません（ただし、課題に無理がないかどうか見直す必要はあります）。
2．**トークンと交換できるごほうびを何種類も用意すること**（例：デザートはトークン2個、テレビはトークン3個、ローラースケートはトークン60個など）。交換できるものがいろいろあれば、トークン自体の価値が持続します。
3．**身につけるスキルとごほうびを、できればお子さんと話し合って決めること**。この機会に、選択のしかたも学ばせることができます。
4．**約束は必ず守ること**。トークンと交換することに決めたごほうびは、トークンを積み立てるまであげてはいけません。また、一度あげたトークンは子どものものですから、何かで叱ったときなどに、むやみに取り上げてはいけません（セクションⅢまで進んだら、このトークンシステムにごほうびとペナルティの両方を組み込む方法を説明します。きちんと計画されたプログラムを使うのは公平で効果的ですが、突発的にトークンを取り上げたりすると、子どものやる気をそぐ危険が非常に高くなります）。

●●●●●●●●●●●●●●●●●●●●●●●●●●レッスン達成●●●●●●●●●●●●●●●●●●●●●●●●●●

　「ずいぶん静かだこと。あの子たちは夢中になって何をしているのかしら」。バーネット家のお母さんは子ども部屋の戸口に立ちました。特別なニーズをもつ娘のローラが、先生ごっこをしています。2歳下の妹ジルが生徒役。楽しそうにベッドメイキングの手順を習っています。

　「下にはさむの。よくできました、ジル。じゃあ、反対側。うん、いいわね」

第4章　ごほうびを選ぶ

　ローラにベッドメイキングの手順を教え始めたのはついこの間のことです。娘の堂々とした言葉としぐさに、お母さんはうれしくなりました。
　「枕をとって。次はここをたたむのよ。えらいわね、ジル」
　ローラは満足そうにうなずくと、小箱から星型のシールを1枚取り出し、自分がいつもしてもらうのと同じように、紙に貼ってあげました。ローラ自身はもうシールがなくてもやる気満々——でもシール5枚で交換できるアイスはやっぱりうれしいものです。生徒役の妹はシールの意味がわかっていませんが、「ママ、見て！」と、宝物をもらったように喜んでいます……。

## ◆ ごほうびで着実に楽しく

　課題が達成できたときの喜び、つまり「達成感」があれば、子どものやる気を持続させるには十分とも思われます。しかし、実際はほめ言葉やおやつ、トークンシステムなどのごほうびがあったほうがスムーズに進みます。
　学ぶのが難しくスキルも不安定な最初のうち、子どもははたから見るよりずっと大変な思いをしています。そこではお母さんのほめ言葉、楽しい活動、トークンで交換できるアイスクリームといったごほうびが、子どもの熱意を後押しする役目を果たすのです。ところが、やがてそのスキルを身につけてしまうと、アイスクリームどころか以前のような大げさなほめ言葉さえ必要としなくなります。「達成感」や「満足感」などほかの「ごほうび」があるからです。ローラにとってきれいにベッドメイキングができることは、ほか

の人に自慢したり見せびらかしたりしたいほど楽しい活動になったのです。
　次の章に進む前に、ご自分のお子さんに使えそうなごほうびを書きとめておきましょう。

---

　　ほめ言葉

---

ひと休み！

# 第5章
# 効果を最大限に高める環境を整備する

　もし部屋の中にあいているイスがあったら、人は床には座らないはずです。私たちの行動は、物の配置に意外なほど大きく左右されます。
　例えば掃き掃除を子どもに覚えさせようとしても、散らかった部屋ではそのことに集中できません。さらにテレビがついていたり、外から友達が遊ぶ声が聞こえたり、買ったばかりのボールが目に入ったりしたら掃除など手につかないでしょう。
　どんなにすぐれた俳優に、どんなに素晴らしい台本を渡しても、舞台が整っていなければいい演技はできません。同様に、あなたがどんなに念入りにプログラムを用意しても、教える環境が整っていなければ成果を上げることはできません。
　お子さんにしてほしいこと、してほしくないことをしっかり伝えるためには、できるだけシンプルな状況を設定し、気が散る要素を減らすように環境を整えましょう。

### ◆ 学習のための環境整備

　効果的な学習の環境整備のために、あらかじめ次の3項目を考えてみましょう。

---

1．教えるのに最も適した時間はいつか？
2．教える場所はどこがいいか？
3．何が必要か？

---

セクションⅠ　基本を教える

## ≫教えるのに最適な時間は？

　予定せずとも機会をとらえて教えられることはたくさんあります。しかし、新しいことを教える場合は、そのための時間をセッティングすることをおすすめします。1日10～15分ずつ週3～5日程度が目安ですが、もちろん子どもによって集中できる時間には差がありますし、教える内容によって週1回で十分なもの（三輪車の乗り方など）や毎日したほうがいいもの（トイレトレーニングなど）もあります。

　その子にあなたの全神経を向けられる時間を選んでください。家事に追われることもなく、ほかの子どもの世話に手をとられる心配もない時間、そしてその子が疲れたりおなかがすいたりしていない時間です。

　「そんな時間なんて今の生活でありえない」と最初は思うでしょう。これを機に1日の過ごし方を見直してみるのも1つの方法です。これらの条件を100パーセント満たすのは無理でもできるかぎり近づける努力をしてみましょう。

〔今なら静かだし、スージーと2人きり…〕

・・・・・・・・・・・・・・・注　意・・・・・・・・・・・・・・・

　上で述べているのは、新しいスキルを計画的に効率よく教える時間のことです。

　ある程度獲得したスキルをさらに伸ばして楽しくさせる機会であれば1日のそれ以外の時間にもたくさんあります。あなたでもほかの家族でも臨機応変にかかわっていきましょう。それも大切な時間です。

第5章　効果を最大限に高める環境を整備する

## ≫どこで教えたらいい？

　教える場所によっても学ぶ効率が大きく左右されます。子ども部屋、リビングの片隅、裏庭などどこであれ、気を散らす雑多なものが目に入らない場所を選んでください。あなたと教材以外のものに注意が向かないように余計なおもちゃや鳥かごやテレビは片づけて、補助してもらう家族以外のほかの家族もできるだけ席をはずしてもらいましょう。歯みがきなら洗面所、ボール遊びなら外というように特定の場所で行われるスキルについては、その場所で教えます。

　このようにして選んだ場所で2、3日教えてみて大丈夫そうだと思ったら、毎回その場所で教えるようにします。やがてお子さんも、そこへ行くときはスキルを教わるのだということに慣れてきます。

## ≫用意するものは？

　たいていのスキルは、教えるときに道具や材料が必要です。例えば、上着のボタンをとめる練習であれば、子どもの上着を使いますね。では、どの上着を選べばいいでしょう？　ここは子どもの立場から考えます。その練習で使う道具や教材はお気に入りでさわりたくなるものか、扱いやすいか、重すぎないか、安全か、落としてもこわれないか？　そして迷ったらこう自問しましょう。「うちの子はこの道具で目的を達成できるかしら？　道具を変えれば成功する確率が上がるかしら？」。

　例えば、大きいボールのほうがキャッチしやすいし、大きいビーズのほうが糸を通しやすいし、何も入っていないベビーカーのほうが押しやすいものです。テニスボールで遊んだり、弟を乗せたベビーカーを押したりするのは、あとにしましょう。9ピースより5ピースのパズル、5ピースより3ピースのパズルが簡単。きつめの服より大きめの服のほうが脱着の練習は楽。

　道具を扱いやすくする方法もいろいろ考えつくはずです。例えば、折り紙がテーブルの上ですべってつかみにくいときはどうしますか？　コート掛けが高すぎて子どもの手が届かないときは？　お手玉がおもちゃ箱の中ですぐ行方不明になってしまうときは？

　身体的な障害や感覚障害をいくつかかかえたお子さんの場合、例えば運動障害のあるお子さんは、ある種のおもちゃや衣服の部品の扱いが困難です。

確実に扱えるものにかえてあげましょう。聴覚障害のあるお子さんなら、手話や身ぶりなどコミュニケーション手段を工夫しながらプログラムを進めてください。視覚障害のあるお子さんには、大きめで色のはっきりした道具や、点字のついた道具を使う必要があるでしょう。重要なのは、お子さんを一番よく知っているのはあなた自身であるということです。お子さんの長所も短所もあなたは知っています。効果がありそうだとあなたが判断したおもちゃや道具や教材を使ってください。

### ≫環境整備について最後の注意

　家の中を教室としていれば、突然の訪問者、電話、騒音、教える道具がこわれた、頭痛がするなど予想外の事態が起こる可能性もあります。

　集中の妨げになるこうした困った事態は、防ぎようがありません。しかしいったん時間や場所や道具を決めてしまえば、そう頻繁にトラブルが生じるものでもありません。一度や二度のトラブルがあってもプログラム全体には大きな影響はない、とかまえましょう。

### ◆ 焦りは禁物

　環境整備のしかたは人により千差万別です。しかし特別なニーズをもつ子どもにものを教えるのは時間がかかります。決してあせらずに楽観主義と現実主義の両方で取り組みましょう。たとえお子さんが少々あと戻りしてあなたのイライラがつのることがあっても、あきらめずに少しずつ進める気持ちでいれば、必ず実を結びます。

## 第6章

# 無理なく教えること

　この章では、良い教え方の2つの要素——指示の出し方と、ごほうびのしかた——に注目します。が、その前にこれまでのステップを振り返ってみましょう
- 教える前の準備
- 教えるスキルのねらいを定めること
- スキルを構成するスモールステップを作ること
- 子どもがやる気を起こすごほうびを選ぶこと
- 効果を最大限に高める環境を整備すること

　教える前に、いろいろとありましたね。でも、教え始めてから楽しくなるか失敗に終わるかは、こうした準備にかかっているのです。
　そして、この章と次の章で扱うのは、以下のポイントです。
- 無理なく教えること
- 記録をとることとトラブルシューティング

### ◆指示を出す

　考えてもみてください。赤ちゃんに何かを教えるとき、いきなり難しい言葉や複雑な説明はしません。お手本を見せたり、手をとって誘導したりするのが普通です。
　私たち大人だって、言葉の指示より、実演してもらったほうが受け入れやすいものです。言葉、それも指図の言葉が混乱を招きやすいことは、誰もが実感していると思います。ですから、本当なら私たちも言葉とわずかな挿絵

で説明するのでなく、あなたのそばに行って、やり方を見せたり、一緒にやってみたらいいのです。ほんの少し実演や誘導をしたら、あとは言葉をかければできるようになるはずですし、そこから徐々に手助けを減らしていくのに時間はかかりません。

　残念ながら私たちはあなたのそばに行けませんが、あなたはお子さんのそばで説明したり、やって見せたり、誘導したりできます。その方法をどれだけ使うかはお子さんの能力によります。例えば、言葉の理解に限度のあるお子さんなら体で誘導することに重点を置くといいでしょう。

### ≫ 言葉による指示

　お子さんに何をしてほしいのか簡単明瞭に説明します。何をしてほしいのかがはっきりしていても、それを子どもにわかる言い方で説明するのは意外に難しいものです。ぴったりの言い回しが見つからなかったり、言葉を重ねすぎてポイントを見失ったり。指示を最も有効に使うにはどうしたらいいのでしょうか？

　指示を効果的にするための指針をいくつか紹介しましょう。

#### ◆ 子どもが注目しているときに、ゆっくりと

　そんなことは当たり前だと思えるでしょう。指示を壁やベッドやバスタブに向かって出していた、つまり子どもは聞いていなかった、という経験は誰でもあるのです。指示を出す前に子どもの名前を呼ぶと注意を引くことができます。始める前に子どもの目をこちらに向けさせます──「ローザ、こっちを見てちょうだい」（第8章参照）。

#### ◆ 指示は簡潔に

　指示は一語文か二語文にとどめます。それ以上だと、かえって子どもの気が散ってしまいます。ビリーのお母さんの言葉を思い出してみましょう（第1章参照）。「お母さんがやってみるから、見ててね」「さあ、ビリー、やってみて。枕の上まで引っ張り上げるのよ」。

　これが、次のような言い方だったらどうでしょう。「さあ、ビリー、これからやって見せることを、よく見ていてね。お母さんのあとにやってもらいたいから……今度はあなたの番よ。お母さんがやってみせたのとまったく同じようにやってごらんなさい。どうすればいいかわかってる？……しっかり

シーツをもって、ベッドの頭のほうへゆっくり丁寧に引っ張るのよ。ちょっと待って、それじゃ早すぎ。そうそう。そのまま枕にかぶせて。枕をすっぽり隠すようにして」。

　言葉を使いすぎると、伝えたいポイントがどこなのかわかりにくくなりますね。

◆ **子どもに理解できる言葉を使って**

　あなたの使っている言葉を、お子さんは理解できるでしょうか？

「靴下を2番目の引き出しに入れなさい」

「タンスの上にあるからね」

「2番目」「上」「中」「下」「右」「赤」「横」「間」「後ろ」こういった概念をお子さんはきちんと理解できていますか。指示されたことをお子さんがうまくできないときは、「言われたことが理解できているかどうか」をまず考えてみてください。

　言葉の意味が子どもに理解できていないようなら、言い方を変え、場合によっては子どもにさせることの内容を変えてでも、理解しやすくしてあげましょう。効果的に伝わる言い方を見つけたらそれを使うようにしましょう。

　ただし、どんなにわかりやすい言い方をしても、言葉には限界があります。言葉による指示とともに、手順を実演してみせる必要があります。これを私たちは「モデリング」と呼んでいます。

## 》やって見せる：モデリング

　モデリングは、何をすればいいのかを子どもに伝える手段です。言葉による指示にシンプルで明確なお手本を添えれば、絶大な効果があります。

　「こうするのよ」と言いながら、ナイフとフォークを使ってみせる、積み木を重ねてみせる、食器を並べてみせるなどです。

　指示を口に出しながら実演することもあるでしょう。「見ててね、線のところに立ってボールを投げるのよ。こんなふうに」。

　最初に動作を見せてから指示を出すと、言葉の意味がより明確に伝わります。スキル全部を実演しても、お子さんは覚えきれないでしょうから、それぞれのステップに進むたびモデリングを行いましょう。お手本をまねるのが上手な子には長めの動作をしてみせてかまいませんが、あくまでも子どもの

能力に合わせるようにしましょう。

モデリングの効果を最大限に引き出すには、ゆっくりと、ある程度誇張したお手本を示すといいでしょう。

### ≫ 手取り足取り誘導する

お子さんと一緒に課題を行います。言葉で説明し、実演してみせたら、お子さんの手をとってその動作をしてみます。

最初のうちは、実質的にスキルを行うのはあなたであって、お子さんはされるがままの状態です。何度か繰り返しながら、徐々にあなたの手から力を抜いて、お子さん主体で課題が進められるようにしましょう。やがて、手を放します。といっても、あなたの手はお子さんの手の近くに寄り添うようにして、いつでも手助けできるよう待機します。

このように徐々に手助けを減らすことを「フェイディング」といいます。お子さんの課題習得が進むと、身体を使っての誘導やモデリングはだんだん必要なくなります。また、口頭での指示も徐々に減らすことができ、ステップごとに「次はベッドカバーね」と言うだけになり、やがては「ビリー、ベッドメイキングをしてね」の一言だけですべてがすむようになります。フェイディングは、子どもの到達度に合わせて、何日も、何週間も、ときには何カ月もかけて徐々に進めてください。

ステップを次に進む前には、お子さんが言葉の指示だけで今のステップを実行できているかどうかを確認しましょう。まだお手本や誘導が必要なうちは、次のステップに進む準備はできていません。

毎回、成功で締めくくることを忘れずに。お子さんが課題の達成に苦労していたら、課題を確実にできる簡単なことに切り換えて、達成感を得てから終わりにします。

## ◆ ごほうびの利用

### ≫ 行動の形成：ゆっくり着実に

望ましい行動は一度に完璧な姿で現れるわけではありません。お子さんの最初はまだぎこちない頑張りをスムーズな行動へと徐々に整えていくのが、

あなたの役割です。

例えば、最初のうちは決めた場所まで一緒に来たとか、ちゃんと座ったとか、「こっちを見て」という簡単な指示に従っただけでもごほうびをあげてかまいません。少したったら言葉でほめるだけにして、ごほうびは次の課題にとっておくようにします。

子どもにさせることのレベルは徐々に上げていくことが大事です。もし昨日パズルをするのにあなたの助けが必要だったとしたら、今日もそこから始めます。昨日と同じことが簡単にできたら、まずそこでごほうびをあげていいでしょう。しかしそのあとは今日の目標（昨日よりも少ない手助けでパズルをすること）を達成するか、そのための頑張りを見せるまでごほうびはおあずけです。

成功の秘けつは「ゆっくり着実に」です。一晩で目を見張るような変化が起こることを期待しても落胆するだけです。お子さんに要求するのはほんの少しの上達です。その少しの上達が見られたら適切にごほうびをあげることが大事なのです。そうやって、課題を少しずつ難しくしていけば、着実な前進が望めます。

●●●●●●●●●●●●●●●●●●●●●●●●●●●上手に教える●●●●●●●●●●●●●●●●●●●●●●●●●●●

ミーガンは「話を聞く」ことと、言いつけに「従う」ことを学んでいる最中です。目標は、パパに「びっくり箱をもってきて」と言われたら、部屋の向こうにあるびっくり箱をとってくること。最初の数日はうまくいきませんでした。違う方向へ歩いていったり、座り込んでしまったり、よそ見をしたり、箱を落としたり、パパはだんだんイライラしてきました。でも、パパは最初から多くを要求しすぎていたのです。パパは課題をステップに分けることも、行動を徐々に形成することも忘れていました。

そこで一からやり直すことにしました。まずママがミーガンと一緒に立って、びっくり箱を手渡してあげました。そして1メートルほど離れた場所にいるパパが「ミーガン、びっくり箱をもってきて」と頼むと、ミーガンはママに連れられてパパのところまで箱をもっていきました。パパはそれを受け取るとすぐにほめてびっくり箱を開けて見せました。

セクションⅠ　基本を教える

　ピエロが飛び出しミーガンは大喜び！　２回目、ママは少し手前で付き添いをやめました。少しずつ付き添いが減って、背中を軽く押すだけになり、とうとう手助けなしに行けるようになりました。そこで今度は距離を毎回少しずつ延ばしていきました。やがて、部屋のどこにあっても、ミーガンはびっくり箱をとってこられるようになったのです。

••••••••••••••••••••••••••••••••••••••••••••••••••••••••••••••••••••••••••

　ここまでは、子どもの注意を引きつけて新しいスキルを着実に教える方法を探ってきました。また、ごほうびの必要性を読んであなたはご自分のお子さんに用いるごほうびを選びましたね。次にごほうびについてさらに注意事項をあげました。今すぐ覚える必要はありませんが実際に教え始める前にもう一度読んで参考にしてください。

## ≫ごほうびがごほうびの意味をもつように

　好物のおやつも、食事のすぐあとでは効果がうすくなります。お気に入りのおもちゃも、さっき遊んだばかりでは魅力がありません。プール遊びを目指してためるチェックも、それがなくてもプールに行くことになっているのであれば、意味がありません。ごほうびは、お子さんが心からほしがって楽しみにするもので、なおかつほかの機会に手に入らないようなものであると効果的です。

　もし子どもが達成できなかったときにそのごほうびが「おあずけにできる」ことにも配慮が必要です。例えば、週末に家族で動物園に行くと決まっていたとしたら、これを「チェック10個と引き換え」などのごほうびにはしないことです。もし達成できなかったらチェックを無効にして連れて行くか、家族の予定をキャンセルするか、いずれにしても好ましくない事態です。あげるかあげないかをあなた自身でコントロールできるごほうびを選んでください。

## 第6章　無理なく教えること

### ≫成功はそれ自体がごほうび
　何度繰り返しても課題がうまくできない場合は、さらに細かいステップに分けましょう。そして同時に少しだけ前のステップにあと戻りします。毎回の指導は、すでに覚えたことから始めて新しいことへと進むのが鉄則です。子どもの集中力が途切れてきたり、あなたがそろそろ終わりにしようと判断したら、課題の最後にごく簡単な課題を与えて成功で締めくくってください。成功で締めくくるのも鉄則です。

### ≫望ましい行動をしたらすぐにごほうびを
　それがたとえ2分間であったとしても、ごほうびが遅れると何に対するごほうびなのか子どもは忘れてしまう可能性があります。悪くすると、その2分の間にとてもごほうびはあげられないようなことを始めてしまうかもしれません。ですから子どもが課題を達成したら、間髪入れずあげられるよう、ごほうびはつねに用意しておくことです。ごほうびを取り出すまでのわずかな時間はほめ言葉でつなぎましょう。

### ≫望ましくない行動はできるだけ無視
　子どもを怒鳴ったり部屋中追いかけ回したり——通常はこれがごほうびとは思いもよらないでしょうが、怒鳴ったり、追いかけたりといった行動が子どもに注目を与えることになり、非常に効力のあるごほうびになることがあります。**行為のあとにごほうびがあると、その行為は繰り返される傾向がぐんと高くなります。**ものを教える状況で子どもに注目を与えるのは、好ましい行為がなされたときだけにしましょう。部屋を走り回ってもあなたの注目は得られない、とお子さんにわかってもらいましょう。好ましくない行為があっても、席を立たずにできるだけ無視し、お子さんがあなたの様子を見に戻ってくるまで待つのです。これが簡単なことでないのは私たちもよくわかっています。それでもお子さんがあなたの注目を獲得するのは好ましい行為があったあとだけにしたいのです。その分、子どもが少しでも望ましい行動をしたときは、たくさんの注目とほめ言葉を忘れないようにします。

## ≫ごほうびを段階的になくす

　お子さんがスキルをマスターするにつれ、トークンやおやつといったごほうびは徐々に減らすことができます。ほめ言葉と達成感だけで行動がとれるようになったら、ごほうびの使用は次のプログラムへと回すようにします。例えば、ベッドメイキングがひと通りできるようになった子にこう言うのです。「よくできたわね、じゃあこの上着をハンガーにかけてちょうだい。そうしたらごほうびをあげるわ」と。そう、これで次のプログラムの始まりです！　こうしているうちにベッドメイキングは毎日の習慣になっていき、それを支えるのはあなたのほめ言葉とお子さんの達成感だけになるでしょう。

　ほかのごほうびを減らしても、ほめ言葉だけは別格です。進歩や頑張りが見られたらいつでも言葉をかけてあげましょう。

# 第7章
# 記録をとることと
# トラブルシューティング

　誰にでも、調子の良い日と悪い日があります。この章では、順調なとき自分自身にごほうびをあげる方法を取り上げ、不調なときのためのトラブルシューティング用チェックリストと、よくある質問への答えを紹介します。
　始める前に、これまでのステップをもう一度振り返ってみましょう。
○　教える前の準備
○　教えるスキルのねらいを定めること
○　スキルを構成するスモールステップを作ること
○　子どもがやる気を起こすごほうびを選ぶこと
○　効果を最大限に高める環境を整備すること
○　無理なく教えること
　　そしてこれから取りかかるのは
○　記録をとることとトラブルシューティング

●●●●●●●●●●●●●●●●●調子はいかが？●●●●●●●●●●●●●●●●●

　「こんにちは、ジュディ。あなたとビリーの今朝の調子はどう？　ここ何日もベッドメイキングを教えてたでしょ。うまくいってるのか心配で」
　「ちょっと待ってね。心配ご無用よ。これを見れば一目瞭然」
　「あら、進み具合を記録にとっているのね」
　「そうよ。進歩を確認したいんだもの。ほら見て、ビリーは順調に上達しているわ。ということは、私たち親子そろって、うまくやれてるっ

てことね！」

................................................................

　スキルを身につけるのにかかる時間は人それぞれですから、お子さんの上達スピードを予想するのは不可能です。「いつまでかかるのか」とあせってはいけません。考えるとしたら「うちの子は上達しているか」「このプログラムは効果を示しているか」「先週以上の課題をこなせているか」ということです。こうした疑問に答えるためには記録をとる必要があります。記録管理についてはセクションⅡとセクションⅢで述べますが、ここでは、観察や記録から得た結果にどう対処するかを考えます。

　教えている間、あなたはお子さんの様子を自然に観察しています。前より少しでも多くのことができたりスムーズにできたりするようになれば気がつきますし、どんなときに興味を失い気が散るかにも気づくことでしょう。

　しかし、1つ見逃しがちなことがあります。それは、子どもを教えているあなた自身についてです。ここで少しだけ時間をとってあなた自身に目を向けましょう。うまくいっているときと、そうでないときの自分自身の行動を振り返ってみましょう。

### ◆ 順調に進んでいるとき

　教えたことをお子さんが覚えていき、親子とも目標を達成できているならそれは素晴らしいことです。私たちもその場に行ってあなたと子どもさんに多くのほめ言葉をかけてあげたいくらいです。でもその必要はありませんね。あなた自身が自分にごほうびをあげればいいのですから！　ごほうびは子どもの行動を後押しするだけでなくあなたの行動も後押ししてくれます。

　自分へのごほうびにはいくつかの方法があります。中でも大事なのは自分への声かけです。お子さんが新しいスキルを覚えたら、「よくやったわ、私！」「私の教え方がうまいのね」「この調子！」と自分をほめるようにしましょう。

　ほかの人から声をかけてもらうのも大事です。お子さんができるようになったことを家族に見せて、子どもと自分の2人をほめてもらいましょう。（ほかの家族がお子さんに何か教えたときには、両方をほめてあげましょう）。

　また、教えたことを日記に書いておくのもいいでしょう。お子さんの担当

第 7 章　記録をとることとトラブルシューティング

教師に連絡帳でその時々の達成目標を伝えておき、達成できたら伝えましょう。日記に残った言葉や教師からの励ましが一種のごほうびとなり、順調に進んでいることを再確認させてくれるでしょう。

　自分にごほうびをあげるもう１つの方法は目標達成後のお楽しみを決めておくことです。映画？　甘いデザート？　子どもをあずけて半日のんびりする？　どんな楽しみを選ぶかはあなた次第です。もちろん、子どもの上達を目にすること自体が親にとって大きなごほうびであることに間違いはありません。しかしたまにはこうしたごほうびも悪くないものです。

### ◆ うまくいかないとき

　順調に進まないからといって、パニックにおちいったり、努力をむだに感じたりしないでください。どんな優秀な教師にだって、うまくいかない日はあります。そんな日が２日続けて訪れることだってあります。ですからもし問題にぶつかっても自分を責めないことです。そういうときはトラブルシューティングです。

　トラブルシューティングとは、問題の原因となっている可能性の高い項目を順にチェックすることです。例えば、電気スタンドのスイッチを入れたのにつかなかったとしたら、次のような原因を検討するでしょう。
　１．電気スタンドのコンセントが差し込まれていない。
　２．電球がソケットにきちんとはめられていない。
　３．電球が切れている。
　４．ブレーカーが落ちている、またはヒューズが飛んでいる。
　スタンドがつかないからといって、あなたはすぐにあきらめたりはしませ

## セクションⅠ　基本を教える

ん。また、「このスタンドにはやる気がない」と言ってスタンドを責めたり、「私はスタンドの扱いが下手なのね」と自分を責めたりもしないでしょう。問題の原因を探るはずですね。

　それでは、子どもに新しいスキルを教えているときのトラブルシューティングを見てみましょう。あなたは、友達から助言を求められているとします。そのお友達は発達障害をもつ息子のトニーくんに遊びのスキルを教えています。最近は積み木を教えていて、2日前までは順調でした。ところが今、トニーくんは注意散漫、積み木を積むのに前より時間がかかるし、途中で逃げ出したりするというのです。

　あなたはお友達に、「あきらめてはいけない、誰も責めてはいけない、今はトラブルシューティングをすべきときだ」と伝えます。これまで読んできたことを思い出してください。どんな助言をしてあげられるでしょうか？

　もちろん、絶対確実な解決法などありません。が、次のような質問はできたのではないでしょうか。

・トニーくんはごほうびに飽きていないか？（別のごほうびを試してみる）
・手助けを急に減らしすぎていないか？（簡単なステップに戻ってみる）
・教える時間を長くとりすぎていないか？（時間を短くして成功で終わらせる）
・積み木に飽きていないか？（同じレベルの別のおもちゃを使う）

　さあ、お友達に上のようなトラブルシューティングの提案ができたとしたら、自分自身にもできますね。

　あと戻りも教えることの一部、当たり前のことです。うまくいかない日は誰にでもあります。自分自身を責めたりお子さんを責めたりしないように。次のような考えは捨てましょう。

・「私にはできない」
・「私はいい教え手ではない」
・「この子は私に恥をかかせようとしている」
・「この子はどうにもならない」

　この種の心のつぶやきは、気分を落ち込ませるだけです。自分に厳しくしすぎないことです。世の中には、今のあなたぐらいの教え方レベルを目標として頑張っている親たちも大勢いるのです。

## ◆ トラブルシューティングのチェックリスト

　最初からつまずいたとき、最初は良かったのにやがて問題が発生したとき、それぞれ次のチェックリストを参照してください。これは本書のポイントをまとめたリストにもなっています。

### ≫ 最初でつまずいた
1．お子さんには、必要な基本スキルが身についていますか？
2．お子さんのレベルと興味に合ったスキルを選びましたか？
3．最初に自分（あなた）に注意を向けさせていますか？
4．お子さんが扱いやすい道具を使っていますか？
5．注意散漫にならない、適切な場所と時間を選んでいますか？
6．確実にできるやさしいステップから始めていますか？
7．簡潔でわかりやすい指示を出していますか？
8．あなたの手助け（見本を見せたり、身体的に誘導すること）が不足していませんか？
9．あなた自身楽しみながら教え、お子さんの努力をほめていますか？
10．お子さんの喜ぶごほうびを選んでいますか？

### ≫ うまくいっていたのに問題が生じた
1．今はあなたやお子さんにとって調子の悪いときではありませんか？（体調が悪い、ストレスをかかえているなど）
2．お子さんのごほうびへの興味がうすれてきていませんか？　ほかにごほうびとして使えるものはありませんか？　あげるべきときにごほうびをあげていますか？
3．ステップを急ぎすぎていませんか？（手助けを切り上げるのが早すぎませんか？）
4．進むのが遅すぎて、お子さんを退屈させていませんか？（いつまでも手助けしすぎではありませんか？）
5．お子さんはおもちゃに飽きていませんか。同じことを別のおもちゃで教えることはできませんか？

セクション I　基本を教える

6．トレーニング時間が長すぎませんか？　あるいは、同じ課題に長い時間かけすぎてはいませんか？
7．トレーニングの最後は成功で締めくくっていますか？　望ましくない行為をしたら終わりになると思われていませんか？

●●●●●●●●●●●●●●●●●●●●●都合の悪い日もある●●●●●●●●●●●●●●●●●●●●●

　すべての問題が、トラブルシューティングや教え方の見直しで解決するわけではありません。実生活での問題が邪魔をすることもあるからです。頭痛がするとか、お子さんがインフルエンザにかかるなどの健康問題もあるでしょう。また、お子さんの学校で遠足があった日は、時間も集中力も残っていないでしょう。思いがけない来客があるかもしれません。でも、こうした事態はささいなことです。1日か2日休んで、あなたとお子さんの準備が整ったら再開すればいいのです。

　しかし、もっと大きな問題が起こる可能性もあります。病気で入院する、身内を亡くす、引っ越しをするなど、健康、結婚、友人・親戚、仕事や収入などにかかわる問題はこちらの都合に合わせてくれません。子どものトレーニングどころではないという時期も、もしかしたら長期にわたってあるかもしれません。それはしかたのないことです。

　トレーニングをしばらく休んだとしても、再開できなくなるわけではありません。むしろ休む必要があるときにはいつから再開するのか（「来月の1日から」「泊まりに来た親戚が帰ったら」のように）めどを立てておくことをおすすめします。

●●●●●●●●●●●●●●●●●●●●●●●●●●●●●●●●●●●●●●●●●●●●●●●●●●●●

## ◆ よくある質問

　起こりうる問題を何もかも列挙することはできませんが、私たちの経験から、よくある質問とそれに対する答えをいくつかあげておきます。
　最も大きな疑問は「いつ始めたらいいのか」かもしれません。これに対する答えは、Just do it!　とにかくやってみることです。実際にやってみれば次第に自信もつくでしょうしお子さんも成長するでしょう。

第7章　記録をとることとトラブルシューティング

Q．複数の課題のプログラムを進めてもいいですか？
　はい。ただし同時に始めるのではなく、まずは1つ取りかかってそのあと2番目を始めるようにしましょう。家族の協力があるとよりスムーズに進むでしょう。家族みんなが教え方に慣れたら1日のいろいろな時間帯にさまざまなスキルを教えることができます。しかしあせりは禁物です。一度に多くを詰め込みすぎると負担になってすべてを投げ出したくなる瞬間が訪れるかもしれません。最初は毎日のスケジュールに無理なく組み込めるプログラムを1つ選んで始めてください。

Q．うちの子は学校でパズルを習っています。私がこの本のやり方でパズルを教えたら、子どもは混乱するでしょうか？
　もし学校と家で違うやり方で達成することを要求されたら、混乱する可能性があります。しかしあなたがパズルを教えようとしているなら先生は喜ぶでしょうから、先生と話し合い、この本を見せて、家と学校で足並みをそろえればいいのです。同様にあなたが途中まで教えたことの続きをほかの人（教師や祖母や兄弟など）が教える場合もよく話し合ってプログラムの説明をし、お子さんに何をさせどう手助けするのかを伝えておくのが大事です。

Q．うちの子はポロシャツを途中まで着られますが、この本ですすめているやり方と違うのです。この本のとおりに一から教え直したほうがいいですか？
　そうともかぎりません。今の状態から1人で着られるようになるまでをステップに分けて教えられるかどうか一度検討してください。教え方はさまざまあり、この本ではその一部を提案しているだけです。もしお子さんの着方があまりにもぎこちなく、先に進むのが難しそうであれば、一から教え直すことも考えたほうがいいでしょう。要は子どもに合わせた臨機応変な対応です。お子さんを観察し行動修正の原則を忘れずにいれば、お子さんに合わせてプログラムを変えたり、ご自分で考え出したりできるようになります。

Q．トレーニングは毎日続けるべきですか？
　スキルによっては毎日続けることが大切になってきます。トイレトレーニ

ングは特にそうです。また着替えや食事のスキルも同様です。しんぼう強く教える日と時間惜しさに親が全部やってあげる日があって対応が行き当たりばったりでは、子どもが混乱します。もちろん子どもの病気やあなたの都合など、何かの理由でトレーニングが中断する日があるのは当たり前ですし、たまに中断する程度なら問題はありません。しかしあまりにも一貫性がないと、教える努力が実らないおそれがあります。

Q.「ごほうび」と言っていますが、買収では？
　いいえ。買収は不正行為に与えられる報酬ですが、トレーニングでのごほうびは好ましい行為にしか与えられません。人間は誰であれ、金銭や賞賛、尊敬、そのことの達成感などの「ごほうび」を得るために何かと頑張っているものです。好ましい行いでこうした「ごほうび」を得るうちに自分の行動の先にあるものが見え、楽しめるようになっていきます。

Q.ほかの兄弟姉妹には何かできたからといっておやつをあげないのに、この子だけにあげていいのでしょうか？
　ごほうびにおやつを使うと出てくる疑問ですね。答えはこうです。ほかの子たちと学習状況が明らかに違うお子さんの場合、「本人がやる気を出すのを待って後押しする」という選択肢も、「この子にはできないんだから親が何もかもやってやる」という選択肢も妥当ではありません。身体的な障害のある子が松葉杖を使って前に進む（そして誰もそれが不公平だとは言わない）のと同じように、あなたのお子さんには前に進むために「学習のための松葉杖」が必要なのだと考えてください。兄弟姉妹に対しては、このことを説明できなければ、彼らに対しても自身の目標とごほうびを考えてみてはどうでしょうか？　ごほうびは同じおやつである必要はありません。

Q.うちの子はおやつのごほうびをあげると着替えを頑張るのですが、これをずっと続けるのですか？
　いいえ。スキルに不慣れな最初のうちはおやつのようなごほうびが効果を発揮しますが、スキルが身についてくるとほめ言葉や達成感だけで頑張れるようになってきます。ただし、おやつなどのごほうびを減らすのはゆっくり

少しずつです。着替えのスキルにおやつの必要がなくなったら、そのおやつは次に教えるスキルに回すことができるでしょう。

## Q．何もかもがうまくいかないとき、どうしたらいいのでしょう？

よくある、答えにくい質問です。というのも、この質問では問題が具体的に見えてこないからです。「何もかも」ではわかりません。行動修正を成功させるには、状況をしっかり観察して具体的に見きわめる必要があります。

## Q．子どもがトレーニング途中で泣き出し、道具を押しやってしまうのですが？

問題行動への対処はそれぞれです。この場合、お子さんはあなたに何かを訴えています。子どもが訴えたいことが何なのか、それによって対応が違ってきます。次の可能性を検討してみましょう。

1．疲れているのでは？　トレーニング時間が長すぎたようなら簡単にできる課題を急いで探しましょう。お子さんが落ち着くのを待って簡単な課題をやらせ、ごほうびをあげてトレーニングを終わりにします。
2．うまくいかなくてイライラしてきたのでは？　ステップが難しすぎて、失敗が繰り返されることに嫌気がさしているのかもしれません。この場合、落ち着くのを待ってから少し簡単なステップへと戻り、そのままトレーニングを続けましょう。
3．怒っているのでは？　お子さんが望むやり方とあなたが要求するやり方が違っていて、自分の思い通りにならないことへの怒りを表したのかもしれません。落ち着くのを待って、トラブルシューティングを行いトレーニングを続けましょう。
4．お子さんは、何かを要求されても、泣いて嫌がれば要求が「消えてなくなる」と思ってはいませんか？　もしこうしたことが頻繁に起こるようでしたら、泣いても無視し、毅然とした態度でトレーニングを続けること。嫌がった課題をすみやかに再開しましょう。少しでもできたり、取り組んでいることを大いにほめてください。

## セクション I　基本を教える

**Q．トレーニングの場所に行くのを嫌がるのですが？**

　いつもは協力的なのにそのときだけ嫌がったのであれば、問題視する必要はありません。やる気になってくれそうなときに再トライしましょう。もしもつねに嫌がるようなら、まずプログラムを慎重に見直して、次のことを確認してください。
1．その課題はお子さんが確実にできそうなことですか？
2．お子さんにとってうれしいごほうびを使っていますか？
3．ごほうびをあげる回数が少なすぎませんか？

　プログラムに問題がないと確認できたら、穏やかに、粘り強く、トレーニングに来るよう説得します。手をとって誘導し、成功させてほめます。トレーニングはごく短時間（1～2分）で終わらせ、ごほうびもしっかりあげてください。

**Q．パンツのあげおろしを教えているのですが、子どもは最初のステップさえやろうとせず、泣いて部屋から逃げ出そうとします。どうすれば子どもにやる気を出してもらえるでしょう？**

　スキルのレベルがお子さんに合ったものであるのに問題が起こるのであれば、次の点をチェックしましょう。
1．最初のステップは、お子さんが簡単にできるものですか？
2．何をしたらいいか、お子さんに伝わっていますか？　わかりやすく指示しましたか？
3．ごほうびはお子さんがほしがるものですか？　ごほうびはすぐにあげていますか？　ごほうびのあげ方は一貫していますか？

　お子さんは、はじめてのトレーニングにとまどい、今までのようにあなたが全部やってくれないことに驚いている可能性もあります。手を貸したり、スピードを落としたりして、楽にできるようにしてあげましょう。最初のステップをさらに簡単にして、少しずつレベルアップすることです。

　毅然とした態度でトレーニングにのぞみ、ごほうびはすかさずあげましょう。ごほうびがトレーニングでしか手に入らない特別なものであれば、お子さんも次第に逃げ出そうとしなくなるでしょう。

第 7 章　記録をとることとトラブルシューティング

**Q．プログラムを進めるのはいつも同じ人でなくてはいけませんか？　家族で交替してもいいですか？**

　家族で分担するのはもちろんかまいません。ただし、プログラムについて最初から十分理解してもらう必要があります。この本を読んでプログラムについて一緒に考えてもらいましょう。さらに、教え方を一貫させるためにも、互いにほかの人のトレーニングの様子をよく観察しましょう。家族全員がプログラムを理解しトレーニングにかかわると成功率が高まります。

## ◆ 次へと進む前に

　セクションⅠを読み終えたあなたは、もう教える準備が整いましたね。あなたの最大の関心事がお子さんの問題行動で、すぐにセクションⅡを読み始めたいなら、それでもけっこうです。ただ、スキルを1つ2つ教える経験をしてからのほうが、問題行動への対処にもうまく取り組めます。

　呼んだら来る、座る、注意を向けるといった基礎スキルを学ぶ必要のあるお子さんの場合、ぜひ第8章をお読みください。

　基本的な身辺自立や遊びを学ばせたい場合は、第9章か第11章へ。第9章から始めて、数週間かけて身辺自立のトレーニングをしながら、その間にほかの章に目を通すのもおすすめです。

　身辺自立がだいたいできるのであれば、第12章、続いて13章、14章と読み進めるのがいいでしょう。これらの章では、より高度な身辺自立と、生活の中の学習スキル（時計の読み方など）を扱います。そのあとは、身辺自立を増やすもよし、遊びのスキルを身につけるもよし。あるいは、トイレトレーニング（第10章）や問題行動への対処（第15-18章）といった、より難しい分野に取り組むのもいいでしょう。

セクションI　基本を教える

セクションⅡ

# スキルを教える

# 第8章

# 基礎スキル

　基礎スキルは身辺自立のスキルや遊びスキルの基礎になるものです。基礎スキルには次のようなものがあります。物をつかむ、背中を伸ばして座る、立つ、歩く、簡単な指示に従う、目と足・手・指を連動させる、など。これらは、私たちがごく幼い時期に自然と身につけ、普段はほとんど意識しないスキルです。これらの基礎スキルがすでに身についているお子さんでも、この章で紹介する注意を引くコツはきっと役に立つでしょう。

　基礎スキル（1人で立つ、カップをもつ、呼ばれたら来るなど）は、さらに役に立つスキル（階段の上り下りをする、食事をする、簡単なゲームをするなど）の入口となります。これらが身につくと、身辺自立のスキルや遊びスキルの達成に向けた大きな一歩となります。

　特別なニーズをもつお子さんには、こうした基礎スキルがうまくできないというケースもよくあります。基礎スキルを意識的に教えてからでないと、ほかの活動はマスターできません。子どもの成長と発達には、スキルを身につける自然な順番があります。例えば、1人で立てない子に歩き方を教えようとしても無理。立つことから教えなければいけませんね。

　お子さんのことを誰よりもよく知っているあなたは、お子さんに基礎スキルを教える適任者です。お子さんができることと、代わりにしてあげなければいけないことがわかっていると思います。できることをほんの少し増やすよう教える機会は、1日中いくらでもあります。こった道具はいりません——イスやテーブル、カップ、階段、床などがあれば、基礎スキルは教えられます。

セクションⅡ　スキルを教える

●●●●●●●●●●●●●●●●●●●●●●●●●うれしい驚き●●●●●●●●●●●●●●●●●●●●●●●●●

　以前のシャロンは床に座って体を揺すったり、ひもをいじったり、自分の指を見つめたりしながら何時間もぼんやり過ごしていました。お母さんはシャロンがぼんやりと時間を過ごすことに無力感をかかえていました。

　それがどうでしょう、テーブルに座ってごく簡単な遊び（小さな物を容器に入れる）をするようシャロンに教えてから、お母さんの気分は一転しました。「自分もシャロンに物事を教えられるのだ」と明るい気持ちになったのです。

　親が子どもの代わりに身の回りのことを何もかもやってあげなくてはならない、しかもその子がぼんやりと時間を過ごしているという状況は、親にとっても子にとっても気がめいってしまうことかもしれません。しかし多くの親御さんが毎日少しずつ体系的に子どもにものを教えるようになってから気持ちが変化したと報告してくれます。彼らはとても無理だと思っていたことができるようになった子どもの姿をうれしい驚きとともに見つめています。

●●●●●●●●●●●●●●●●●●●●●●●●●●●●●●●●●●●●●●●●●●●●●●●●●●●●●●●●●●●●

### ◆ 注意を向ける

　最も重要な基礎スキルです。この本を読んでいるあなたも、今は文字に注意を向けていますね。また同時に部屋の中のほかの物や雑音などを無視することもできています。

　特別なニーズをもつお子さんにとって、課題に一定時間注目することは容易でありません。しかしこのスキルを身につけることはとても重要です。イスに座って絶えずもぞもぞしている子、目線がきょろきょろと定まらない子、名前を呼んでも反応がない子は、学ぶ準備がまだ十分にできているとはいえません。

　何かを学ぶためにはまず目の前の課題に注目し、ほかの物に気をとられな

いことが不可欠です。あなたを見て、あなたの言うことに耳を傾けてくれなければ子どもはあなたの指示に従うことができないでしょう。

父親が息子にコップから飲むことを教えようとしている例を示します。コップの使い方を覚えるためには、いくつもの基礎スキルが必要です。この例にもあるように、注意を向けるスキルは見すごされがちですが、それをこの父親がどう克服したかを見てください（これはセクションⅠで説明したステップに沿ったレポートになっています）。

••••••••••••••••••••••••••注意の向け方を教える••••••••••••••••••••••••

### ◆教える前の準備
ここ何週間かダニーにコップで飲むことを教えようとしてきたが、失敗、挫折、ときに涙の連続。ダニーは言われたことに注意を向けようとしない。彼の目線は部屋をさまよい、私が呼んでも反応せず、手をコップに突っ込んだりコップを倒したりしている。

### ◆教えるスキルのねらいを定めること
私に注意を向けることを覚えさせなければ、コップから飲むことを覚えるのはとても無理だとはっきりした。そこで、私が「ダニー、こっちを見て！」と言ったら、こちらを向くことを目標とした。

### ◆スキルを構成するスモールステップを作ること
最初のステップとしてダニーを座らせ、顔と顔を30センチほどの距離まで近づけてから声をかけ、ダニーの顔がこちらに向くようにやさしく手で誘導するようにした。私が声をかけた後しばらくこちらを見ていられるようになったら、手で誘導するというプロセスを減らして少しずつ先に進むことにする。

### ◆子どもがやる気を起こすごほうびを選ぶこと
指示通りにできたときにごほうびとしてダニーの喜ぶおやつをあげることが、このトレーニング計画の重要ポイントだ。彼はレーズン入りシリアルが好物なので、カップに入れて用意しておく。たとえダニーにとってトレーニングが格別面白いものでなくても、午後のおやつがもらえるなら嫌がらないはずだ。

セクションⅡ　スキルを教える

◆ **効果を最大限に高める環境を整備すること**
　ほかの2人の子どもたちがまだ学校にいて自由になる午後の時間を、5分間、ダニーのために使うことにした。キッチンテーブルから、砂糖つぼ、新聞、テーブルマットなど、ダニーの気を散らしそうな物を全部片づける。イスを、向かい合わせのごく近い距離に配置する。ダニーにとって楽しみな日課の1つとしてトレーニングをすすめてやりたい。これから、毎日5分程度のトレーニングが始まるのだ。

◆ **無理なく教えること**
　火曜日にプログラム開始。準備は万端——テーブルは片づき、イスは向かい合わせに置かれ、ダニーの好きなレーズン入りシリアルも用意されている。私はダニーを連れてきてイスに座らせた。座ったらすぐにシリアルを1粒渡し、「ちゃんと座ってえらいね、ダニー」とほめた。
　1回目、私が「ダニー、こっちを見て」と言ってもダニーの反応はない。まるで私が独り言を言っているようなもので、ダニーは窓の外を見ている。もう一度声をかけるが、今度は立ち上がってうろうろ歩き始めた。私は、手助け（プロンプト）し忘れていたことに気づいた。私は立ち上がってダニーを連れ戻し、「ダニー、座って」と言いながらイスに座らせた。「ちゃんと座ってえらいね、ダニー」と言って、すぐにシリアルをあげた。
　〈訳注〉プロンプトとは、行動を"促進する"手助けというＡＢＡの
　　　　用語です。

◆ **言葉による指示、体を使った誘導、ごほうびを上手に使うこと**
　ダニーを席に戻した私は、同じ失敗を繰り返さないよう自分に言い聞かせた。「ダニーに無理な注文をしてはいけない」。私は向かい合ったまま自分のイスを近づけ、目の高さが同じになるよう前にかがんだ。シリアルをゆっくりと自分の顔の前に持ち上げて、「ダニー、こっちを見て」と声をかける。そして彼の目がシリアルに向くよう、そっと彼の顔を動かしてプロンプトした。ダニーがシリアルに注目した。すぐさま私はそれを彼の口に入れてやる。「えらいね！　ダニー」。

◆ **成功で締めくくること**
　2、3分しかたっていないが、トレーニングを切り上げるいい潮時だ。

## 第8章 基礎スキル

トレーニングは、時間の長さよりも、成功で終えることのほうが重要。ダニーは言われた通り注意を向けることができたのだから、今日のところはそれで十分だ。

◆ **スモールステップで継続して教えること**

こうして毎日トレーニングを続けた。4分から5分の間に、「ダニー、こっちを見て」という私の声かけとごほうびが10回以上繰り返された。数日後からは、頭を動かすプロンプトを徐々に減らした。何日もかかったが、最後にはプロンプトなしでこちらを向くようになった。

こうしてアイコンタクトがとれるようになったあとは、少しずつ離れて、ごほうびをあげるまでの時間を徐々に延ばすことで、注意を向けさせる時間を長くしていった。今では、「ダニー、こっちを見て！」と声をかけると、彼はちゃんとこちらを向いてくれる。

◆ **記録をとること**

プログラムを始めるとき日付入りの簡単な表を用意した。「ダニー、こっちを見て」と声をかけるたびに✓印を書き、こっちを向いたらそれを○で囲む。これで成功確率が一目瞭然だ。また、「備考」欄にその日どの程度の誘導をしたかを書き込んでおいた。3秒以内に8割程度の確率でこちらを向くようになったら、プロンプトを少し減らし記録を続けた。この表に残された息子の成長の足跡を見ると感慨無量だ。

――――――――――――――――――――――――――――

ダニーのお父さんは成功への道のりを踏み出したようです。「ダニー、こっちを見て」という指示に反応するようになったダニーは、あらゆるスキルに必要な、注意を向けるスキルを身につけました。もちろんこれには時間と忍耐と日々の努力が欠かせませんが大きな価値があります。実際、ダニーのお父さんはこの後、コップでの飲み方、スプーンの使い方、洗濯ばさみを空容器に入れる簡単な遊びをダニーに教えることができたのです。

### ◆ 注意を向けさせるコツ

どんなスキルを身につけるにしても、あなたやおもちゃやほかの子どもやゲームのルールなどにお子さんの注意を向ける必要があります。そこで、子どもに注意を向けさせる方法を7つ紹介します。

## 1．子どものすぐそばに立つ

　子どもに話しかけるときは、あなたの姿が目に入り、声が確実に聞こえる場所に立つこと。最初のうちは、部屋の向こうから話しかけても難しいものです。

## 2．目の高さを同じにする

　あなたの顔がお子さんの目に入るような姿勢をとります。お子さんが床に座っていたら、あなたはしゃがむ。お子さんがテーブルに座っていたら、あなたは向かい側に腰かける。お子さんからあなたの顔が見やすいようにしてください。

## 3．名前を呼ぶ

　名前を呼べば、お子さんも、あなたが自分に話しかけているのだとわかります。何かを指示する前に、名前を呼びましょう（「ジェニー、ボールをとって」「ジェニー、ボールをパパに渡して」）。お子さんがこちらを向くまで待ち、向かなければ、もう一度名前を呼びます。「あなた」などの代名詞でなく、できるだけその子自身の名前を使ってください。名前を呼んでも反応しないときは、子どもの下あごをさわって、顔をそっとこちらに向けさせます。子どもが嫌がらないようにさわることがポイントです。

## 4．目と目を合わせる

　名前を呼んでこちらを向いたら、次に目線を合わせます。目線が合ったら即時に「よくできたわ」とほめます。言葉だけではほめられていることがうまく理解できないお子さんの場合はその子が喜ぶごほうびをあげたり、くすぐったり、スキンシップをしながらほめるようにします。

## 5．慎重に言葉を選ぶ

　子どもになじみのあるシンプルな言葉づかいで、短い文にしましょう。「ジェニー、遊びましょう」ならわかりやすくてシンプルです。「休憩」とか

「一息つく」と言ってもお子さんには伝わらないかもしれません。

## 6．一貫性をもたせる

　人や場所や物を指す単語は、いつも同じにしましょう。父親を「パパ」と呼ぶことに決めたら、ずっとそれで通してください。日によって「お父さん」だったり「パパ」だったりしないように。

## 7．身ぶりを使う

　言葉にジェスチャーを添えると、理解させやすく、注意も引きやすくなります。

●●●●●●●●●●●●●●●●●●●●●●●紙コップゲーム●●●●●●●●●●●●●●●●●●●●●●●

　当てっこ遊びは、注意力を上げる練習になります。伏せたコップの1つに子どもの目の前で食べ物を隠し、カップを動かしたあと、どれに入っているか当てさせます。

　**用意する物**：紙コップ3個、ごほうび用の小ぶりのおやつ（マーブルチョコ、小さいクッキー、ホシブドウなど）

　**遊び方**：短時間で終わらせること（5分〜10分程度）。

　最初は紙コップ1個で。伏せたコップの下にごほうび（チョコなど）を隠し、「チョコはどこかな？」のように言います。お子さんがコップを持ち上げてごほうびを見つけられるよう、手伝ってあげましょう。1回でできたら、ごほうびを食べさせます。次に、ごほうびの入ったコップを少し動かしてみせてから、同じことをします。手伝わなくてもコップをもち上げてごほうびを見つけられるようになるまで、これを繰り返します。

　次に、紙コップを2個に増やします。1個にごほうびを隠し、それを少し動かしてみせます。最初のうちは、空のコップは動かしません。これができるようになったら、次は2個を入れ替えます。スピードや動かす回数を変えて、徐々に難しくしていきます。

　**気をつけること**：子どもがちゃんと見ているかどうか確認しましょう。ほぼ毎回当てるぐらいでないと、練習になりません。当てずっぽうはい

けませんし、いつも同じコップを選ぶのもいけません。子どもが1回でごほうびを見つけられないときは、ゲームのスピードを落としましょう。

　紙コップを3個にしたら、最初はごほうびの入っているコップだけを動かします。その後、動かすコップを2個にし、それから3個全部の順に、ゆっくりレベルを上げていきます。スピードや入れ替えの回数を変えて、動きを徐々に難しくします。

　**応用**：立場を交替して、お子さんがコップにおやつを隠す役、あなたが当てる役をやってもいいでしょう。おやつを見つけたら大喜びしてみせましょう。

## ◆ その他の基礎スキル

　その他の基礎スキルの教え方を、巻末付録Aに収めています。基礎スキルは実にさまざまですから、これ以外のスキルに関しても、担任の先生やカウンセラーから提案があるかもしれません。この本にのっている例は、次の通りです。

### ≫ 基本の注目スキル

　・呼ばれたら見る
　・呼ばれたら来る
　・物を見分ける
　・簡単な指示に従う
　・まねをする

### ≫ 基本の大まかな動作スキル

　・座る
　・イスから立ち上がる
　・歩く
　・階段を上り下りする

## ≫ 基本の細かい動作スキル
・押す、引く、もつ、回す
・物をつかむ、放す
・水遊びをする
・箱の穴に物を入れる
・つまむ

　こうしたスキルは第1章から第7章で説明したステップに沿って教えることができます。教えるための基礎スキルを設定する前に巻末付録Aを読んでみてもいいでしょう。

# 第9章

# 基本的な身辺自立

　服を着る、髪をとかす、トイレに行く、食事をする、お風呂に入るなど基本的な身辺自立に関するスキルは子どもに身につけてほしい重要なスキルです。これらは私たちが幼いうちに身につけ、今でも毎日無意識に練習していることです。子どもにとってフォークの使い方やボタンのとめ方をマスターすることは自己評価を一気に高め、自立への大きな一歩にもなります。

## ◆ 教える前の準備

　身辺自立スキルの習得は親の果たす役割が重要です。自宅は洗面所や食卓やお風呂があり、毎日の着替えや食事や手洗いが行われる場所です。つまり毎日の生活の中には自然な指導場面がたくさん用意されているのです。

　今はあなたがお子さんの体を洗ってあげたり服を着せたりしているかもしれません。その同じ時間を、スキルを教えることに使ってはどうでしょう。この章では、お子さんと過ごす時間を上手に使って、食事・身だしなみ・着替えを身につけさせる方法を紹介します。この章を読み終わったときに、あなたは次のことができるようになっているはずです。

1．教える身辺自立スキルを1つ選び、短時間の計画的な日常トレーニングを始められる。
2．トレーニング時間以外にも、普段の生活の中の、その場その場で教えるチャンスを見つけることができる。

　この章を読み終わったら、巻末付録Cで具体的なプログラムをご覧ください。

## ≫あなたのためにも

お子さんが自分でできることが増えることは親が楽になるだけでなく将来の自立にもつながっていきます。

••••••••••••••••••••••••••小さな紳士••••••••••••••••••••••••••

「お待たせしました、ハンバーグです。お行儀のいい坊やですね」とウェイトレスがにこやかに言いました。

「お行儀のいい坊や」ですって、とマリオのママはその言葉をうれしくかみしめました。マリオにハンバーグを切り分けてあげながら、ママは、散らかるテーブルの上で苦労しながらスプーンに肉片をのせていた2カ月前を思い起こしました。あのとき決めたのです。「時間はかかるかもしれないけれど、この子にフォークの使い方を覚えさせよう。そうすればもっと食事が楽しめるようになるわ」。

確かに時間はかかりましたし、最初のうち、マリオは変化を嫌がりました。でも、今ではちゃんとフォークの使い方を覚え、食べ物を上手に刺しています。

「ハンバーグはおいしいかい？」とパパが聞きました。マリオがレストランでパパやママといっしょに楽しく食事ができるようになったことをパパもうれしく思っています。「これからも、ちょくちょくこうやって外食するとしよう」。

••••••••••••••••••••••••••••••••••••••••••••••••••••••••••••••

## ≫覚えることは次々に出てくる

トイレトレーニングや着替えといった大きなハードルをいったん越えると、親が子どもの代わりにしてあげている小さなことは見すごされてしまうこともあるかもしれません。例えばコートをかけるとか靴ひもを結ぶとかバターをぬるとかいったことも子どもに覚えさせることができるはずなのに、つい親がしていませんか。まずは、お子さんの1日を注意深く見直して、今は代わりにしてあげているけれど、教えればお子さん自身にできそうなことはないか、探してみましょう。

第9章　基本的な身辺自立

●●●●●●●●●●●●●●●●●●●●●●覚えることはもうない？●●●●●●●●●●●●●●●●●●●●●●

　「この章はうちのミーガンには関係ないわね。身の回りのことはもうできるもの」とミーガンのお母さんはつぶやきました。
　そこへ、外で雪遊びをしていたミーガンが帰ってきて、脱いだコートをハンガーにかけてもらうためお母さんに手渡しました。
　「うちの子はトイレトレーニングも完璧だし、着替えも食事も自分でできるんだもの」とお母さんは心の中で思います。
　そのミーガンは、ブーツを脱ぎ捨てて普段用の靴にはき替え、お母さんにひもを結んでもらいに来ました。
　「ミーガン、おやつ食べる？」とお母さんが聞くと、ミーガンはうなずきます。そこでお母さんはパンにピーナツバターをぬってあげました。
　その間にも、お母さんはこう考えていました。「そう、ミーガンの身辺自立スキルは文句なし——自分のことは全部自分でできるようになったわ」。

●●●●●●●●●●●●●●●●●●●●●●●●●●●●●●●●●●●●●●●●●●●●●●●●●●●●●●●●●●

　特別なニーズをもつお子さんに身辺自立スキルを教えるのは、スムーズに進むときばかりではありませんし、その結果身につくのはごくささやかなスキルかもしれません。それでも、お子さんは確実に前進します。こうしてたくさんの親御さんが成功をおさめています。

### ◆ 教えるスキルのねらいを定める

　最初に、お子さんが現在どれくらい身の回りのことができるかを再確認しましょう。ほぼ身についているスキル、一部分しかできずあなたの手助けが必要なスキル、まったくできないスキルの3つに区分します。
　次のページのチェックリストに、30項目の身の回りスキルをあげました。それぞれについて、3つの欄のうち現在のお子さんの状態に一番近いものを選んでチェックマークをつけていきましょう。

セクションⅡ　スキルを教える

## 身辺自立スキル　チェックリスト

次の項目について、お子さんの到達度に最も近いものにチェックをつけてください。

| スキル | まったくできない | 少しできる | ひと通りできる |
|---|---|---|---|
| 1. コップで飲む | | | |
| 2. スプーンで食べる | | | |
| 3. フォークで食べる | | | |
| 4. 補助具付きのはしを使って食べる | | | |
| 5. はしを使って食べる | | | |
| 6. パンツやズボンを脱ぐ（とめ具ははずさなくてよい） | | | |
| 7. パンツやズボンをはく（とめ具は閉めなくてよい） | | | |
| 8. 靴下をはく | | | |
| 9. かぶるタイプのシャツを着る | | | |
| 10. 前ボタンのブラウスやシャツやコートを着る（ボタンはとめなくてよい） | | | |
| 11. 靴をはく（ひもは結ばなくてよい） | | | |
| 12. ファスナーを上げる | | | |
| 13. ボタンをとめる | | | |
| 14. 衣服をハンガーにかける | | | |
| 15. 手をふく | | | |
| 16. 手を洗う | | | |
| 17. 歯をみがく | | | |
| 18. 顔を洗う | | | |
| 19. お風呂のあと、体をふく | | | |
| 20. お風呂で体を洗う | | | |
| 21. 髪をとかす | | | |
| 22. 髪を洗う | | | |
| 23. ふとんをしく／しまう | | | |
| 24. 食器を並べる | | | |
| 25. ほうきで掃く | | | |
| 26. 掃除機をかける | | | |
| 27. オープン式ファスナーの端を差し込んで合わせる | | | |
| 28. 靴ひもを結ぶ | | | |
| 29. ベルトをベルト通しに通す | | | |
| 30. ベルトのバックルをとめる | | | |

次に、教えるスキルを選びます。スキルの選び方については第2章でも述べましたが、教えたらできそうなスキルのうち、お子さんもやりたがっていて、あなたも教えたいものを選ぶことが大切です。

先ほどのチェックリストで、これからあなたが教えるスキルを3個選んで丸で囲んでください（真ん中の欄にチェックマークがついているはず）。3個選んだら、その中でも最初に教えるスキルを1つ決めてください。決めたら、下の1番の「スキル」の横にそのスキルを書いてください。残りの2つも次ページの2番と3番に書き込んでください。

## ≫教える身辺自立スキル

| 1. | スキル | | |
|---|---|---|---|
| | ステップ | 1 | |
| | | 2 | |
| | | 3 | |
| | | 4 | |
| | | 5 | |

セクションⅡ　スキルを教える

2.

| スキル | | |
|---|---|---|
| ステップ | 1 | |
| | 2 | |
| | 3 | |
| | 4 | |
| | 5 | |

3.

| スキル | | |
|---|---|---|
| ステップ | 1 | |
| | 2 | |
| | 3 | |
| | 4 | |
| | 5 | |

第9章　基本的な身辺自立

## ◆ スキルを構成するスモールステップを作る

　次に、1番に選んだスキルを細かなステップに分解します（第3章参照）。実際に何度かやってみて、1つひとつの動きをメモにとるといいでしょう。さあ、やってみてください。巻末付録B「身辺自立スキル一覧」も参考にしてください──「身辺自立スキル　チェックリスト」の各項目をステップに分けて記載しています。

　あなたのステップの分け方は、巻末付録の分け方と違っているかもしれません。それは当然です。ステップの分け方にも個人差があります。覚えの早い子には大まかなステップでいいでしょうし、覚えるのに時間がかかる子はステップをより細かくしてあげたほうが効果的です。その場合は欄を増やして記入してください。巻末付録の分け方はほんの一例ですから、お子さんに合わせて適宜変更してください。お子さんのことを一番よく知っているのはあなたです。

　では、そのステップを、77ページの1番目の「ステップ」の項に書き込んでください。2番と3番も同じようにステップに分けますが、今でもあとでもかまいません。

●●●●●●●●●●●●●●●●●スモールステップ●●●●●●●●●●●●●●●●●

　ママは毎日キースにベルトの通し方を教えています。すると、今日は始めたとたんに電話のベルが鳴りました。
　「キース、自分でやってみて」そう言いながらママは電話へと走っていきました。
　キースはぎこちなくベルトを手にとりました。昨日はママがベルトをほとんど通しておき最後の1つをキースが通すだけで、それはうまくできたのです。でも、今日は最初から全部1人でやらなければとても昨日のようにうまくできません。キースは泣きべそをかきながらママのところへ行きました。それに気づいたママは電話の相手に待ってもらって、キースのベルトを通してあげます。キースが通す最後の1つだけ残して。そう、これでOK、今度はちゃんとできました！

泣く、かんしゃくを起こす、その場を離れてしまう。いつもあなたがしてあげていることを子どもに1人でさせようとすると、こうした問題行動が起こることもめずらしくありません。これらを最小限に食いとめるには、課題をできるだけ簡単にすることです。

　成功に導くためには、スキルを細かなステップに分解してゆっくりと進める必要があります。お子さんのできるレベルに合わせて教えていけば、自然とうまくいきます。すでにできることからほんの少しだけ先へ。そうしていくうち、お子さんは着実に力をつけていくでしょう。

## ◆ 子どもがやる気を起こすごほうびを選ぶ

　ごほうびについては第4章で述べました。もちろん最大のごほうびはあなたの注目（笑顔やほめ言葉、ぎゅっと抱きしめることなど）です。しかし、身辺自立スキルの習得は楽しく進むときばかりではありません。やる気を出させるために、注目以外のごほうび、例えばおやつや楽しい活動などを使うことも考えなくてはいけないでしょう。

　あなたのお子さんが特に好きな注目、おやつ、活動を考えて、ごほうびとして使えそうなものを下のスペースに書き出してみましょう（使い勝手の良さを考えるのを忘れずに。いくらお子さんが好きでもボタンを1つかけるたびに棒つきキャンディーを食べさせていては日が暮れてしまいます）。

**ごほうびとして使う物や活動**

| | |
|---|---|
| 1 | |
| 2 | |
| 3 | |

## ≫ 例　外

　ごほうびはスキルが身につくにつれ段階的になくしていくのが原則です。ただ、スキルによってはすでにできるはずなのにお子さんがやりたがらない場合があります。そんなときはごほうびで後押しする必要が出てきます。

　ここで、身辺自立スキルを、「自分の世話」と「家の手伝い」に区別して考えてみましょう。自分の世話とは、服を着たり食事をしたり髪をとかしたり――毎日必ずしなければいけない（でなければ親がしてあげなければならない）ことです。一度習得したら基本的に毎日続けますから、必要なのは、忘れないよう思い出させてきちんとほめてあげることだけです。この場合、すべきことを一覧にしたチェックリストが有効です。お子さん自身でチェックマークをつけたあと、あなたに見せにきてほめ言葉をもらうといいでしょう。全部できたら寝る前に本を読んであげるなど、活動のごほうびをプラスすることもできます。

　一方、「家の手伝い」に当たるのは、ベッドメイキングやおもちゃの片づけやゴミ箱の始末など。しなければしないですんでしまうし、特にやりたくもない、いわば子どもにとっては余計な雑用です。この種の家事には、何かしらのごほうびがあってしかるべきです（特別なニーズのない子どもでも、家の手伝いをしておこづかいをもらうケースはめずらしくありません）。ごほうびなしでやってもらいたい気持ちはわかりますが、注目以外のごほうびをまったくなくすのは、公平とは言えませんし、賢いやり方ではありません。

　なお、「家の手伝い」についても、忘れないようチェックリストを使うのは有効です。

### ◆ 効果を最大限に高める環境を整備する

　より指導の効果をあげるための環境整備の方法については、第5章でも述べました。ここでは、教える身辺自立スキルを念頭に置きながら、もう一度振り返ってみましょう。

## ≫ いつ教えるか？

　身辺自立スキルの場合、「いつ」はおのずと明らかです。ベッドメイキングなら朝、手洗いなら食事の前などです。特別に長く時間をとって繰り返し

セクションⅡ　スキルを教える

練習するのでないかぎり、必要なときに教えればいいのです。

### ≫どこで教えるか？
　歯みがき、食卓の用意、トイレなど、たいていの身辺自立スキルは場所が決まっています。ただ、着替えについてはいくつか可能性があります。子ども部屋でも洗面所でもそれ以外の場所でもいいですから、気を散らす物ができるだけ少ない場所を選びましょう。

### ≫注意を妨げる物を減らすには？
　最初のうちは、トレーニング中にお子さんの気をそらす物が何なのか、目を光らせて観察しましょう。一般に雑音や周囲の人や面白そうな物が少ないほど、子どもは課題に集中できます。例えばお風呂の入り方を教えるときには、お風呂用のおもちゃはごほうびとしては使えますが、それ以外のときには片づけたほうが賢明でしょう。

### ≫使いやすい道具や教材
　環境整備で最も大事なことは、子どもにとって扱いやすい道具や教材を選ぶことです。着替えの練習は大きめの服で、食事の練習であれば食べ物を小さめにカットしておきましょう。
　お子さんがどこで苦労しているのか気をつけて、道具や素材を工夫して楽しく学習できる方法を考えてあげましょう。以下にいくつか例をあげます。
・手をふくときタオルがずり落ちるのを防ぐために、安全ピンでタオルをとめる。
・靴下をはく練習を、大人用の靴下でさせる。
・ボタンをはずす練習は、ボタンの小さなシャツでなく、ボタンが大きくて扱いやすいコートを使う。
・蛇口の温水と冷水が一目でわかるように、赤と青のテープを貼って目立たせる。
・石けんは、子どもがもちやすいよう半分の大きさに切る。
　このほかにも、巻末付録Cに身辺自立スキルのプログラムに関する提案をいくつかのせています。また、ほかの親御さんと情報交換する場をもって、アイデアや工夫を共有できるといいでしょう。

## 第9章　基本的な身辺自立

•••••••••••••••••••••世界を変える•••••••••••••••••••••

　この世界には、子どもの小さな手に負えないことがたくさんあります。子どもは大人の世界で苦労します。指導のための環境整備は、そんな世界を子どもにも接しやすいよう少し変えることです。

　食事のとき、テネーがスプーンをもってテーブルに座りました。彼女は今日から食べ物を自分でスプーンにのせる練習を始めるのです。出されているのはテネーの好物ですが、いつもと少し違っています。ハンバーグはスプーンにのる大きさにカットされているし、ポテトは、スプーンから転がり落ちないマッシュポテトです。そして、今日はスープはなしです！

••••••••••••••••••••••••••••••••••••••••••••••••••••••

あなたがお子さんに教える身辺自立スキルについて、考えてください。

**いつ教えますか？**

**どこで教えますか？**

**注意を妨げる物をどうやって減らしますか？**

**どんな道具や教材を使いますか？**
**（もっと扱いやすくする方法はありますか？）**

セクションⅡ　スキルを教える

### ◆ 無理なく教える

　第6章でも、「言葉による指示」、「やって見せる」(モデリング)、「手取り足取り誘導する」という方法を紹介しました。これらは身辺自立スキルを教える場合にはとても重要です。手を使うスキル（はしやスプーン、ナイフやフォークを使う、靴ひもを結ぶなど）には、身体誘導が特に有効です。ただし、子どもの達成度に合わせてこうした手助けを徐々に減らすことも忘れてはなりません。

•••••••••••••••••••••••••••••••• 1人でやらせる ••••••••••••••••••••••••••••••

　いつからお子さんに1人で頑張らせるかを決めるのはあなたです。子どもがはたして1人でできるかどうか、はらはらしながら見守るこうした瞬間は、ものを教える中でもとりわけ忍耐の必要なときです。しかし、ここをへなければ物事は身につかないのです。

　「ザック、早くしてよ！　ねえママ、ザックったらいつまでも手をふき終わらないのよ。私が手伝ってあげてもいい？」

　「だめよ、自分で手をふかせなくちゃ。もう1人でできるはずなんだから」

　「だけど、まだ大変そうよ。ものすごく時間がかかってる。私、お腹ぺこぺこよ」

　「それぐらいで飢え死にはしないわ。ねえ、お姉ちゃん、あなたがはじめて夕飯のサラダを作ったときだって、お母さんはあなたがトマトを切っている間、黙って見ていたわよね？」

　「うん、ものすごく時間がかかったけど」

　「でも最後にはちゃんとできたじゃない。今ではもっと早く切れるようになったでしょ。包丁の使い方を覚えたあと、1人で切る練習を何度もしたからね。だから、ザックにも十分に時間をかけて練習させてあげなくちゃ。そう思わない？」

第9章　基本的な身辺自立

教える準備はほぼ整いました。残る問題は1つ、どのステップから始めたらいいの？　その答えは、ちょっと意外かもしれません。

## ≫さかのぼり連鎖

ルールのない徒競争があるとします。決まっているのはゴールラインだけ。絶対勝ちたかったら、あなたはどうしますか。いろいろな方法が考えられるでしょうが、結局は、ゴールラインの一歩手前からスタートし「ヨーイドン」と同時にゴールするのが一番ではないでしょうか。

「さかのぼり連鎖」と呼ばれる教え方は、ちょうどそんな徒競争に似ています。お子さんがランナーで、教えたい課題がゴールラインです。確実に成功するには、ゴールのギリギリ手前からスタートするのです。そうすればお子さんは、開始の合図と同時にそのごくわずかな距離を進み、見事にゴールを決めるでしょう。

さかのぼり連鎖が使われるのは、分解したステップがいつも同じ順番で行われるスキルです。例えば、手を洗うスキルを見てみましょう。いろいろな分け方ができるでしょうが、ここでは4つのステップに分けます。

ステップ1：水を出す
ステップ2：泡で手を洗う
ステップ3：手をすすぐ
ステップ4：水を止める

手洗い競争のゴールは何でしょう？——ステップ4の「水を止める」です。手洗いの終了を表す動作だからです。では、お子さんをゴールライン近くに立たせるために、何をすればいいでしょうか？——ステップ1〜3をあなたが代わりにしてあげるのです。水を出し、せっけんで手を洗ってやり、すすいでやるのです。さらに蛇口をつかませるところまで手を貸してあげれば、あとはあなたの合図でお子さんが蛇口をひねるだけ。簡単にゴールに到達です。

セクションⅡ　スキルを教える

　さかのぼり連鎖は、もちろん最後のステップを教えるだけのものではありません。最初は、ゴール前のごくわずかな部分以外を全部あなたがやってあげますが、代わりにやってあげる部分を、毎回ほんの少しずつ減らしていってほしいのです。スタート地点をゴールラインからほんの少しずつ離していくのです。

　手洗いのステップで言うと、お子さんが自分で水道を止められるようになったら、すすぎの最後の部分（ステップ3）から1人でさせるようにします。ステップ3から4までが1人でできるようになったら、今度は泡での手洗い（ステップ2）から始めて最後まで行います。そして最終的に、水の出し方（ステップ1）から最後までできるようにします。こうすると、たとえ新しいステップで苦労しても、その後はすでにマスターしたステップへと続くので、最後は気持ちよく終わることができます。

　さかのぼり連鎖を使えば、お子さんはつねにレースの勝者でいられるのです！

●●●●●●●●●●●●●●●●●●●●●　最後のステップを最初に　●●●●●●●●●●●●●●●●●●●●●

　ジェシーのママは、さかのぼり連鎖を使ってジェシーにコートの脱ぎ方を教えています。ジェシーはもう最後のほうのステップを2つ覚えました。ボタンをはずしてあげれば、ジェシーは自分でコートを脱ぎ、かけることができます。そこでママはもう1つステップをさかのぼることにしました。ボタンを最後の1個だけ、ジェシーにはずさせるのです。新しいステップに苦労しても、その後に待っているのはすでに覚えた楽なステップです。ママはほかのボタンを全部はずし、難なく成功できるよう、最後のボタンも途中まではずしておきました。

　こうして毎回ステップをさかのぼりながら、ジェシーのすることを少しずつ増やしてきました。トレーニングはいつも、新しいことがほんの少しと、慣れて楽にできることがたくさん。何より、この方法を使えば、「やりかけたのに途中までしかできず最後はママにやってもらう」ということがなくなるのです。

●●●●●●●●●●●●●●●●●●●●●●●●●●●●●●●●●●●●●●●●●●●●●●●●●●●●●●●●●●●●

　さかのぼり連鎖の原則をきちんと守ると、「取りかかったことは最後まで

必ずできる」ことになります。シャツを着る、手をふく、スパゲティを食べるなどほとんどの身辺自立スキルは、このさかのぼり連鎖で教えることができます。このように「1つの行動やスキル」に思えることも、実は細かなステップに分解できますし、それを後ろからさかのぼって教えることができるのです。

## ◆ 記録をとることとトラブルシューティング

　トレーニング時間とお子さんの上達度を記録にとれば、身辺自立スキルはより効果的に教えることができます。巻末付録Bの「身辺自立スキル一覧」を利用してスキルをスモールステップに分けたら、そのステップごとに練習した日時とお子さんの進み具合を記録にとるのも1つの方法です。巻末付録Bの終わりに記録用紙がついています（297ページ）。使い方は次の通りです。
1．一番左の欄には各ステップを、さかのぼり連鎖で**教える順番**に書き込みます。書ききれなかったら、表の下に書き込んでください。
2．ステップを練習した日付を書き入れます。
3．お子さんがやってみてうまくできたら、そのたびにチェックマークをつけます。
4．うまくできなかったら×印をつけます。
5．1回のトレーニングでどこまでやったかわかるように、その日のトレーニング時間の最後のチェックマークを○印で囲みます。

　第1章のビリーのお母さんを覚えていますか。ベッドメイキングを教え始めたところでしたね。次ページの記録用紙を見ると、ビリーのお母さんは朝のほかにもトレーニングをしています。ビリーは、ステップ1はうまくできましたが、ステップ2に入ってから一度、すでに覚えたステップ1をし忘れてしまい、お母さんにうながされて最後までできました。

　また、10月5日には、それまで覚えたことのおさらいをせずに、最初から新しいステップに取りかかってしまいました。お母さんはすぐに、簡単にできるステップにあと戻りして成功させています。翌日、ビリーは朝にステップ3を成功させたのですが、お母さんがごほうびのマークをつけてあげるのを忘れてしまったため、午後の練習にあまり気が入らなくなってしまいました。

セクションⅡ　スキルを教える

## 進度表

プログラム：ベッドメイキング

| ステップ一覧 | 日付 | ステップ | 実行回数 1 2 3 4 5 6 7 8 9 10 11 12 | 備考 |
|---|---|---|---|---|
| 1) ベッドカバーを枕の上にかぶせる | 10/2 | 1 | ⊕ ✓ ✓ ✓ ✓ ✓ | 飛び退いて棚でステップ1ができなかった |
| 2) 枕をベッドに置く | 10/3 | 2 | ⊕ ✓ ✓ × ✓ ⊕ | |
| | 10/4 | 2 | ⊕ ✓ ✓ ✓ ✓ ⊕ | |
| 3) ベッドカバーを折り返す | 10/5 | 3 | × ⊕ ✓ ✓ ✓ ✓ ⊕ | 最初から新しいステップをしているため朝、ビリーのリストに記印を行けちゃいた |
| 4) ベッドカバーをたいげてシワを伸ばす | 10/6 | 3 | ⊕ × × ✓ ⊕ | |
| 5) 毛布と上掛けシーツを一緒に折り返す | 10/7 | 4 | ⊕ | |
| 6) 毛布をたいげてシワを伸ばす | | | | |
| 7) 上掛け用シーツをたいげ、両側を引っ張ってシワを伸ばす | | | | |

✓ = うまくできた　　× = うまくできなかった　　⊕ = 練習終了

88

第9章　基本的な身辺自立

　記録をとることは、上手に教える大事な要素です。例にあげた記録用紙の様式が自分に向いていないと思ったら、日記をつけるなど、ほかの記録方法でもかまいません。ポイントは、定期的に子どもと自分の成果を客観的に確認することです。もし進歩していたら自分にもごほうびをあげましょう。もし進歩が見られなかったら、第7章のトラブルシューティングを参照してください。

## ◆ 課題からの逸脱

　子どもは1人ひとり違いますし、新しいことを教わったときの反応もそれぞれです。しかし特別なニーズをもつ子どもの場合、1つ確かなことがあります。これまで失敗を重ねてきているため、ものを教わる状況を避けようとするのです。多くの場合、子どもは課題に興味を示さず道具を落としたり、あらぬ所に視線を泳がせたり、部屋を出て行ったりしてしまうこともあるでしょう。あるいは、いきなり怒り出し、泣き、かみつき、たたき、大声を上げ……教えることを徒労に感じさせる行為をしてしまうかもしれません。またこの逆で、かわいらしいことをして相手の気をトレーニングからそらそうとする子もいます。

　これらはみな、トレーニング課題から逃げ出すための子どもの作戦です。そして、こうした作戦に負けてトレーニングをあきらめるたびに、これらの逸脱行動は少しずつ強化されます。好ましい行動同様、好ましくない行動も、ごほうび（この場合、トレーニングから逃れること）を受けると繰り返される確率が高まるからです。

　私たちは、子どもさんが簡単に楽しく学べるように工夫することで、課題からの逸脱行動を最小限にしようとしています。しかし最善の努力を尽くしてもなお、多少の逸脱行動は起こるものです。

　本書ではここまで、教え方をわかりやすく説明するため、課題を指導している最中の子どもの逸脱行動についてはあまりふれずにきました。子どもの逸脱行動に邪魔されない理想的な状況を書いてきたわけです。お読みのみなさんは、本書の理想的なアプローチを、ご家庭の現実の状況に合わせて変えて応用してみてください。

　問題行動とその対応方法についてはセクションⅢで詳しく述べます。しか

し、問題行動に対してうまく対応するためにはまずは望ましい行動やスキルの教え方を十分に学んでいただくのがいいと思います。巻末付録Cには、「身辺自立スキル　チェックリスト」(76ページ)にあげられた身辺自立スキルのプログラム指針と、さらに詳しい身辺自立スキル一覧が掲載されています。

# 第10章

# トイレトレーニング

　トイレトレーニングは子どもにとって重要なスキルです。しかしトイレトレーニングは時間と気力を要するものです。トイレトレーニングは確かに楽ではありませんが、必要なのは、決意を固めることと、きちんと手順を踏むことです。この章では、その2つができるようお手伝いします。

## ◆ トイレに行くために必要なスキル

　トイレトレーニングと言えば、「パンツを汚さないこと」？　いいえ、実は、トイレに行ける子どもは、単にトイレで排泄する以上に、いろいろなスキルを身につけているのです。

1．便意を認識する。
2．排泄を一時我慢する。
3．トイレに入る。
4．ズボンやパンツを下ろす。
5．便座に座る。
6．便器に排泄する。
7．トイレットペーパーを正しく使う。
8．パンツとズボンを上げる。
9．水を流す。
10．手を洗う。
11．手をふく。

　お子さんは、このうちのいくつかをすでに身につけているかもしれません

し、これからのプログラムで身につけさせることもできるでしょう。うまくできないスキルが含まれていても心配しないでください。

　最初に身につけさせたいゴールはただ1つ、「トイレで排泄する」です。ここにあげたほかのスキルは、最初のうちはあなたが手助けしてください。そして少しずつほかのスキルも教えていって、全部合わせてトイレトレーニングの完成となります。

### ◆ お子さんの準備はできていますか？

　トイレトレーニングの準備ができている子どもの条件は、次の通りです。
1．簡単な指示に従うことができる（「こっちへ来て、ビリー」）。
2．イスに5分間程度座っていられる。
3．排泄の間隔が1時間半以上あいている（おしっこのトレーニングの場合）。
　【注意】1や2ができないお子さんの場合、まずはそのスキルを身につけさせることに力を注ぎましょう（第8章参照）。

### ◆ 決心を固めること

　トイレトレーニングがはじめての方も、やってみたけれどうまくいかなかった方も、ここが決心のしどころです。本書のトレーニング法を学び、あきらめずに続けることを、今ここで決意してください。多くの親御さんたちが実際に試して、最後には努力のかいがあったと実感しています。

　24時間体制となるお子さんのトイレトレーニングは、ほとんどの時間を一緒に過ごす親、つまりあなたにしかできません。さらに、成功のためにはトレーニング法に一貫性をもたせることが重要です。ですからほかの家族やベビーシッター、家の外で面倒を見てくれる先生たちにも協力をあおぐ必要があります。

•••••••••••••••••••••体験者からのメッセージ•••••••••••••••••••••

　私たちに協力してくれた親御さんたちからみなさんへ、重要な助言があります。

　「トイレトレーニングが手間のかかるあと戻りの多い作業であることをあまり強調しないで」と私たちに言っていたのはホイットニーのママ

です。「時々、どうにもならないと思ってしまうこともあります。そんなにつらいなら、もうやめてしまおうって」。そのあとに続く彼女からみなさんへのメッセージは、ほかの多くの親御さんを代表したものです——「でも、絶対にあきらめないで！」。

ラファエルのママは、記録をつけることの大切さを振り返ります。「私、数字は苦手だったんです。でも、次第に慣れていきました。記録をとるなんて大変なことに思えますが、慣れてしまえばそうでもありません。それに記録をとることは、成功に不可欠です」。

最後に、スコットのパパは息子の成功が家族全員にとって素晴らしい経験になったと語ってくれます。「スコットのために、そして自分たち家族のためにみんなが一致団結して取り組んだのです」。

## ◆ 記録をとること

### ≫ 排泄の記録をとる

もしお子さんを定期的にトイレに連れて行くことができていて、昼間のおもらしがほとんどなければ、ここは飛ばして「１人でトイレに行く」（114ページ）へと進んでください。

トイレトレーニング最初の、最も重要なステップは、お子さんの排泄パターン、つまり１日のどういった時間にお子さんがパンツを汚すのかを知ることです。このパターンを見つけ出してはじめて、計画的なプログラムを進めることができます。

お子さんのパターンを判断するためには、２週間程度おしっことウンチの記録をとる必要があります。トイレトレーニングに取りかかるのは**それが終わってから**です。

### ≫ ２週間のうちにすること

1. この期間はそれまで通りのトイレ習慣を**続け**ます。もし今までトイレに連れて行っていなかったらまだ連れて行かないでください。トイレに連れて行っている場合は何が出たかを記録します。
2. 朝起きたらまず、お子さんのオムツの状態を**チェック**します。

3．1時間後にパンツ、オムツをもう一度**チェック**し、その後も1時間おきのチェックを就寝まで続けます。
4．おしっこなのか、ウンチなのか、何もなかったのかを**毎時間記録**します。
5．次の1時間にまた排泄があったらわかるように、またおしりのきれいな状態にお子さんが慣れるように、汚れたパンツ、オムツは**交換**します。

## ≫記録のとり方

次ページの排泄記録表には1週間分が記録できます。このセクションを読み終わったら、コピーを2枚（2週間分）とってトイレに貼り、明日から記録をつけはじめてください。

◆「パンツ」欄

「パンツ」の欄には1時間ごとに書き込みます。
　　なし：何もしていない
　　小　：パンツがおしっこでぬれていた
　　大　：パンツがウンチで汚れていた
　　大小：両方していた

きっちり1時間待つ必要はありません。パンツが汚れた様子があったらすぐにチェックして、時間とともに書き込んでください。

◆「トイレ」欄

子どもをトイレに連れて行っている場合は、「トイレ」の欄に結果を書き込みます（ただし、今までトイレに連れて行っていない人は、まだ連れて行かないでください）。
　　なし：トイレで何も出なかった
　　小　：トイレでおしっこが出た
　　大　：トイレでウンチが出た
　　大小：両方出た

記録をとるのは、毎時間であっても、それ自体は1分とかかりません。が、これはトイレトレーニングの中でも最も重要な作業です。

記録をとることに慣れている人はいいのですが、これまで行動記録をとったことがなく、おっくうに感じる人もいるかもしれません。始める前からあきらめることがないよう、このあと、例をあげて記録のとり方を説明します。

第10章　トイレトレーニング

## 排泄記録表

子どもの名前：_____

開始日　　　：_____

| 時間 | 1日目 | | 2日目 | | 3日目 | | 4日目 | | 5日目 | | 6日目 | | 7日目 | |
|---|---|---|---|---|---|---|---|---|---|---|---|---|---|---|
| | パンツ | トイレ | パンツ | トイレ | パンツ | トイレ | パンツ | トイレ | パンツ | トイレ | パンツ | トイレ | パンツ | トイレ |
| 7:00 | | | | | | | | | | | | | | |
| 8:00 | | | | | | | | | | | | | | |
| 9:00 | | | | | | | | | | | | | | |
| 10:00 | | | | | | | | | | | | | | |
| 11:00 | | | | | | | | | | | | | | |
| 12:00 | | | | | | | | | | | | | | |
| 1:00 | | | | | | | | | | | | | | |
| 2:00 | | | | | | | | | | | | | | |
| 3:00 | | | | | | | | | | | | | | |
| 4:00 | | | | | | | | | | | | | | |
| 5:00 | | | | | | | | | | | | | | |
| 6:00 | | | | | | | | | | | | | | |
| 7:00 | | | | | | | | | | | | | | |

セクションⅡ　スキルを教える

••••••••••••••••••••••••••表のつけ方••••••••••••••••••••••••••

　ジェフのお母さんはトイレトレーニングの開始に不安を感じていました。息子の排泄パターンを聞かれて、「午前中に気づくといつもぬれていて、午後は2、3回」と答えたのですが、これでは不明確すぎました。そこでもっと正確な情報を集めるため2週間かけて表を作成することになりました。トイレ習慣は今まで通りにして1時間おきにジェフの様子をチェックして表に書き込むだけです。

　初日の朝は下のようになりました。

| 時間 | 1日目 水曜日 | |
|---|---|---|
| | パンツ | トイレ |
| 7:00 | 小 | なし |
| 8:00 | なし | |
| 9:00 | なし | 小 |
| 10:00 | なし | |
| 10:25 | 大小 | |
| 11:00 | なし | |

この表から、次のことがわかります。
・7時にパンツがぬれていた（小）。いつもの通りトイレに連れて行ったが、何も出なかった（なし）。
・1時間後の8時にパンツをチェックしたが、きれいだった（なし）。トイレには連れて行かなかった。
・9時にパンツをチェックすると、まだぬれていなかった（なし）。でも、トイレに連れて行ったらおしっこをした（小）。

第10章　トイレトレーニング

・10時にも、やはりパンツはぬれていなかった。トイレには連れて行っていない。
・10時25分、ジェフがおしっことウンチでパンツを汚した（大小）。お母さんはその兆候に気づいたけれど、トイレに連れて行くのが間に合わなかった。その時間である10時25分を表に書き込んだ。
・11時にはパンツはきれいなまま。トイレには連れていかなかった。

　２週間が終わるころ、ジェフのお母さんは、この毎日の「大」「小」「なし」の記録から、成功へつながるトレーニングに必要な情報が得られるようになりました。この間、忙しくてチェックをつけ忘れることも当然ありましたが、家族全員にトイレトレーニングに協力してもらったため、ジェフのお母さんにとっては大助かりでした。

•••••••••••••••••••••••••••••••••••••••••••••••••••••••••••••••••

では、ある子どもの、午前８時から12時までの１週間の排泄パターン記録を見てみましょう。この表はさまざまな質問に答えてくれます。

| 時間 | 日曜 パンツ | 日曜 トイレ | 月曜 パンツ | 月曜 トイレ | 火曜 パンツ | 火曜 トイレ | 水曜 パンツ | 水曜 トイレ | 木曜 パンツ | 木曜 トイレ | 金曜 パンツ | 金曜 トイレ | 土曜 パンツ | 土曜 トイレ |
|---|---|---|---|---|---|---|---|---|---|---|---|---|---|---|
| 8:00 | なし | | なし | なし | なし | | なし | | 小 | なし | なし | | なし | |
| 9:00 | 大 | 小 | 小 | なし | 小 | | 小 | | 大 | 小 | なし | なし | 小 | 小なし |
| 10:00 | なし | | 大 | | 大 | 小 | 大 | | 大 | | 大 | なし | 大 | |
| 11:00 | 小 | | なし | | なし | | なし | なし | なし | | 小 | なし | なし | 小 |
| 12:00 | なし | | 小 | | 小 | | 小 | | 小 | | 小 | | 小 | |

表を見て、次の質問に答えてみてください。
1）土曜日、ウンチはどこにしましたか。
2）水曜日、ウンチは何時にしましたか。
3）木曜日、ウンチは何回ありましたか。
4）9時にウンチをしたことは何回ありますか。
5）この子がウンチをすることの多い時間帯はいつですか。

　表全体は一見ちんぷんかんぷんに思えても、1つひとつのマス目はシンプルに情報を伝えてくれます。答えは、1）パンツ、2）10時、3）2回、4）2回、5）10時、です。

　これで、あなたもお子さんの排泄パターンを記録する準備ができましたね。2週間かけて記録をとり、その間に本書を読み進めておきましょう。

　2週間続けて記録をとらなければ、この章でこれから述べることも役に立ちません。考えてみてください。これからの2週間は記録をとるだけで失敗も成功もないのです。お子さんに合ったトイレスケジュールを立てるためお子さんの排泄パターンを確かめたい、それだけのことです。

　パターンを読みとるためにはお子さんが起きている間の行動をずっと把握する必要があります。したがって、お子さんが学校へ行っている間は、記録表をもたせて学校でも記入してもらうことになります。おばあちゃんの家に預ける場合も同じです。記録方法をほかの家族やベビーシッターにも説明しておいてください。このプログラムに関してはあなたがリーダーです。ほかの人にしてもらうことをきちんと説明し、あなた自身がこのプログラムに真剣に取り組んでいる姿を見せることで、周囲の人たちにも、きっと力になってもらえるでしょう。

## ◆ 何から始めるか——おしっこかウンチか

　トイレトレーニングがはじめてであれば、ウンチからスタートすることをおすすめします。ただし、1）もうウンチはトイレでしている、2）排泄記録を見るとおしっこの間隔が1時間半以上あいている、の2点がクリアできていたら、お子さんはおしっこのトレーニングを始める準備ができています。おしっこのトレーニングはすんでいるけれどウンチのトレーニングがまだ、というお子さんもいらっしゃるでしょう。その場合は、そのままウンチのト

## 第10章 トイレトレーニング

レーニングへと進んでください。

　ウンチのトレーニングを先にする理由はたくさんあります。排尿に比べて排便は、回数も少なく、比較的規則正しく起こります。したがって、トイレに連れて行く回数が少なく、時間もあまりかかりません。トイレに連れて行ったときの成功の確率が高いことも重要です。また、子どもの兆候（体をこわばらせる、顔を赤くする、急に静かになる、しゃがみこむなど）が読みとりやすく、トイレに連れて行くタイミングをつかみやすいということもあります。ウンチのトレーニングがすむころには、お子さんはトイレに入ることに慣れていますから、おしっこトレーニングも楽に始められるでしょう。

> 〈訳注〉おしっことウンチのどちらから始めるかは、子どもさんの状態によりさまざまです。子どもさんの抵抗の少ないほう、指導しやすいほうを選択してください。トイレに入ることをこわがる場合、便座に座ることを嫌がる子の場合は105ページのジャマールの例を参考にしてください。便秘傾向のあるお子さんの場合は、おしっこから始めるほうがいいでしょう。

　1）排泄パターンを2週間記録し、2）ウンチとおしっこのどちらのトレーニングをするか決める、の2点ができたら、トイレスケジュールを立てましょう。次項ではウンチのトイレスケジュールについて説明します。おしっこのトレーニングをする方も、やり方はほぼ同じですから、よく読んでください。おしっことウンチで違う点については、後ほど述べます。

### ◆ トイレスケジュールを立てる

1. 2週間分の排泄記録表を取り出し、「大」の部分を（赤ペンなどで目立つように）丸で囲みます。
2. 各時間帯の「大」の回数を数え、2ページ分（2週間分）合計して欄外に書き込みます。

　100ページと101ページに、ある子どもの2週間分排泄記録表を例としてのせています。よく見て、説明を理解してから読み進んでください。

　ほとんどの子どもは、排泄に何かしらのパターンがあります。ウンチを

セクションⅡ　スキルを教える

## 排泄記録表

子どもの名前： アレックス
開始日　　　： 11/14

| 時間 | 1日目 水 パンツ | 1日目 トイレ | 2日目 木 パンツ | 2日目 トイレ | 3日目 金 パンツ | 3日目 トイレ | 4日目 土 パンツ | 4日目 トイレ | 5日目 日 パンツ | 5日目 トイレ | 6日目 月 パンツ | 6日目 トイレ | 7日目 火 パンツ | 7日目 トイレ |
|---|---|---|---|---|---|---|---|---|---|---|---|---|---|---|
| 7:00 | | | | 7:30 小 | | | | | なし | 小 | | | | 7:30 小 なし |
| 8:00 | なし | 小 | なし | | 小 | 小 | なし | 小 | なし | | 小 | 小 | なし | |
| 9:00 | なし | | なし | | なし | | なし | | 小 | | なし ⑨:30 大小 | | なし | |
| 10:00 | なし | | 小 | | なし | | ㊊ | | なし | | なし | | 小 | |
| 11:00 | 小 | | なし 11:30 大 | | 小 | | なし | 小 | なし | なし | なし | | なし | |
| 12:00 | | | なし | | なし | | | | ㊊ 小 | | なし | | ㊊ | |
| 1:00 | なし | | なし | | なし | | なし | | なし | | 小 | | 小 | |
| 2:00 | なし 2:30 小 | | 小 | | 小 | | なし | | なし | | なし | | なし | |
| 3:00 | なし | | なし | | なし | | なし | | 小 | | なし | | 小 | |
| 4:00 | なし | | なし | | なし | | 小 | | なし | | 小 | | なし | |
| 5:00 | 小 | | なし | | 小 なし ㊄:30 大 | | なし | | なし ㊄:30 小 | | なし | | 小 | |
| 6:00 | なし | | なし | | なし | | 小 | | なし | | なし 6:30 小 | | なし | |
| 7:00 | なし | | 小 | | 小 | | なし | | なし | | なし | | 小 | |

第10章　トイレトレーニング

### 排泄記録表

子どもの名前： アレックス
開始日　　　： 11/21

| 時間 | 1日目 水 | | 2日目 木 | | 3日目 金 | | 4日目 土 | | 5日目 日 | | 6日目 月 | | 7日目 火 | |
|---|---|---|---|---|---|---|---|---|---|---|---|---|---|---|
| | パンツ | トイレ | パンツ | トイレ | パンツ | トイレ | パンツ | トイレ | パンツ | トイレ | パンツ | トイレ | パンツ | トイレ |
| 7:00 | | | 7:30 小 | 小 | | | 7:30 なし | 小 | | | | | 7:30 なし | 小 |
| 8:00 | なし | 小 | なし | | なし | 小 | なし | | なし | 小 | 小 | 小 | なし | |
| 9:00 | なし | | なし 9:30 大 | | なし | | なし | | なし | | なし | | なし | |
| 10:00 | 小 | | なし | | 小 | | 小 | | 大 10:30 小 | なし | なし | | 小 | |
| 11:00 | なし | | なし | | なし | | なし | | なし | | 小 | | なし | |
| 12:00 | 小 | | 小 | | 大小 | | 小 | | なし | | なし | | 小 | |
| 1:00 | なし | | なし | | 小 | | なし | | 小 | | なし | 小 | なし | |
| 2:00 | なし 2:30 小 | | 小 | | なし | | なし | | なし | | なし | | なし | |
| 3:00 | なし | | なし | | なし | | 小 | | なし | | 小 | | 小 | |
| 4:00 | なし | | なし | | 小 | | なし | | なし | | なし | | なし | |
| 5:00 | 小 5:30 大 | | 小 | | なし | | なし 5:30 小 | | 小 | | なし | | なし | |
| 6:00 | なし | | なし | | 小 | | 大 | | なし | | 小 | | 大 | |
| 7:00 | 小 | | なし | | なし | | 小 | | 小 | | なし | | 小 | |

101

することの多い時間帯（合計数の多い時間帯）がいくつか発見できるはずです。記録表のアレックスの場合、午前9時半～10時、11時半～12時、午後5時半～6時が排便の起こりやすい時間帯です。

3．あなたのお子さんの排便が**規則的でわかりやすい**パターンであれば、トイレスケジュールを立てるのは簡単です。排便の多い時間の15分前に、お子さんをトイレに連れて行けばいいのです。例えば、アレックスであれば9時15分、11時15分、5時15分の3回です。

　お子さんが午前中一度だけ排便するパターンであれば、1回目にトイレに連れて行ってウンチが出たら、次の時間には連れて行く必要がありません。1回目に出なかったら（その後パンツにもしなかったら）、次の時間（アレックスの場合11時15分）にもう一度連れて行きます。

　この時間に何をするかはあとで述べますが、とりあえずはスケジュール設定です。お子さんの排泄記録から、「うちの子は、これこれの時間帯にウンチをすることが多い」と言えるようになっていただきたいのです。そして、その時間帯の15分前を、「最適なトイレ時間」としてリストアップしてください。

4．お子さんの記録から**規則的なパターン**が読みとれない場合は、排便のあった時間帯のうち一番早い時間の15分前を、1回目に設定します。その後、2時間おきに連れて行くようトイレスケジュールを立ててください。もし1日に一度しか排便しないお子さんであれば、いったんウンチが出たらその後はトイレに連れて行く必要はありません。

5．ここまでで、ウンチトレーニングのための1日2～4回のトイレ時間が設定できたはずです。決めた時間を次ページの欄に書き込んでください。

　決めた時間通りのトイレトレーニングを1週間続けてください。1週間たったら、その間の記録も見つつスケジュールをお子さんの排泄パターンに近づけるよう見直します。例えば、トイレに連れて行ってから実際に排泄するまでいつも25分かかるとしたら、トイレに連れて行くスケジュールを15分繰り下げます。また、トイレに連れて行こうとするともうパンツに出ていた、ということが何度かあったらスケジュールを15分早く設定し直します。くれぐれも**最初の1週間はスケジュールを変更しない**ことが大事です。また1週間たってから変更する場合も、お子さんのパターンが一貫

第10章　トイレトレーニング

| ① | |
|---|---|
| ② | |
| ③ | |
| ④ | |

しているときにかぎります（1日や2日時間がずれたぐらいではスケジュールを変更しないでください）。

　トイレトレーニングが失敗する主な原因は、親が適切なトイレスケジュールを立てられないこと、スケジュールを守れないことです。記録の大切さを認識せずこのページを読み飛ばしてしまう人、スケジュールは立ててもそれを守れない人がいますが、いずれの場合もトイレトレーニングは失敗に終わってしまいます。しかし、スケジュールを立ててそれを守る多くの親御さんは、ちゃんと成功しています。あなたにもできるはずです。

　トイレスケジュールを立てるときに、トイレトレーニング計画を誰かに相談しておくと力になってもらえます。ほかの家族にもプログラムに参加してもらうと、協力が得られるだけでなく、プログラムの進み具合を話し合うことができるでしょう。

## ≫おしっこのスケジュールの立て方

　おしっこのスケジュールを立てるときも、上に述べた手順にそって決めます。少し違う点は以下の通りです。
1．排泄記録表の「小」に丸印をつけて時間ごとに2週間分を合計します。
2．おしっこの場合はトイレに連れて行く回数が増えます。「小」の多い時間帯を、4〜8ヵ所選んでください。そのとき、次の時間まで1時間半以上あくようにしてください。

3．すでにウンチのトイレスケジュールができていたら、それも組み込んでください。
4．決めた時間に、毎回お子さんをトイレへ連れて行ってください。

おしっこのトレーニングを始める決心ができたら、お子さんの排泄記録を見てトイレに連れて行く時間を下に書き込んでください。

|  |
|---|
|  |
|  |
|  |
|  |
|  |
|  |

繰り返しますが、スケジュール設定は、トイレトレーニングで一番大切な部分です。

### ◆ ごほうびの活用

第4章にも詳しく述べていますが、どんなスキルを教える場合もごほうびは重要です。

最初は、「トイレに座るだけ」などのごく小さなステップを設定して、お子さんがそれをしたら、すかさずほめて、選んでおいたごほうび（レーズン1粒、ジュース1口、お気に入りのおもちゃなど）をあげます。そのうちごほうびがなくとも、あなたがうながしただけでお子さんはトイレに座るようになります。そうなったら排泄ができたときにごほうびをあげてください。気をつけることは、排泄があったらすぐにごほうびをあげて、トイレでいつまでも物を食べたりおもちゃで遊んだりすることがないようにすみやかにトイ

レから連れ出すことです。

••••••━━ ごほうび ━━••••••

ジャマールのトイレトレーニングは、スタート直後から問題にぶつかりました。ジャマールはトイレに30秒以上座っていてくれないのです。ママは、ちゃんと排泄ができたときのごほうびとして好物のバニラクッキーを用意していましたが、それどころではありません。そこで、まずは座っていられる時間を延ばすことにしました。最初は30秒間座っていられたらほめてクッキーをあげることにしました。次は40秒、その次は50秒と増やしていき、5分まで延ばすのが目標です。決めた時間より前にジャマールが立ち上がってしまったときは、何もなかったような顔で（注目というごほうびを与えないようにして）ズボンをはかせてトイレから連れ出し、クッキーはなしです。ジャミールはじきに、注目とクッキーを得るにはトイレに座っているしかないと悟ったようです。

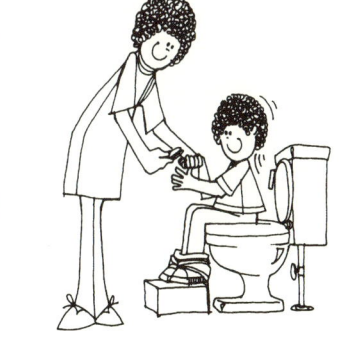

ジャマールはトイレにだんだんと長く座っているうちに、トイレでの排泄もできるようになってきました。成功したときにはもちろん、すぐにほめ言葉とクッキーのごほうびがありました。

••••••••••••••••••••••••••••••••

### ◆ 問題行動

子どもにとってもトイレトレーニングは楽なことではありません。トイレトレーニングの最中にはさまざまな問題行動が生じてしまうこともあるでしょう。

この章の最後によく寄せられる質問をのせていますが、その中にトレーニング中の問題行動に関するものもあります。また、問題行動とその対処法については15章〜18章も参照してください。

## ◆ ウンチのトレーニング

　ウンチのトレーニングは7段階に分かれます。トレーニング開始前に読んでください。

### ≫ オムツを続ける

　まだトレーニングパンツに替える時期ではありません。ウンチのトレーニングの間はオムツを続けてください。もしお子さんがオムツを汚しても、騒がずトイレでオムツを替えてあげます。叱ったり、罰を与えたり、イライラした様子を見せてはいけません。オムツ替えの間は、何もない顔をして、できるだけ注目を与えないことです。オムツを替えるときに注目が得られると、それがオムツでウンチをし続ける要因になってしまいます。あなたが子どもに与える注目は、トイレで排泄ができたときのためにとっておきましょう。

### ≫ 子どもの兆候を読みとる

　排泄パターンから決めたトイレスケジュールに従ってトイレに連れて行くわけですが、それ以外のときでも、お子さんの様子を読みとってトイレに連れて行く必要があります。排泄の兆候の示し方は子どもによって違いますが、よくあるのは、力む、急に静かになる、顔を赤くする、しゃがみこむ、中腰になる、カーテンの後ろに隠れるなどです。ご自分のお子さんがどんな兆候を示すのか観察して、それが現れたらトイレに連れて行ってください。スケジュールになくても、トイレに連れて行ったときは記録をつけてください。

### ≫ 成功のための環境整備

　トイレ成功の確率をできるだけ上げましょう。可能性の高い時間帯を選んでスケジュールを立てたのもそのためです。さらに確率を上げるために以下のことにも注意してください。

#### ◆ 一貫性を保つ

　トレーニングはできるだけ一貫性を保ちましょう。スケジュール通りにトイレに連れて行き、最初の1週間は時間を変えないようにします。お子さんに先が予想できるよう、できるだけ同じトイレを使い、同じ手順、同じ言葉

づかいにします。もし学校などでトイレに連れて行ってもらう場合は、プログラムについて先生にもしっかり伝えておく必要があります。

◆ **最初から普通のトイレを使う**

お子さんの体が小さい場合は、補助便座をつけたり踏み台を用意したりして、使いやすい工夫をしてください。どうしてもおまるを使う必要がある場合は、トイレの中に置き、必ずトイレで使うようにしてください。学校では子どもさんが入るのに抵抗がないトイレを選びます。

◆ **気の散るおもちゃ・人を近づけない**

トイレは遊ぶ場所ではない、と最初に教え込むことが大事です。トイレに行く理由はただ１つ――排泄です。この仕事に集中させるために、お子さんの気を散らすようなおもちゃやゲーム（や人）は、トイレには入れないようにしましょう。

◆ **気を散らすおしゃべりはしない**

お子さんと一緒にあなたもトイレに入るわけですが、その理由は、お子さんを当面の課題に向かわせるためです。ですから、一緒にトイレにいる間、お子さんに話しかけるとしたら、今すべきことや、トイレが何のためにあるのかといった説明です。トイレに関係のないこと（歌を歌ったり、晩ごはんのメニューの話をしたり）は気を散らす原因になるので、ここではやめておきましょう。

---

〈訳注〉トイレに入ること自体を怖がったり不安な子の場合は上記の２つは例外です。トイレに慣れたり、不安を感じなくするため、また長く便座に座れるためには、あえて気を散らすことも必要です。

---

## ≫子どもをトイレに連れて行く

トイレでの手順はおおよそ次の通りです。

1．スケジュールの時間になったら、または子どもに排泄の兆候が現れたら子どもをトイレに連れて行きます。パンツをひざ下まで下げてやります（その一部でも子ども自身ができるなら、励ましてやらせましょう）。

2．５分間程度トイレに座らせます。その間あなたも一緒にいて、座っていられることを時々ほめてあげましょう（「ちゃんとトイレに座れて、えらい

わね」)。トイレで何をするのかを、命令口調にならないよう気をつけながらわかりやすく説明します。

3．もし排泄があったら、たくさんほめてごほうびをあげます。
4．5分たっても排泄がなかったら、いったんトイレから子どもを出します。10分後にもう一度トイレに連れて行って、また5分間座らせます。排泄があったら、ほめてごほうびをあげます。排泄がなかったら、次回のスケジュール時間か子どもの排泄の兆候を待って1から繰り返してください。

　当然ですが、トイレに入っても排泄を「強制」することはできません。親が強制的な態度をとると、お子さんは緊張して成功率が下がるばかりです。最初のうちはトイレに行くことを気楽に考え、お子さんが座っていればそれでよしとしましょう。

　1回20分の間に、5分間のトイレ時間を2回もうけ、10分間の休憩をはさむようにします。一度にあまり長時間座らせることでイライラや不快感が起こることをさけるためです。もし排泄がなかったとしても、課題の一部分は立派に達成したのですから、最初のうちは座っていられただけでもごほうびをあげましょう。

## ≫あなたがトイレから徐々に離れる

　あなたが段階的にトイレから姿を消し、お子さんが1人でトイレにいることに慣れさせることも大事です。手助けや言葉での注意がなくともお子さんが1人でトイレに座っていられるようになったら、さっそく始めましょう。トイレに連れて行き、座らせたら、少しずつ一緒にいる時間を減らしていきます。最初はトイレの中にいながらほかの用事をするふりをします。次の段階では戸口に立ちます。その次には、トイレから離れます。

　「徐々に離れる」ことをしていても、お子さんが課題を達成したときの注目とごほうびは続けてください。トイレに戻ってきてほめ言葉とごほうびを与え、必要に応じて後始末を手伝ってあげましょう。トイレでの排泄が連続で成功

するようになったら、ほかのスキル同様、ごほうびを徐々に減らすようにします。

## ≫ 記録をとる

記録をつけることは、ウンチのトレーニングの間じゅう続きます。使うのは準備の2週間で使ったのと同じ表です。まず、トイレスケジュールで選んだ時間に丸印をつけます。トイレに連れて行くたびに、オムツの状態（大・小・なし）とトイレで出たもの（大・小・なし）を書き込んでください。スケジュール以外に連れて行ったときや、オムツが汚れて取り替えたときは、その時間と結果を書き込みます。

きちんと記録をとることは、進み具合を確認する役にも立ちますし、決めた通りにトイレトレーニングを実行することにもつながる、とても大事なポイントです。

## ≫ 進み具合を確認する

1週間ごとに表を見直すと、次のような重要な点を確認することができます。

### ◆ トイレに連れて行く時間は適切か

当初のスケジュール通りに1週間続けたあと、変更の必要がないか見直します。トイレに行く前にオムツにウンチをしてしまうことが多ければ、時間を15分繰り上げます。トイレに連れて行った直後にオムツを汚すことが多ければ、15分繰り下げます。また、トレーニングをしていくうちにお子さんのウンチの回数が1日1回で安定してきて、一度排泄があったらもう連れて行かなくてもよくなる場合もあります。

こうした変更は、1週間分の記録を見て同じ傾向が5日以上ある場合に行います。変更後の新しいスケジュールは、**必ず1週間以上続けてください**。

### ◆ 進み具合は順調か

教えたことをお子さんが身につけていると実感するのは、あなたにとってうれしいごほうびです。毎日教えるタイプのスキルは進歩がはっきり見えにくいので、記録を週ごとにまとめるといいでしょう。1）オムツにウンチをした回数、2）トイレでウンチをした回数、これらを週ごとに集計し、記録

します。オムツでする回数が減っていて、トイレでする回数が増えていたらそれは大きな進歩です！

次の例では、最初の4週間はさほど進歩がないように見えましたが、5週目以降は少しずつ良くなっています。人によって、この例より早く進むこともありますし、逆にゆっくりなこともあります。きちんと記録をとっていれば、見逃しがちな変化にも気づくことができます。記録はあなたへのごほうびなのです！

|  | 第1週 | 第2週 | 第3週 | 第4週 | 第5週 | 第6週 | 第7週 | 第8週 |
|---|---|---|---|---|---|---|---|---|
| オムツにウンチ | 7 | 8 | 5 | 5 | 6 | 5 | 4 | 4 |
| トイレでウンチ | 1 | 2 | 2 | 2 | 3 | 4 | 3 | 4 |

### ◆ 最後に

このプログラムを実行するのは、口で言うほど簡単ではありません。トイレスケジュールを忘れないよう、やりかけのことがあっても中断してお子さんをトイレに連れて行かねばなりません。1回のトイレ時間にオムツのつけはずしが二度（10分の休憩をはさんで2回座るので）、それを1日に何回も繰り返すことになります。トイレ以外で汚れたオムツはいつも何もなかったような顔で取り替える。その一方でトイレで少しでも進歩があったら熱心にほめる意気込みが必要です。

当然、行き詰まりや落胆を感じることもあるでしょうし、カッとしてしまうことがあるかもしれません。用事ができてトイレスケジュールを遂行できないこともあるでしょう。トイレ時間でないときにオムツを汚されると、何かが間違っているような気持ちにかられ、1週間を待ちきれずに時間を変更したくなるかもしれません。しかし不安材料を数え上げるのはきりがありません。しかしそれでもプログラムをやり抜けば、**成功が待っている**のです。

### ≫ウンチトレーニングのまとめ
◆ オムツを続ける
・おしっこトレーニングの準備が整うまでは、オムツを続ける。

## 第10章　トイレトレーニング

◆ **子どもの兆候を読みとる**
・スケジュール時間以外にも、子どもが示す排便の兆候に気を配る。

◆ **成功のための環境整備**
・一貫性を保つ。
・普通のトイレを使う。
・気を散らせるおもちゃや人を遠ざける。
・気を散らせるおしゃべりをしない。

◆ **子どもをトイレに連れて行く**
・スケジュール時間になるか、子どもが兆候を示したら、トイレに連れて行く。
・5分間程度座らせる。
・排泄ができたらほめてごほうびをあげる。
・排泄がなかったら、トイレから出して10分待つ。
・もう一度トイレに連れてきてまた5分間座らせる。

◆ **あなたがトイレから徐々に離れる**
・手助けや言葉での注意がなくとも5分間座っていられるようになったら、始める。
・排泄があったらほめてごほうびをあげることは続ける。

◆ **記録をとる**
・トイレに連れて行くたびに、その前のオムツの状態（大・小・なし）とトイレでの結果（大・小・なし）を記録する。
・スケジュール以外の時間にトイレに連れて行った場合も、同様に記録する。
・オムツにウンチをしたときも記録表に書き込む。

◆ **進み具合を確認する**
・トイレに連れて行く時間が適切かどうか確認する。
・スケジュールは、最低1週間は続けて実行する。
・オムツにウンチがあった回数と、トイレでウンチが出た回数を、1週間ごとにまとめる。
・最後に、プログラムを頑張って続けている自分に時々ごほうびを！

セクションⅡ　スキルを教える

## ◆おしっこのトレーニング

　1）トイレ時間の最初の5分間で排便ができる（休憩をはさんで2回目の5分間は必要ない）ようになり、2）オムツにウンチをしてしまう回数が週1回以内になったら、おしっこトレーニングを始められます。
　2週間の排泄記録をとって、おしっこトレーニングのためのスケジュールを立てましょう。そのスケジュールの中にウンチのためのトイレ時間を組み込むことを忘れないようにしてください。
　おしっこのトレーニングも、ウンチと大筋で同じ7段階に沿って進めます。ここでは、ウンチのトレーニングと違う点について述べていきます。

### ≫昼間はトレーニングパンツにする

　昼間のオムツをやめてトレーニングパンツを使い始めるのは、今です。最初のうちはおもらしの回数が多いので大変ですが、これは必要な苦労です。子どもにとって、オムツはいつでもぬらしていいものでした。しかしオムツをはずすことで、オムツの時代はもう終わったのだと子どもに伝えるのです。ただ、夜はまだオムツを続けてください。

### ≫子どもをトイレに連れて行く

　おしっこのトレーニングでは、5〜10分間、子どもをトイレに座らせます。それでも出なかったら、トイレから出して、次のスケジュール時間まで（または子どもがおしっこの兆候を示すまで）待ちます。

●●●●●●●●●●●●●●●●●●●●●●●●一貫したトレーニング●●●●●●●●●●●●●●●●●●●●●●●●
　ロバートは典型的なケースです。私たちのプログラムに出会う前、両親は必死になってさまざまなトレーニングを試してみたり、投げ出してしまったりしていました。このプログラムを開始して数週間が経過した今、ロバートがどう思っているのかわかりませんが、たぶん快適に感じているでしょう。毎日決まった日課が繰り返されているからです。例えば、朝9時半になると、ママがトイレに連れて行きます。パンツがぬれていても、ママは叱りはせず、やはりロバートをトイレに座らせます。

トイレの中に気が散るようなものは何もなく、一緒にいるママが時々「トイレでおしっこしようね」と声をかけるだけです。

ママがロバートをトイレに座らせるのは、ほんの5分間程度です。おしっこが出なくても、何も言わずにズボンをはく手伝いをするだけ。でも、おしっこが出たときのママは大喜びをします。にこにこしながらほめて（「ロバート、お利口さんね！」）、クッキーまでくれます。ママの代わりにパパやお姉ちゃんがトイレに連れてくるときも、まったく同じ、もちろんクッキーも！　そう、きっとロバートはこのプログラムを快適に感じているはずです。

## ≫おしっこトレーニングのまとめ

◆ **昼間はトレーニングパンツにする**
・昼間はオムツを外す（夜はオムツを続ける）。

◆ **子どもの兆候を読みとれるようになる**
・スケジュール時間のほかにも、おしっこが出そうなときに子どもが示す兆候に気を配る。

◆ **成功のための環境整備**
・一貫性を保つ。
・普通のトイレを使う。
・気を散らせるおもちゃや人を遠ざける。
・気を散らせるおしゃべりをしない。

◆ **子どもをトイレに連れて行く**
・スケジュール時間になるか、子どもが兆候を示したら、トイレに連れて行く。
・5〜10分間座らせる。
・座っていることを時々ほめる。
・おしっこが出たら、ほめてすぐにごほうびをあげる。
・もし出なかったら、トイレから出して、次のスケジュール時間まで待つ。

◆ **あなたがトイレから徐々に離れる**
・手助けや言葉での注意がなくとも5分間座っていられるようになったら、始める。

・排泄があったらほめてごほうびをあげることは続ける。
◆ 記録をとる
・トイレに連れて行くたびに、その前のパンツの状態（大・小・なし）とトイレでの結果（大・小・なし）を記録する。
・スケジュール以外の時間にトイレに連れて行った場合も、同様に記録する。
◆ 進み具合を確認する
・トイレに連れて行く時間が適切かどうか確認する。
・スケジュールは、最低1週間は続けて実行する。
・パンツをぬらした回数と、トイレでおしっこができた回数を、1週間ごとにまとめる。
・最後に、プログラムを頑張って続けている自分に時々ごほうびを！

## ◆ 1人でトイレに行く

### ≫お子さんの準備は？

トイレトレーニングが進んで、おもらしの回数が週1回以内になったら、そろそろ1人でトイレに行く練習を始めてもよさそうです。以下の質問が全部「イエス」であれば、その準備が整っています。

1．お子さんは、トイレに行きたくなると言葉やしぐさで示しますか？
（「ウンチ」「おしっこ」「トイレ」といった言葉のほか、親子の間で通じる「うー」とか「ばー」とかいった声でもいいですし、急に静かになる、足をもじもじさせるといった兆候も入ります）。

2．お子さんは、トイレに行きたいことをあなたに直接アピールすることがありますか？
（服を引っ張る、トイレを指さす、声を出すなど）。

3．お子さんは、（あなたに連れて行ってもらわずに）1人でトイレまで行くことがありますか？

第10章　トイレトレーニング

## ≫全ステップを身につける

　前にも述べましたが、トイレトレーニングが終了した子どもは数多くのスキルをこなしていることがわかります。以下はそのリストです。

◆ **トイレに入る**
1．便意を認識する。
2．排泄を一時我慢する。
3．トイレに入る。

◆ **トイレ内での自立**
4．ズボンとパンツを下ろす。
5．便座に座る。
6．便器に排泄する。
7．トイレットペーパーを正しく使う。
8．パンツとズボンを上げる。
9．水を流す。
10．手を洗う。
11．手をふく。

　お子さんはすでに5と6ができますね。ほかのステップもいくつかできているかもしれません。ご覧になるとわかる通り、4から11までができればトイレでの自立が達成されます。4から11のステップでお子さんがまだできない項目があったら、次はそれらを教えましょう。そうすれば、便意を感じてトイレまで行ったあとのことも、お子さんが自分でできるようになります。

　**ズボンとパンツを下ろす（ステップ4）**　ズボンやパンツの上げ下ろしや手を洗う・ふくことは、衣服と身支度のスキルです。第9章と巻末付録Cの該当部分を参照してください。

　**トイレットペーパーを正しく使う（ステップ7）**　トイレの手順の中でも、このスキルが身につくのは最後になるでしょう。教え始めるのはウンチのトレーニング開始と同時です。おしりを「ざっとなでる」だけではいけないのだということを教え、1回に使うペーパーの量を教えます（短すぎてもダメ、ひと巻き使い切ってもダメ！）。適切なモデルを見せながら（ときに手を貸しながら）自分でふかせ、ゆっくりふくように教えたり、きれいになるまで繰り返させたりします。親にとっても子どもにとっても気乗りのしないステップ

ではありますが、きちんと教えてあげましょう。

　**パンツとズボンを上げる（ステップ8）**　ステップ4と同じです。さらに、ズボンのファスナーをしめたりボタンをとめたりベルトを締めたり、といったところまでできれば、トイレの自立は完全になります。しかし今の時点では、その部分はトイレを出たあとであなたが手伝ってあげてかまいません。そこまで教える準備が整ったら、第9章と巻末付録Cを参照してください。

　**水を流す（ステップ9）**　覚えるのが簡単で、子どもが喜んでやりたがるステップです。ウンチやおしっこのトレーニングを始めたら、排泄後に流す作業は子どもにやらせましょう。おそらくすぐに日課として定着するでしょうが、時々流し忘れを注意する必要があるかもしれません。

　**手を洗ってふく（ステップ10、11）**　ぜひ教えたいスキルです。ただ、たとえこれが身についていなくとも、ステップ1から3（トイレに入る）は進めてください。

## ≫動作の流れを身につけさせる

　1つひとつのステップができるようになっても、順序よくスムーズにこなせるとはかぎりません。あなたがいちいちうながさなければいけない場合もあるでしょう。しかし、トイレで完全に自立するためには、動作を一連の流れとして身につけることが大切です。うながすことを徐々に減らしましょう。1つのステップができたら、何も言わずに、お子さんが自分から次のステップを始めるかどうか少し待って、様子を見ましょう。うながす必要があるときも、「次は何をするんだっけ？」と少し間接的にたずねるようにしてみましょう。うながす程度や回数を徐々に減らし、あなた自身もトイレから徐々に離れていきましょう。

## ≫完全な自立

　トイレ内での自立が達成できたら、そのあとは、トイレに1人で入ることを教えます。それができたら、便意の自覚とトイレまで便意を抑えることを教えます。

第10章　トイレトレーニング

◆ トイレに行くまでを教える

　1つのステップを3回か4回続けて成功するようになってから、次のステップへと進んでください。
1．トイレのドアのすぐ近くまで子どもを連れて行き、「トイレに行きなさい」「おしっこに行くよ」など、いつも使っている言葉でうながします（子どもにわかる単語を使うと効果が上がります）。ほめてごほうびをあげるのを忘れずに。
2．トイレのドアへ向かう途中まで連れて行き、「トイレに行きなさい」などの言葉をかけます。ほめてごほうびをあげます。
3．トイレの方向を指さして「トイレに行きなさい」などの言葉をかけます。ほめてごほうびをあげます。
4．「トイレに行きなさい」などの言葉をかけるだけにします。ほめてごほうびをあげます。

◆ トイレ時間を遅らせる：トイレまで我慢させる

　いつものトイレ時間が来ても、トイレに連れて行かずに少しの間様子を見ておきます。最初は10分間試してください。（というのも、決まった時間にばかりトイレに連れて行くと、お子さんが膀胱の緊迫をあまり感じない可能性があるからです。膀胱の緊迫感が「トイレに行かなくちゃ」というシグナルだということをお子さんに覚えてもらう必要があります。トイレ時間を遅らせることでこの緊迫感を経験させる機会が増えます）。トイレ時間を遅らせるといろいろな可能性が出てきます。
1．膀胱がいっぱいになった緊張を感じたお子さんが、まっすぐトイレに行った場合は大成功です！　たくさんほめてごほうびをあげてください。
2．お子さんが、トイレに行きたそうな様子を示しながらあなたのところへ来た場合、これも大成功です！　たくさんほめてトイレに連れて行き、トイレで用を足したことに対してごほうびをあげましょう。
3．パンツに少しもらしてからあなたのところへ来た場合、これも（最初のうちであれば）良い兆候です。トイレに連れて行き途中からであってもトイレでできたことに対してごほうびをあげます。
4．何も反応がなく排泄もない場合には、10分遅れでいつもの通りトイレに連れて行きます。次回のトイレ時間になったら、遅らせる時間を（例えば

15分に）延長します。

5．遅らせた10分の間にパンツを汚して、あなたに知らせにこなかった場合、いつものおもらしと同じように対応します。叱ったり騒いだりといった注目をできるだけ与えないようにしながら後始末をしましょう。膀胱や腸の緊張がトイレのシグナルだと気づくチャンスを与えるためにも、10分遅れをもうしばらく続けてみましょう。それでも同じ状態が続くようなら、遅らせる時間を（例えば5分に）短縮します。

トイレ時間以外に、お子さんが言葉やしぐさでトイレに行きたいことを伝えることもあるでしょう。その場合はトイレに連れて行き、最初のうちは、トイレで排泄があってもなくてもごほうびをあげましょう。やがて、トイレに行きたいといつも伝えられるようになってきたら、**トイレで排泄があったときだけごほうびをあげるようにします**。自分からトイレに行って用を足したときは毎回ほめてごほうびをあげましょう。

スケジュール通りにトイレで排泄をするようになると、「うちの子はトイレトレーニングが終わった」と思う親御さんがいます。しかしその同じ子もスケジュール通りにトイレに連れて行けない学校では「トイレトレーニングのすんでいない子」と見なされてしまうかもしれません。スケジュール通りに排泄ができる子は、トレーニングのステップを途中までマスターしていますがまだ全部は身についていません。トイレに連れて行ってくれる大人に頼っているからです。スケジュール通りにトイレができるようになると、親御さんは、自力でトイレに行かせるステップに進んでまたおもらしの可能性に直面することにためらいを覚えるかもしれません。しかし、乗り越えた先には苦労に値するゴールが待っています！

### ◆ よくある質問

ここまでは、手順を説明するために理想的な進め方を述べてきました。けれど、実際にトイレトレーニングを開始してみると、口で説明するほどスムーズには進まないものです。そこで、体験者から寄せられることの多い質問をご紹介します。

## 第10章　トイレトレーニング

**Q．トイレトレーニングは毎日続けないと成功しないのでしょうか？**

　トイレトレーニングは、ほかのスキル以上に一貫性が求められるプログラムです。しんぼう強くトイレを教える日があるかと思えば、忙しいからといってそれをしない日があると子どもは混乱してしまいます。もちろんほかに大事な用事がある日や、子どもが体調をくずした日や何かの理由でトイレを教える気になれない日もあるでしょう。そういったとき、たまにトイレトレーニングが中断したとしても、即失敗につながるわけではありません。しかし、不規則がいつものことになっているとトイレトレーニングの成功がはばまれるおそれがあります。

**Q．トイレは同じ人が教えたほうがいいですか、それとも家族が交代で教えてもかまいませんか？**

　家族で協力できたらそれに越したことはありません。まずは参加する人がきちんと時間をかけてプログラムの進め方を共通理解する必要があります。この章を読んで一緒に話し合いましょう。また全員が同じことを同じように進めているか確かめるため、お互いの方法を観察しあう必要もあります。

**Q．うちの子は学校でトイレトレーニングをしています。家でこの本に従ったトレーニングを始めると、子どもは混乱するでしょうか？**

　学校と家で異なったトレーニング法を使うと混乱するかもしれません。家でのトイレトレーニングは大事ですから、あなたがトレーニングをしたいと申し出たら先生は歓迎するでしょう。先生と話し合い、記録のやりとりもして同じ方法をとり、足並みをそろえるようにしてください。逆に、あなたがトレーニングを始めたあとで学校やほかの家族が協力することになったら、プログラムについてよく説明し、今どこまで進んで、子どもに何をさせる段階なのかをきちんと伝えましょう。

**Q．排泄があったらごほうびをあげるようにと書かれていますが、トイレの中で食べ物をあげるのですか？**

　はじめのうちは、排泄後すぐにトイレにいるうちにごほうびをあげるのが大事です。何をしてごほうびをもらえたのか、子どもにはっきりわからせる

ためです。プログラムが進むと排泄自体にはごほうびをあげず、その後の行動（パンツを上げる、手を洗うなど）に対してごほうびをあげるようになります。ただし特定のステップをすっかり身につけたあとも、ほめ言葉をかけるのは忘れずに続けてください。

## Q．男の子に、立っておしっこをすることを教えるのは、いつ、どのようにするのですか？

ほとんどの子にとって、座った姿勢でおしっこトレーニングを始めるのが最も効果的です。男の子の場合、おしっこのときは後ろ向きに座らせるようにするとおしっことウンチの区別をつけ、立って小用を足すことにつなげやすくなります。後ろ向きに座っておしっこができるようになり、立ってできるぐらい体が大きくなったら（踏み台を使う必要はあるかもしれませんが）、モデリング（お手本）を使います。できればお父さんやお兄ちゃんといった男性に実演してもらうのが一番わかりやすい方法です。

## Q．娘にウンチのトレーニングをしようとしているのですがトイレに座ってさえくれません。泣いて便座から降り、トイレから出て行ってしまいます。娘に協力的になってもらうにはどうしたらいいでしょうか？

プログラムがうまく進まない場合には見直すべきポイントがいくつかあります。ウンチのトレーニングをする準備ができていると思える子どもであれば見直す点は次の2つです。
1．トイレ以外の場では、立ち上がらずに5分間座っていられますか。
2．お子さんはトイレに座る理由がわかっていますか。

さらに、お子さんは何かトレーニングを始めようとすると課題から逸脱してしまうことがありますか？　もしそうであれば、まずはトイレに座る時間を延ばすことだけを目標にします。

ごほうびが気に入らないという可能性もあります。

忘れてならないことは、お子さんにとってトイレトレーニングは不慣れな経験であり、いつものようにオムツを替えてくれないあなたに驚くだろうということです。ときにはペースダウンしてお子さんの気持ちを楽にさせてあげましょう。当初の課題をさらに簡単なものにし、座ってもらうことやトイ

第10章　トイレトレーニング

レに入ることだけを目標にするのです。
　こうしたポイントを見直し、今行っていることがお子さんにとって確実にできる課題であると自信をもって言えるなら、毅然とした態度でお子さんにそれをさせてください。ごほうびは即座にあげられるよう準備しておくこと。協力したときだけ大好きなおやつがもらえるのだと理解すれば、お子さんも次第に必死に逃げ出そうとはしなくなるでしょう。

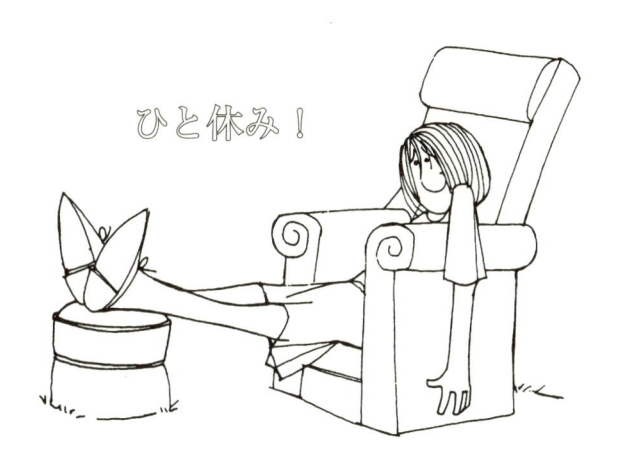

ひと休み！

# 第11章

# 遊びスキル

　ある人がルイ・アームストロングに「ジャズとは何か？」をたずねたとき、彼はこう答えました。「そんな質問をしているうちは、絶対にわからないものだよ」と。
　遊びについても同じことが言えます。「遊びとは何か？」も人それぞれです。遊びのスキルを教える必要性についてその理由を2つあげてみましょう。

**1．遊びで身につける新しいスキルが、ほかの分野でも役立つ。**

　例えば、テーブルに座ってパズルをすることを覚えると、座る、注目する、指示に従う、といったスキルが身につきます。またコンピューターゲームでひとり遊びができる子は、コンピューターの操作の基礎スキルを身につけることができます。子どもの遊びは、楽しむだけがすべてではありません。大切な「学び」の作業でもあるのです。

**2．遊びを教えることであなた自身が身につけるスキルと自信が、ほかの分野にも生かされる。**

　あなたは教師役としてお子さんが学んでいくことを実感できると思います。
　もちろん、遊びを教える一番の理由は、お子さんの楽しみを広げることです。遊びは、友達や家族とふれあいや周囲とかかわる機会を増やしてくれます。またちょっとしたミスも失敗ではなくゲームの一部にすぎないと理解させてくれます。
　遊びにはチャレンジとそれを乗り越える機会もつきものです。遊びを身につけることで自信と自尊心が築かれます。そして最後に遊びは時間をつぶしてくれます。子どもが何もすることがないときにちょうどいいおもちゃが

あってその遊び方を知っていれば、お子さんもあなたも大助かりでしょう！
　この章では遊びの中でもかなり基本的なスキルを扱い、7章までで述べたステップのアプローチに沿ったトレーニング法をとります。つまり、次のようになります。
　遊びを教える前の準備をしたら、まず
　教える遊びスキルのねらいを定める。そして
　スキルを構成するスモールステップを作ることと
　子どもがやる気を起こすごほうびを選ぶこと、その次に
　環境を整備することです。ここまで準備が整ったら、
　スモールステップで無理なく教え、進めながら、
　行動の記録をとって、うまくいかないときはトラブルシューティング。
　この章では、ステップに沿って遊びスキルの実例を見ながら、主に年齢の低いお子さんを想定して話を進めます。年齢が上がっても原則は変わらないのですが、お子さん自身が遊びを選んだり、外でほかの子と一緒に遊んだりする機会が多くなりますから、家でじっくりと教えるよりもチャンスを見つけてその場その場で教えるということになるでしょう。もちろんその場合も、ほかの子と遊ぶ機会をもうけるという大事な役割があなたには残されています。

●●●●●●●●●●●●●●●●●●●●●●●●●●ジェイソンとメリー●●●●●●●●●●●●●●●●●●●●●●●●
　ママは、新しいシャベルとバケツを使って砂場で静かに遊んでいるメリーを窓越しに見やりました。コンピューターに目を戻して仕事を続けようとしたときに、甥のジェイソンが娘に呼びかける声がしました。
　「ねえ、メリー、一緒にボール遊びしない？　ほら、キャッチしてごらん」
　メリーは、肩にボールが当たった瞬間だけ顔を上げました。ジェイソンがボールを拾いに入ってきます。
　「ジェイソンはいい子だわ。メリーに知的な遅れがあるのを知って、何かと手を貸そうとしてくれる。ただ、彼に教え方の知識があればねえ。あれではメリーには難しいわ」
　メリーはまたシャベルとバケツの遊びに戻ります。テニスの練習帰り

の訪問者には、まるで気づいていない様子です。

「今日は僕、さんざんだったよ、メリー。テニスボールを見失ってばかりでさ！　もっと大きいボールを使ったほうがいいかもね」

メリーは、砂場でシャベルを動かしながらジェイソンのほうを見ました。

「さあ、ボールを投げるからとってごらん」。砂場越しに投げたボールは、メリーの手に当たって跳ね返りました。

「いいね、メリー。もう少しでキャッチできそうだ。あっ、新しいバケツ買ってもらったんだね。さあ、キャッチボールもう１回やってみる？」

今度は、メリーは顔も上げませんでした。

### ◆ 教える遊びスキルのねらいを定める

ジェイソンは、自分が得意なキャッチボールをメリーに教えようとしました。もし彼が、自分ではなく**メリーにできること**を考えていたなら、別の遊びを選ぶか、違うボール遊びをしていたことでしょう。

もちろん、年若いビリーにそこまでは要求できません。子どものスキルがどのレベルなのか？　これは、あなたが考えるべき問題です。

どの遊びスキルを教えたらいいのか決めるには、まずチェックリストで現在のお子さんのスキルを確認しましょう。そのあと適切と思われる新しい遊びスキルを３個選んで、お子さんがそれをいつまでに覚えられそうか、期限を設定しましょう。

### ≫ 現在の遊びスキルを確認する

「遊びスキル　チェックリスト」（126〜127ページ）には３種類のカテゴリーの遊びがのっています。カテゴリーＡは遊びの基本スキルで、主に新し

セクションⅡ　スキルを教える

## 遊びスキル　チェックリスト

いろいろな遊びにかかわるスキルをリストにしました。それぞれの項目について、お子さんの今のレベルを選んで印を付けてください。

| | 1<br>できない | 2<br>かなり手を貸せばできる | 3<br>少し手を貸せばできる | 4<br>1人でできる |
|---|---|---|---|---|
| **カテゴリーA：遊びの基本スキル** | | | | |
| 話をしている人に注意を向ける | | | | |
| 音楽に注意を向ける | | | | |
| 大きな物やおもちゃをつかむ・もつ | | | | |
| クレヨンや鉛筆をつかむ・もつ | | | | |
| おもちゃを押したり引いたり回したりする | | | | |
| おもちゃや、遊びに使う物の名前を言う | | | | |
| 体の部分の名前を言う | | | | |
| いないいないばあや、隠したおもちゃを探す遊びをする | | | | |
| 指示に従って、おもちゃを手渡したり受け取ったりする | | | | |
| 指示に従って、箱のふたやドアの開け閉めをする | | | | |
| 指示に従って、テーブルや床におもちゃを並べる | | | | |
| 指示に従って、おもちゃを別の場所へ運ぶ | | | | |
| 1人で5分間座っていられる | | | | |
| 身ぶりをまねする | | | | |
| **カテゴリーB：ひとり遊びのスキル** | | | | |
| 付き添いがなくても5～10分座っていられる | | | | |
| リングを重ねて棒に通す | | | | |
| 積み木を3個積み重ねる | | | | |
| 積み木を6個積み重ねる | | | | |
| 水または豆状の物をすくって別の容器に移す | | | | |
| ビーズを容器内に落とす | | | | |
| ビーズを糸に通す | | | | |
| はさみで切る | | | | |
| のりで貼る | | | | |
| 紙にクレヨンで落書きをする | | | | |
| ぬり絵を（主に線を使って）ぬる | | | | |
| ピース同士がかみ合わないシンプルなパズルをする | | | | |

第11章　遊びスキル

| | 1 できない | 2 かなり手を貸せばできる | 3 少し手を貸せばできる | 4 1人でできる |
|---|---|---|---|---|
| ピース同士がかみ合うパズルをする：4～6ピース | | | | |
| ピース同士がかみ合うパズルをする：7～15ピース | | | | |
| ピース同士がかみ合うパズルをする：16ピース以上 | | | | |
| 色合わせ・形合わせゲームをする（Lotto） | | | | |
| 絵合わせゲームをする | | | | |
| コンピューターゲームをする | | | | |
| ビデオゲームをする | | | | |
| カテゴリーC：みんなと遊ぶスキル | | | | |
| 玉入れをする | | | | |
| 中ぐらいの大きさのボールを投げたり受けとめたりする：1メートル以内 | | | | |
| 小さいボールを投げたり受けとめたりする：1メートル以内 | | | | |
| 中ぐらいの大きさのボールを投げたり受けとめたりする：1メートル以上 | | | | |
| 小さいボールを投げたり受けとめたりする：1メートル以上 | | | | |
| 置いてあるボールをバットで打つ | | | | |
| 投げたボールをバットで打つ | | | | |
| サッカーやキックベースのようにボールをける | | | | |
| バレーボールのようにボールを打つ | | | | |
| (低くした)バスケットゴールにボールを投げる | | | | |
| 三輪車に乗る | | | | |
| スクーター（キックボード）に乗る | | | | |
| インラインスケートですべる | | | | |
| 泳ぐ | | | | |
| ほかの子と共同で絵を描く | | | | |
| ほかの子と共同で粘土作品を作る | | | | |
| ほかの人物（お母さん、スーパーマンなど）になったまねをして、ごっこ遊びをする | | | | |
| 踊る | | | | |
| ほかの子と一緒に歌う | | | | |
| 簡単なパントマイムをする | | | | |
| ほかの人と一緒に人形劇をする | | | | |
| ほかの人と一緒に簡単な寸劇をする | | | | |
| ほかの人と一緒にビデオゲームをする | | | | |

い遊びを覚えるために必要なスキルです。カテゴリーBは1人でできる遊び、カテゴリーCはほかの人と一緒に遊ぶスキルです。

　さあ、チェックリストに記入してください。このチェック内容に基づいて方針が決まりますから、じっくり考えて記入してください。遊びによっては、お子さんにできるかどうか確かめるために、実際にやってみる必要があるかもしれません。

## ≫教える目標スキルを選ぶ

　この章は、カテゴリーAの基本スキルが身についていることが前提になっています。基本スキルがまだ身についていないお子さんは、第8章（基礎スキル）と巻末付録Aを参考に、まずはカテゴリーAから教える必要があるでしょう。

　Aの基本スキルが身についているなら、カテゴリーBとCのうち、2番の欄（かなり手を貸せばできる）か3番の欄（少し手を貸せばできる）に印がついているスキルを探しましょう。その中で、お子さんが楽しめてあなたも楽しく教えられるスキルを、3個選んでください。

　スキルを選ぶ際に、学校の先生やセラピストと相談するのもおすすめです。お子さんにどんなスキルが必要か、有益な助言が得られることでしょう。

　選んだスキルを次ページの表に書いてみましょう（「期限」欄はまだ空白でけっこうです）。お子さんに合わせてできるだけ具体的に書くのがポイントです。どんな活動をさせるのか（漠然と「ボール遊び」ではなく「ボールを受けとめる」など）、具体的な状況（「1メートル先から投げたボールを受けとめる」など）、どこまで達成させたいか（「1メートル先から投げたボールを、手助けなしで受けとめる」など）。お子さんに「どんな状況で」「どれだけ達成させたいか」を決めておくと、上達度を測る目安になります。

第11章　遊びスキル

| 目標スキル1 | |
| --- | --- |
| 期　　限 | |
| 目標スキル2 | |
| 期　　限 | |
| 目標スキル3 | |
| 期　　限 | |

## ≫期限について

　アメリカの学校で取り入れられているＩＥＰ（個別教育計画）という指導法では、教えるスキルごとに期限を設定します。期限といっても推測の域を出ませんから、当然、それより早く達成することもあれば遅くなることもあります。それでも、期限を設定しておけば進捗状況を把握するのに大いに役立ちます。

　選んだ目標スキルそれぞれについて、現実に達成できそうな期限を設定してみましょう。下の例を参考にしてください。

| 目　　標 | 指示に従って積み木を5個積み上げる。 |
| --- | --- |
| 期　　限 | 3月1日 |
| 目　　標 | 三輪車で手助けなしに家の周りを1周する。 |
| 期　　限 | 夏休みの終わり |

　できましたか？　まだの方は、ここで時間をとってチェックリストに書き込み、教えるスキルを選んでください。

## ◆ステップの確立：プログラム策定

ごくシンプルなゲームも、あなたのお子さんの目には不可能な挑戦、新たな失敗への手招きと映るかもしれません。一度失敗するともう二度とやりたがらないかもしれません。もしかしたら、あなた自身も、失敗をおそれて教えることをためらってしまうかもしれません。

お子さんが身につけられそうな遊びスキルを選んだら、成功を確実にするため、さらに3段階の準備を進めてください。それはプログラムを作ること、ごほうび選び、環境整備です。

ボールのとり方を教える場合を例にとりましょう。プログラムを成功させるためには、キャッチボールのイメージをいったん捨てなくてはなりません。最初の段階では、床の上でお互いにボールを転がし合うだけかもしれません。あるいは、おわん形にして差し出したお子さんの手にボールを置いて、お子さんが落とす前にあなたが素早くとる、それだけかもしれません。大事なのは、どんなスキルを教えるにしても、お子さんが確実にできる基本に立ち戻ることです。

その基本とは何でしょう？ それは、スキルを形成する細かい1つひとつのスモールステップです。そうしたステップをリストアップすることで、あなたのプログラムができていきます。

あなた自身が選んだスキルのプログラムを作る前に、ジェイソンがメリーにキャッチボールを教えようとしたときのことを思い出してみましょう。ジェイソンにとってキャッチボールは、どうやって身につけたかも覚えていないほど簡単なスキルです。しかし、メリーにとってはそう簡単ではありません。基本に立ち戻って教えてもらう必要があります。

そこで、メリーのパパが手を貸すことにしました。パパの作ったプログラムはこうなりました。

## 第11章　遊びスキル

　ボールを受けとめるためのステップ
　メリーに手を差し出すよう言ってから――

　ステップ1　　その手にボールを置く
　ステップ2　　その手にボールを落とす
　ステップ3　　30センチ先から軽く投げる
　ステップ4　　50センチ先から軽く投げる
　ステップ5　　1メートル先から投げる
　　……

　こうしたステップはどこから出てきたのでしょう？　何から始めて次に何をすべきか、どうやって考え出したのでしょう？　メリーのパパはプログラムを作るため、次の2つのことをしたのです。第1に、ジェイソンとキャッチボールをして、動作がどんなステップからなっているか確認しました。第2に、そのステップをメリーにもできるぐらい簡略化するにはどうしたらいいか、自分自身（とママとジェイソン）に問いかけました。

　彼が作ったリストをよく見てください。メリーにとって確実にできることが最初の行為（手を差し出す）となっていることに注目しましょう。メリーにとって最も簡単なことから始めることで、メリーが確実に成功を体験できるようになっています。もう1つ、最初のいくつかのステップでは、必要ならすぐ手助けをしてやれるよう、自分がメリーのすぐ近くにいることにも注目してください。最後にこれらのステップが少しずつ次へとつながっている点にも注目してください。

　では、メリーのパパの作ったものが、キャッチボールを教える唯一の正しいプログラムなのでしょうか？　もちろんそうではありません。あなたがキャッチボールのプログラムを組んだら、ステップはもっと少なくなるかもしれませんし、多くなるかもしれません。どんな遊びスキルを教えるにしても、正しいリストは1つではありません。重要なのは、あなたのお子さんが確実にできることから始めて少しずつ先へと進めること。途中を飛ばすことなく、ステップを一歩一歩進むことが肝心です。

　巻末付録Dには、いろいろな遊びスキルをステップに分けたリストをのせていますので参照してください。またお子さんの学校の先生も遊びスキルの

セクションⅡ　スキルを教える

プログラムに関する本やワークシートをもっているかもしれませんから、見せてもらうといいでしょう。

　あなたが選んだ1つめのスキルについて、プログラムを作る準備をしましょう。まずパズルでもクレヨンでも三輪車でも、そのスキルで使う物を用意してください。そしてお子さんのいないときに実際に自分でやってみましょう。順を追って動作をスモールステップに分け、どこで手助けが必要になりそうか考えます。

　次に簡単なリストを作りましょう。まずは、決めた「目標」（下のリストのステップ6）を書き込みます。

| 今できること | ステップ1 | |
| | ステップ2 | |
| | ステップ3 | |
| | ステップ4 | |
| | ステップ5 | |
| 目　　標 | ステップ6 | |

　その次に、ステップ1の欄にお子さんが今できることを書き込みます。すぐに成功が達成できるようにプログラムはこのステップから始めます。次にステップ2ですが、ほんの少しだけ手助けを減らして難しくします。その後、徐々に手助けを減らしながらステップ3〜5を書き入れてください（ステップの数はもっと増やしてもかまいません）。

　できましたか？　プログラム作りができた人は、ここで休憩です。まだの

人は、今ここでやってください。私たちのこれまでの経験からも、実際に自分でスキルをやってみてからリストを書くと成功率が高くなります。

•••••••••••••••••• **ステップは少しずつ** ••••••••••••••••••

　リムのぬり絵帳に描かれた動物たちは、輪郭の中も外も色がぬりたくられて、ほとんど姿も見えませんでした。しかし、パパと一緒にお絵かきを始めてから、リムの作風は変わってきました。
　パパが丸々太った面白いネコを描き始めたのは先週のことです。パパが輪郭を描いたらその後にリムが色をぬっていきます。最初にパパが描いたのはページいっぱいの大きなネコでした。輪郭をはみ出して色をぬるほうが難しいぐらいです。今は、大きさは中ぐらいのネコになりました。先週より少しだけ小ぶりになりましたが、リムがぬる色は輪郭をほとんどはみ出していません。
　リムが子ネコのぬり絵に挑戦できるのも、もうすぐです。

•••••••••••••••••••••••••••••••••••••••••••••••••

## ◆ ごほうびを選ぶ

　ごほうびについては第4章を参考にしてください。遊びスキルはマスターしてしまえばそれ自体がごほうびになります。お子さんは（もちろん、あなたの熱心な注目はいつでも大歓迎ですが）ほかのごほうびがなくても、三輪車に乗ったり、積み木で遊んだり、テニスをしたり、コンピューターを使ったりして楽しむことができるでしょう。しかし新しい遊びに挑戦しはじめた最初の間、お子さんが失敗をおそれて腰が引けそうなうちは、ほかのごほうびも併用するといいでしょう。

## ◆ 教えるための環境整備

　環境整備をしっかりすると、成功をさらに確実なものにできます。第5章でも述べたとおり、環境整備とは、まず「いつ」「どこで」「何を使って」教えるかを決めることから始まります。あなたが目標として選んだ1つめのスキルについて考えてください。

### いつ教えるか

```
┌─────────────────────────────────────────────────┐
│                                                 │
│                                                 │
│                                                 │
└─────────────────────────────────────────────────┘
```

### どこで教えるか

```
┌─────────────────────────────────────────────────┐
│                                                 │
│                                                 │
│                                                 │
└─────────────────────────────────────────────────┘
```

### 使うものは何か

```
┌─────────────────────────────────────────────────┐
│                                                 │
│                                                 │
│                                                 │
└─────────────────────────────────────────────────┘
```

## ◆ 遊びを教える

　教えるときのあなたの行動は、簡単に言うと、
・子どもに課題をさせるよううまく指示すること
・子どもがしたことに適切に反応すること
　この2つです。1回のトレーニングでこれを何度も繰り返すわけですから、この2つに気を配ることが大切です。

### ≫わかりやすい指示を出す

　何をすべきかわからないために課題ができない、というケースはめずらしくありません。そういったとき、子どもは複雑であいまいな指示に困惑しているはずです。教える人が指示を十分かみくだいて伝えていなかったのです。
　第6章で指示をはっきり伝えるための方法を3通りご紹介しました：説明する、やって見せる、誘導する、です。簡単におさらいしましょう。

#### ◆ 説明する

　言葉による指示を最も効果的にするためには、

第11章　遊びスキル

1．最初にお子さんの名前を呼ぶ。
2．短く簡潔にする。
3．お子さんの理解できる言葉を使う。
4．はっきりと毅然とした口調で話す。

　言葉づかいをこうと決めたら、それを変えないこと。指示をしてもすぐにお子さんの反応がなかったら、同じ言い方を繰り返しましょう。わからせようとして、つい余分な言葉をつけ加えたくなりますが、それは逆効果です。言葉が増えると、かえって混乱のもととなります。

悪い例
「いいかい、振り落とされないようにしっかりつかまって、ここまで足を踏み込むんだよ」

良い例
「ジェイソン、足をペダルにのせて」

悪い例
「ここには本当にたくさんの絵があるわね。これと似たものはどこにあるかしら？」

良い例
「キャロライン、これと同じ絵を見つけて」

ごく簡潔で明快な言葉づかいをしても、それだけでは課題達成に必要な情報を伝え切れないことがあります。そんなときは、見本を示したり、手を添えて誘導したりしながら、何をすればいいか伝えましょう。

◆ やって見せる

お子さんの注意を引きつけてから、課題をやって見せます。お子さんが何をすべきかわかるよう、ゆっくりと大げさにしてください。

実際にやって見せる以外にジェスチャーで伝える方法もあります。「座りなさい」と言いながら身ぶりもつける、パズルのピースを置く場所を指さすなどです。このときも、わかりやすい大きな動作を心がけましょう。

◆ 誘導する

言葉と動作を使ってもうまく伝わらない場合は、お子さんの手をとり、足をとって動きを誘導します。積み木をとる、バットを振る、三輪車のペダルをぐっと踏むなど、動作に手を貸しましょう。やがてお子さんが動作を覚えたら、少しずつ誘導をなくしていきます。

【注意】必ず成功で締めくくること。もし必要なら、簡単なステップにさかのぼってでも、トレーニング時間の最後は成功で終わらせてください。

••••••••••••••••••••••••••••••形　成••••••••••••••••••••••••••••••

「サム、リングを棒にはめて」。こう言ってサムのママは棒のすぐ横にリングを置きました。4歳のサムはここ数日、ごくわずかな誘導だけでこのゲームを成功させています。そこで今日は、一度わずかな誘導で成功させたあと、誘導をなくし、うながすだけでやらせてみることにしました。

リングを指さしながら、ママは言います。「サム、やってみて。リングを棒にはめて」。

サムはリングに手を伸ばしましたが、取り落としてしまいました。リングが床に転がります。

ママはチョコチップクッキーを手に用意していましたが、まだあげられません。今のサムならもっとできるはずだと確信していたからです。

ママはリングを拾ってもう一度棒の横に置きました。「サム、リングを棒にはめて」。サムはリングを見て、それから大好きなチョコチップ

クッキーに目をやりました。サムはリングをつかんで両手にもち、ママの顔を見てニッと笑いました。

「そうよ、サム」。今度はいいスタートを切ったと感じて、ママは言います。「じゃあ、リングを棒にはめて」。ママは棒のてっぺんを指でトントンとたたいて合図しました。クッキーはまだです。

「そうよ、サム。それでいいのよ」。サムが小さな手でリングを棒の上まで運ぶとママはすぐにほめて、ごほうびをあげました。

## ≫ひとり遊びを増やす

子どもの遊びに1日中つきあってもいられないのよ。子どもを──ほんの少しの間でも──1人で遊ばせるにはどうしたらいいの?」

いい質問です。では、ひとり遊びを増やす方法を2つご紹介しましょう。1つは、そうなったときに目をとめること。もう1つは、お子さんへの注目を徐々に減らすことです。

### ◆ひとり遊びに注目を与える

私たちは、子どもが1人で遊んでいることに気がつくと邪魔をしないように放っておきがちです。ごほうびの効果を学んできたにもかかわらず、子どもがひとり遊びにトライしたことに対するごほうびは、つい忘れがちです。しかしひとり遊びを励ます一言、ほめる一言があればその行動は明日また繰り返される可能性が高まるのです。

**さりげなくほめて注目する**

ケビンのママは、ちょっとコーヒーを飲もうと座って、ふと手を止めました。ケビンと友達のサムは熱心にテレビゲームをしています。こんなふうに息子が遊んでいるとき、以前なら彼女は声をかけないようにしていました。でも、ほめ言葉の力を学んだ今は違います。

「ケビン、あなたもサムも、そのゲームがとても上手ね」

子どもたちは顔を上げてにっこり笑うと、また画面へと向き直りました。

セクションⅡ　スキルを教える

◆ 注目を徐々に減らす
　多くの子どもにとって、特に最初のうちはおもちゃ自体に興味があるのではなく、教えてくれる人がつねに注目してくれることがうれしいのです。ひとり遊びを身につけさせるためには、その注目をごくわずかずつ減らしていく必要があります。
　手を貸さなくとも遊びができるようになったら、あなたはほんの少しだけ身を引きます。例えば、子どもの近くに座って雑誌を読む（ふりをする）ようにしながら、しょっちゅう目を上げて励ましの言葉をかけてやります。子どもが遊びに向かっていられる時間が増えるのに合わせて、徐々に声をかける間隔を延ばし子どもとの距離をあけていきます。やがては、子どもを遊ばせている間、あなたが部屋を数分間離れられる日も来るでしょう。そうなったら、部屋に戻ってほめ言葉をかけてやり、ごほうびのおやつをあげてください。
　ではこんなとき、どうしますか？　あなたが注目を減らしたら、お子さんが遊びをやめてまとわりついてきたり暴れたりし始めたら？　叱る？　遊びに戻るよう励ます？　しかし叱るにしろ励ますにしろ、それらが注目というごほうびになっているとまた同じことを引き起こしかねません。こうなるのはおそらく、遊びがまだ十分身についていないか、あなたの離れ方が早すぎたためです。この場合は遊びの課題を少し簡単にして達成しやすくして、見守ります。

・・・・・・・・・・・・・・・・・・・・・・・・徐々に離れる・・・・・・・・・・・・・・・・・・・・・・・・
　マイケルは最初は2枚のリンゴの絵を合わせられるだけでした。次に木の絵が加わり、鳥が加わりました。やがてマイケルは、ママにほめてもらいながら、全部のカードの絵を合わせられるようになりました。
　次に、ママはマイケルにカードを1枚1枚手渡すことをやめました。それからほめ言葉をしょっちゅうかけながらも、少し離れた場所に立つようにしました。今ではマイケルにこのゲームを始めさせたら、ママは部屋を離れることができます。マイケルはこの遊びに夢中です！
・・・・・・・・・・・・・・・・・・・・・・・・・・・・・・・・・・・・・・・・・・・・・・・・・・・・・・・・・・・

### ◆ 記録をとることとトラブルシューティング

　進捗状況を確認するには、132ページに書き込んだステップを利用します。それぞれのステップを達成した日付を書き込むといいでしょう。あるいは、トレーニングで気がついたことやお子さんの達成の様子を記録した日記をつけるのもいいでしょう。どんな形でもいいですから、お子さんとあなたの進み具合を記録しましょう。

　記録をとることとトラブルシューティングについては、第7章も参照してください。

### ◆ 教え方の例

　ここまで述べてきた原則を教え方にどう生かすか、2つの事例で見てみましょう。

　1つめは、あのジェイソンとメリーです。

•••••••••••••••••ジェイソンとメリー（続き）•••••••••••••••••

　ジェイソンが庭に入ってきました。メリーに笑顔であいさつすると、庭の隅へ向かい、おもちゃや小枝を片づけて「学習コーナー」の準備を始めます。メリーは、シャベルとバケツで遊びながら、それを見ています。

　メリーのママもリビングの窓からそれをながめています。ジェイソンがテニスの練習後にここへ来てメリーにボール遊びを教えるようになってから5日がたちました。その様子は毎回ほぼ同じです。庭の隅の同じ場所で、中ぐらいの大きさのゴムボールを使って、いつも10〜15分程度練習しています。ごほうびのおやつの種類まで同じです。

　ジェイソンが砂場に来て、「おいでメリー、キャッチボールをする時間だよ」と

## セクションⅡ　スキルを教える

声をかけます。

　最初の2日間は、庭の隅まで手を引いて連れて行きました。でも、今ではもうその必要はありません。メリーは、熱心にジェイソンのあとについていきます。

　「えらいね、メリー。ここまでちゃんと自分で来たね」。ジェイソンはすぐにクッキーをあげました。

　ボールを手にしたジェイソンは、メリーの真正面、彼女の手の長さよりも少しだけ離れた場所に立ちました。

　「よし、メリー。ボールをキャッチして」

　メリーは両手をおわん形にして差し出します（メリーがこれをこんなに早く覚えるなんて、とジェイソンは思います。最初の日には手を添えてやらなければいけなかったのに）。ジェイソンは、その手にそっとボールを投げ（というより、落とし）ました。

　「えらいね、メリー。ボールをキャッチしたね」

　ジェイソンは考えます。「プロ野球選手とはいかないけど、でも、メリーは確実に上達しているぞ」

••••••••••••••••••••••••••••••••••••••••••••••••••••••••••••••••

　この調子であと1カ月も続けたら、どれぐらい上達するでしょう？　もしかしたら、バウンドさせながらお互いにボールを投げたり受けたりしているかもしれません。バスケットに投げ込む遊びや、的をねらって転がす遊びができているかもしれません。メリーがこの先どれぐらい早く遊びを覚えるのかは誰も断言できません。けれども今、彼女が遊び方を少しずつ身につけ始めていることは確かです。

••••••••••••••••••••ステップに沿ったトレーニング••••••••••••••••••

### ◆ 教える前の準備

　ダリルは6歳、知的発達に遅れがあります。ママは、ダリルに簡単なおもちゃで遊ぶ方法を教えようと決めました。ダリルひとりで遊ばせていてもあまり上達しないので、毎日教えるほうがいいと思ったのです。

### ◆ スキルのねらいを定める

　最初はパズルを選びました。ダリルは手を貸してやればパズルのピー

ス同士を並べることができますし、パズルにいくらか興味を示しているからです。また手先を使うことは学校の個人指導プログラムにも含まれていますから、先生と協力して足並みをそろえることもできます。それにパズルを覚えれば、ダリルも1人で遊ぶことができるでしょう。教えるにはちょうどいいスキルのようです。

◆ **ステップの確立**
　ママは4ピースの木製パズルを手にとり、ステップの進め方を書いていきました。（1．完成したパズルからピースを1つはずし、誘導しながら戻させる。2．……）

◆ **ごほうびを選ぶ**
　もちろん、少なくとも最初のうちはおやつのごほうびが必要です。そこでママは、ダリルが大好きなシリアルを使うことにしました。

◆ **環境を整備する**
　ママは「教室」に選んだキッチンを見回しました。「イヌは部屋の外に出さなきゃね。テーブルの上にある郵便物やナプキンや塩の容器も全部片づけよう。そうそう、キッチンタイマーもしまわなくちゃ。ダリルはタイマーの音が大好きだからそっちに気をとられてしまう。頑張ったあとにタイマーで遊ばせるのはかまわないけど」。ママは、何もないテーブルの上にパズルを置きます。また、ダリルの手の届かないテーブルの端にシリアルの入ったカップも置きました。

◆ **教える**
　さあ、これで準備ができました。ママは家族全員に「これから15分間ダリルと2人でキッチンを使うから邪魔をしないでほしい」と告げました。ダリルはリビングのお決まりの場所に座ってスプーンをこねくり回しています。「ダリル、パズルをしに行きましょう」。ママが手をとるとダリルはスプーンをポケットにしまいました。
　キッチンに入ったところでママはダリルの手を離しました。ダリルのイスに近づくと、身ぶりをつけながら「ダリル、座って」と言いました。
　それからママはドアを閉め、ダリルの手を引いてイスまで連れて行きました。「えらいわ、ダリル、座ったわね」。ほめながら、シリアルをあげます。

セクションⅡ　スキルを教える

　ダリルの前にパズルを置いて、ピースを1つはずし、空いたスペースのすぐ近くに置きます。「ダリル、ピースを入れて」。ママはダリルの手をとりピースをはめるのを手伝います。「えらいわ、ダリル」。またシリアルです。4回続けて同じピースをはずし同じことをしました。ただし手助けは少しずつ減らしていきます。4回目にはダリルの手にふれる必要もなくなりました。ダリルは手を伸ばして自分でピースをはめこみました。
　そこで今度は同じピースをはずしたあと、ダリルに手渡して「これを入れて」と言いました。最初は少し手助けが必要でしたが、やがて自分で入れるようになり、ダリルは何度もシリアルとママからのほめ言葉を手に入れました。
　プログラムによると、次のステップは、ピースを2つはずして1つずつ手渡しながら「これを入れて」と言うことになっていました。ダリルは1つめのピースを受け取ってはめようとしましたが、場所を間違いました。彼は勢いよくイスを倒しながらテーブルから離れてしまいました。

◆ **行動の記録とトラブルシューティング**

　前にもこんなことがあったので、ママにはダリルが失敗して動揺しているのだとわかりました。毅然として、でも静かに、ママはダリルをテーブルに連れ戻しました。ダリルが座るとママはステップを1段階戻して、1つだけピースをはずし空いたスペースのすぐそばに置きました。
　「えらいわ、ダリル。パズルのピースを入れたわね」。ママはダリルにシリアルをあげると大きく抱き締めました。それからパズルを片づけてキッチンタイマーを取り出しダリルに渡しました。
　「今日はこれで十分だわ」。タイマーを手にした息子を見ながらママは誇らしげに言います。「ねえ、ダリル、あなたもママも順調にやってるわよ」。

・・・・・・・・・・・・・・・・・・・・・・・・・・・・・・・・・・・・・・・・・・・・・・・・・・・・・・・・・・・・・・・・・・・・・・・・・・

　巻末付録Dに、いくつかの遊びスキルのプログラム案をのせています。ひとり遊びのスキルとみんなと遊ぶスキルに分かれています。

# 第12章

# 【自立した生活】
# 自己管理スキル

　特別なニーズをもつ子どもをもつ親は、子どもの将来に大きな不安をかかえています。この不安は子どもの青年期に増大します。「今から10年後、25年後に、この子はどうなっているのだろう？」「そのとき、社会に居場所はあるだろうか？」「私たちが死んだらこの子はどうなるだろう？」「誰がこの子の面倒を見てくれるだろうか？」。

　いずれも難しい問題で、簡単には片づけられません。けれど、目をそむけたり、そのときになればどうにかなると放っておいたりするわけにはいきません。あなたには計画し準備をしておく責任があるのです。

　将来に今から備える第一歩はお子さんの自立を進めることです。お子さんのいつもの1日を振り返ると、その大半をあなたの手助けが占めていることに気づくでしょう。目指すゴールは日常生活の基本的なスキルを今よりもうまくできるように教えてあげることです。自己管理スキル、家事スキル、実用学習スキルの3分野に分けて、第13章で家事スキル、第14章で実用学習スキルを取り上げます。

　自己管理スキルは、1日を始めるための、あるいは人前に出ても恥ずかしくないための、身だしなみと体のケアです。この章で対象とするのは、第9章で述べた身辺自立スキル、つまり下着や靴下や靴の着脱、ボタンかけやひも結び、手洗いや洗顔などがほぼできているものの、自力で適切なときに、スムーズな手順で行うことを学ぶ必要があるお子さんです。基本的な身辺自立スキルの行動面を達成しているお子さんに、そのスキルに関連した**判断力**をつけさせるのがねらいです。そのスキルはどんなときに行うのか、何を使

うのか、どうなれば完了なのか。例えば、セーターを頭からかぶって着ること（行動）ができる子どもも、気温に合わせてセーターを着るかどうか決めたり、ズボンと合うセーターを選んだり、ちゃんと着られているかチェックしたりといったこと（判断）は親まかせな場合があるでしょう。

## ◆始める前に：教えるためのポイント3点

より高度な自己管理スキルを教え始める前に、教えるためのポイントを3点考えてみましょう。

### 1．今できていることより少し上を目指す

子どもにどこまで期待するかの判断は、教える上で最も重要です。期待が大きすぎるとフラストレーションや失敗の危険が高くなりますし、期待が小さすぎるとお子さんの進歩を遅らせてしまうかもしれません。微妙な見きわめが求められます。自立をうながしたいと思う分野での現在のお子さんの様子を、ぜひ注意深く観察してください。

高度なスキル（1人での買い物など）に挑戦させるのは心配でたまらないものです。しかし、それがやれそうなことであればあえて挑戦することは必要です。今より**上を期待する**ことは、お子さんの自立をうながす最初の重要な一歩となります。

### 2．今している手助けを見直す

お子さんの生活を観察することは、その中でのあなたの役割を見直すことにもつながります。真の自立が達成されると、お子さんはあなたからの催促や指示がなくとも、自分でそのスキルを開始・実行・終了することになります。今日1日を思い出してください。お子さんは、しなくてはならない自己管理スキルを自分で思い出して始めましたか？　それともあなたがそばで「歯をみがきなさい」などとうながしましたか。あるいは服を選んであげたり、背中のファスナーを上げてやったりしたか？　自立を教えるにはあなたがお子さんのためにしてやっていることを注意深く振り返り、その手助けを少しずつなくしていく方法と時期を考慮する必要があります。

## 3．動機づけを高める

あなたがいくら期待し手助けを減らす準備を整えても、お子さんがその気になるとはかぎりません。お子さんにしてみればあなたがいつもそばにいて生活の手助けをしてくれるのですから、それで満足なのです。

お子さんがひとりで始めるのをじっと期待しているだけでは、残念ながら効果は望めません。ではどうすればいいでしょう？　スキル達成の動機づけのためには、最初は何かしらごほうびを使う必要が出てきます。最低限、お子さんの努力に対する注目・励まし・ほめ言葉といったごほうびが必要ですが、それ以外の動機づけの材料についてもあとで述べます。

毎日の生活でお子さんにほんの少し上を期待し、あなたの手助けをほんの少し減らし、自立に向けた一歩一歩にごほうびで応じていくことができたら──幸先のいいスタートです！

### ◆ 基本のその先

お子さんが多くの基本的自己管理スキルを簡単にできるようになると、見落としがちなことがあります。例えば、お子さんが「しない」スキルを「できない」と思ってはいませんか？　お子さんの自立をうながすためにあなたがまずすべきこと、それはお子さんが１人でできそうなスキルを見きわめることです。

ジムとアリソンの例を見てみましょう。２人は特別なニーズをもつ若者ですが、最小限の見守りと支援で十分に社会参加しています。２人が朝仕事に出かける準備をする様子から、彼らが何年もかけて学んだたくさんの自己管理スキルと、それがどれだけ彼らの身だしなみや自立に役立っているかを見ることができます。

••••••••••••••••••••••••••• ある１日 •••••••••••••••••••••••••••

◆ ジム

「宇宙に行くのにあんなにお金を使うぐらいなら、ここにバスルームをもう１つ作ってくれたらいいのに」と、ジムはいつもの明るい口調でぼやきます。

この知的障害者向けグループホームで暮らすメンバーは８人。２カ所

しかないバスルームは毎朝大混雑です。ジムは急いでシャワーを浴び、歯をみがき、デオドラントをつけると、ブラシとくしをもってバスルームをあとにし、部屋へと戻りました。

　買ったばかりの電気シェーバーでひげをそりながら、ジムは家でパパがひげのそり方を教えてくれたときのことを思い出していました。ジムは22歳。このグループホームへ来て1年になります。

　シャツのボタンをとめながら腕時計に目をやって、ジムはスピードを落としました。まだ出勤まで時間はたっぷりあります。「あれっ」。ここでジムは何かがおかしいことに気づきました。左のそで口のボタンがとれかけてぶら下がっています。ジムは少し考えてから、なくさないうちにそのボタンを縫いつけたほうがいいと判断しました。施設のスタッフから針と糸を借りてきてベッドの端に腰かけると、彼は自分にとってはまだ難しいこの作業に集中しました。

　さあ、もう出かける時間です。ドレッサーにいつも貼ってあるチェックリストを見ながら、急いで財布、小銭、キーホルダー、くしをもちます。「よし、全部持ったぞ」。

　最後に鏡でチェックして……。

◆ アリソン

　リビングルームの窓を開けたアリソンに、冷たい風が吹きつけました。バスローブを押さえながら、彼女は雲ひとつない青空と、行き交う車に差し込む日差しを見つめました。今日はとても良い天気です。

　アリソンはまだ寝ているルームメイトを起こさないよう静かにベッドルームに戻り、服を選びます。最初にデニムスカートとストッキングです。電話機を組み立てる彼女の職場ではあらたまった服装をする必要はありませんが、今日はスカートの気分です。それから、ベージュのカットソーを取り出しました。「今日は暖かいし、スカートによく合うわ」。ところが、そでにシミがついていることに気づきました。「うーん。シミの落とし方はジルがよく知っているけど、まだ寝ているし、しかたな

い、黄色のほうにしよう」。

　アリソンは今20歳。同じ年頃の2人のルームメイトと一緒にアパート暮らしをしています。毎晩のようにカウンセラーが夕飯の支度を手伝いに来て、何か困ったことがないか相談に乗ってくれます。しかし朝は誰の手も借りません。

　「つけすぎちゃダメよ」というママの言葉を思い出しながらコロンをひと吹き。アリソンが家を出てから2年になります。最初は職業訓練のためその後このアパートに越してきましたが、家族には毎週末会っています。

　ふと、指先のバンドエイドに気づきました。前の晩、紙で指を切ってしまったのです。ちょっと顔をしかめながらそれをはがすと、新しいものと取り替えます。鏡をのぞき込んでさっとチェック——つめ、髪型、歯……黄色のカットソーもなかなか似合っています。朝食の支度をしに、気分よくキッチンへ——バスにはジムも乗っているはずです。

●●●●●●●●●●●●●●●●●●●●●●●●●●●●●●●●●●●●●●●●●●●●●●●●●

　朝のわずかな時間に、ジムとアリソンはたくさんの自己管理スキルを日常的にこなしています。あなたのお子さんはまだジムやアリソンほど多くのスキルを身につけてはいないかもしれません。それでも彼らの例をのせたのは、生活の自立がどんなものかをイメージしていただくためです。

## ◆ 自己管理スキルの評価

　あなたの最初の課題はお子さんの生活を注意深く観察して、特に**自分がかかわっている部分**を意識することです。あなたがいつもしてあげている自己管理スキルはありますか？　また、いつもうながさないといけないスキルはありますか？

　自己管理スキルを本当にマスターした人は、1）そのスキルを**いつ使うべきか判断でき**、2）その**方法を知っていて**、3）実際に**スキルを使い**、4）うまくできたかどうか**確認できる**ものです。

　148ページから150ページにかけて、自己管理スキルを列挙しました。お子さんに教える前に、この自己管理スキル評価表にすべて記入する必要があります。今はざっと目を通すだけでけっこうです。このセクションを最後まで

セクションⅡ　スキルを教える

## 自己管理スキル評価表

それぞれのスキルについて、以下を目安に、お子さんの習熟度と動機づけを評価してください。

**習熟度**
1. 基本ステップ未習熟。スキルの基本的なステップがまだ全部できない。スキルに含まれる動作の一部（または全部）を習得する必要がある。
2. 判断の手助けが必要。スキルの基本ステップはできるが、スキル実行の判断──いつすべきか、何を使うか、どう始めるか、うまく実行できたか──について手助けが必要である。
3. 自立して上手にできる。基本的な動作と、必要な判断ができる。あなたがそばにいる必要がない。

**動機づけ**
1. 問題あり。うながされないとやらない。動機づけが必要。
2. 問題なし。特にうながさなくとも、定期的に行う。

| | 習熟度 | | | 動機づけ | |
|---|---|---|---|---|---|
| | 1 | 2 | 3 | 1 | 2 |
| スキル | 基本ステップ未習熟 | 判断の手助けが必要 | 自立して上手にできる | 問題あり | 問題なし |
| **着替えの基本** | | | | | |
| 下着のパンツをはく | | | | | |
| 下着のシャツを着る | | | | | |
| 靴下をはく * | | | | | |
| ズボンをはく * | | | | | |
| 頭からかぶるシャツやセーターを着る * | | | | | |
| 前ボタンのシャツやブラウスを着る * | | | | | |
| 頭からかぶるシャツやセーターを脱ぐ | | | | | |
| ファスナーの上げ下ろし（先端の差し込みは除く）* | | | | | |
| ベルトをベルト通しに通す * | | | | | |
| ファスナーの端を差し込んで合わせる * | | | | | |
| ボタンをとめる * | | | | | |
| スナップやホックをとめる | | | | | |
| 靴ひもを結ぶ * | | | | | |
| スリップを着る | | | | | |
| ブラをつける（必要に応じて） | | | | | |
| ストッキングをはく（必要に応じて） | | | | | |
| ネクタイを結ぶ（必要に応じて） | | | | | |

## 第12章 【自立した生活】自己管理スキル

| スキル | 習熟度 1 基本ステップ未習熟 | 習熟度 2 判断の手助けが必要 | 習熟度 3 自立して上手にできる | 動機づけ 1 問題あり | 動機づけ 2 問題なし |
|---|---|---|---|---|---|
| **衣服の選択と手入れ** | | | | | |
| 汚れた衣服を洗濯かごに入れる | | | | | |
| 洗濯のすんだ衣服をしまう | | | | | |
| 衣服をたたんだりハンガーにかけたりする * | | | | | |
| 清潔でアイロンのかかった衣服を着る | | | | | |
| サイズの合った服を選ぶ | | | | | |
| 似合う服を選ぶ | | | | | |
| 年齢に合った服を選ぶ | | | | | |
| 天候に合った服を選ぶ | | | | | |
| 場にふさわしい服を選ぶ | | | | | |
| **身だしなみと個人衛生** | | | | | |
| トイレとトイレットペーパーを使う | | | | | |
| 手を洗ってふく | | | | | |
| 顔を洗ってふく * | | | | | |
| せっけんと浴用タオルを使って入浴やシャワーをする * | | | | | |
| デオドラントを使う | | | | | |
| 髪を洗ってリンスする * | | | | | |
| 歯みがき * をし、マウスウォッシュを使う | | | | | |
| 耳掃除をする | | | | | |
| ひげをそる（必要に応じて） | | | | | |
| 化粧をする（必要に応じて） | | | | | |
| くしやブラシで髪をとかす * | | | | | |
| 鏡で外見のチェックをする | | | | | |
| 手足のつめを切る | | | | | |
| アフターシェーブ・ローションや香水を使う | | | | | |
| ハンカチやティッシュを使う | | | | | |
| 眼鏡やコンタクトレンズの手入れをする（必要に応じて） | | | | | |
| ヘアカットしてもらう | | | | | |
| 服についた食べかすやゴミを払い落とす | | | | | |
| タンポンや生理用ナプキンを使い、適切に処分する（必要に応じて） | | | | | |

セクションⅡ　スキルを教える

| スキル | 習熟度 | | | 動機づけ | |
|---|---|---|---|---|---|
| | 1 | 2 | 3 | 1 | 2 |
| | 基本ステップ未習熟 | 判断の手助けが必要 | 自立して上手にできる | 問題あり | 問題なし |
| **健　康** | | | | | |
| バランスのとれた食事をする | | | | | |
| 睡眠を十分にとる | | | | | |
| 定期的に運動をする（自転車に乗る、歩くなど） | | | | | |
| 小さな切り傷の手当てをする | | | | | |
| 軽いやけどの手当てをする | | | | | |
| 風邪の症状に気づく | | | | | |
| 一般的な風邪の手当てをする | | | | | |
| 一般的な頭痛の手当てをする | | | | | |
| 一般的な鼻血の手当てをする | | | | | |
| 一般的な下痢や便秘の手当てをする | | | | | |
| 一般的な吐き気の手当てをする | | | | | |

＊印のついたスキルは、巻末付録Cに、教えるためのプログラムがのっています。

読み終えてから、じっくり書き込んでください。

　評価の記入には多少時間がかかりますが、それだけの価値はあります。子どものスキルを正確に把握することは、成功への第一歩です。

　評価表を書き終えたら次ページの「教える自己管理スキル」欄を使って、教えるスキルを選びましょう。まず、習熟度がレベル１のスキルから教えたいものを３項目ほど選び、「基本スキルを教える」の下に書き入れてください。同様に、習熟度レベル２のスキルから上達させたいものを３項目ほど選んで、「自立を教える」の下に書き入れます。次に、習熟レベル２と３のスキルの中から、日課として一連の流れにくみ上げたい複数のスキルを選びます（例えば、朝の支度だとか、食事関係などが考えられます）。それを、「日課にする」の下に書き入れてください。最後に、やる気の面で「問題あり」となったものの中から、子どもにやってほしいスキルを３項目選んで、「動機づけをする」の下に書き入れてください。

第12章 【自立した生活】自己管理スキル

## 教える自己管理スキル

基本スキルを教える（習熟レベル１）

自立を教える（習熟レベル２）

日課にする（習熟レベル２か３）

動機づけをする（「問題あり」）

セクションⅡ　スキルを教える

## ◆ 自己管理スキルの自立へ向けて

「うちの子は歯みがきが上手なんだけど、うながさないとしないのよね」「ジェフは自分で着替えができるようになったけど、色の取り合わせは私がしてあげないと、すごいことになっちゃう」「ラシータは服を着たきり座り込んじゃって……次に何をしたらいいのか、私が言ってやらなくちゃ……」

新しい自己管理スキルをいったん教えてしまえば、それで終わりだと思ってはいませんか？　あなたが教え、お子さんが覚え、それをする。ところが多くの場合そう簡単にはいきません。あるスキルの基本的なステップをすべてできるようになっていたとしても、お子さんがそれを適切なときに適切な形で実行するという保証はないのです。

自己管理スキルの基本ステップを教えることに成功すると、その後には3つの課題が待っています。
1. スキル実行の動機づけをする。
2. スキル実行の判断をさせる。
3. 日課にする。

## ◆ スキル実行の動機づけ

手を洗ったりズボンをはいたりするよりも楽しいことはいくらでもあります。自己管理スキルは格別面白い活動ではありません。ですから習得ずみの自己管理スキルの動機を高めるためには、ごほうびを使う必要が出てきます。

ごほうびについては特に第4章でかなりのページをさいて述べています。ここでは1つだけつけ加えます。子どもの年齢が上がるにつれて自分の身なりへの関心も高まるものです。年齢が上がると自己管理スキルを身につける動機も増す傾向があります。また、あなたからの注目とうまくできたときのほめ言葉の占める重さも増します。しかし目に見えるごほうびを使ってやる気を出させる必要もまだまだあるでしょう。トークンが特におすすめです。

### ≫ トークン

トークンは柔軟性があり、子どもの行動の動機づけに効果の高いごほうびです。ただし、ほめ言葉のように自然に出るものではないので、あなたのそ

ばで事前にきちんと準備しておかなければなりません。トークンについては第4章と第9章でも述べましたので、ここでは軽くおさらいし、新たな情報をつけ加えます。

　トークンには何を使ってもかまいません。紙にチェックマークをつけてもいいし、プラスチックのチップでもいいし、シールやスタンプでもかまいません。それ自体はたいして価値がない物で、ほかの物や楽しい活動と交換してはじめて価値をもつものです。例えば、リストにチェックマークが10個ついたら映画に連れて行く、チップを50枚集めたら新しいグローブを買ってあげる、スタンプが20個たまったらその数だけ買い物ができる……といった具合です。

　シンプルなトークンシステムを始めるには、3段階の準備があります。
1．子どもが遂行したらトークンを渡す活動の一覧表を作り、それぞれの活動にいくつのトークンをあげるか決める。
2．トークンで交換できるごほうびの一覧表を作り、それぞれをいくつのトークンと交換するのか決める。
3．もらったトークンをほしい物と交換できることを子どもに教える。

　スキル選びやごほうび選びにはできるだけお子さんも参加させましょう。活動やごほうびは表にまとめるといいでしょう。次の例では、1つの活動でトークン1つが得られ、その日の終わりにごほうびが選べるようになっています。

|  | もらえるトークン |
|---|---|
| 朝のベッドメイク | 1 |
| 朝食後にお皿をシンクにもっていく | 1 |
| 夕食前にテーブルの支度をする | 1 |
|  | 必要なトークン |
| テレビ30分間 | 3 |
| デザートのおかわり | 3 |
| パパとキャッチボール | 3 |

システムをよく理解できない最初のうちは、トークンを即時にその場でごほうびに換えてあげる必要があるでしょう。トークンをためて交換するという考えが理解できるようになったら、例のように時間を置いてからの交換ができます。

トークンシステムは、それを適用する活動やごほうびを増やし、それぞれの価値を細かく設定すると、かなり複雑になります。しかし私たちからのアドバイスは「シンプルに」です。あまり複雑にすると、親の側が大変になります。記録に時間をとられたり、ごほうびが高額になりすぎたり、ごほうびを用意する都合がつかなかったり、「いけない、そのごほうびは時間がなくて買ってなかったわ」など親がトークンへの熱意を失い、交換するごほうびの準備をおこたると、このシステムは失敗に終わってしまいます。ぜひ、シンプルに、公正に、長続きさせてください。

ここで、先ほど「動機づけをする」の項目に書き込んだスキルを思い出してください。これらのスキルのやる気を出させるために、注目や楽しい活動、シンプルなトークンをどう利用していったらいいか見えてきましたか？

## ◆スキル実行の判断

着替えや身だしなみのスキルがほとんど自分でできていても、お子さんはあなたの指示に頼っていませんか？　例えば、あるスキルを始めるとき、終わるとき、次のスキルを始めるとき、あるいは子どもが身支度をするとき、あなたはスタイリストのような役割を果たしていませんか？

ここでは、お子さんの自己管理スキルの質を高めるために、あなたがどうすればいいのかお話しします。目標は4つの基本的な質問を通じて、お子さんに自分で判断をさせることです。

1．そのスキルはいつしたらいい？
2．何が必要？
3．最初のステップは何？　その次は？
4．どうなれば達成で、うまくできたと言える？

娘がセーターを着るスキルをすべて身につけたことをとても喜んでいたお父さんがいました。しかし詳しく話を聞くうちに、そのお父さんは「スキルを実行する」ことと「自分でセーターを着る」ことの違いに気づくようにな

りました。
1．そのスキルはいつしたらいい？
「セーターを着なさいとうながす必要があります」
2．何が必要？
「一緒に着る服に合わせてセーターを選んでやります」
3．最初のステップは何？　その次は？
「前もって着やすいように置いてやったほうがうまくできます」
4．どうなれば達成で、うまくできたと言える？
「最後にチェックしてやらないと、セーターの背中側を下までおろし忘れることがあります」

　セーターの着方はある程度身につけた娘さんですが、自立したスキルとして達成しているとは言えません。まだまだ父親の指導を必要としているのです。さらにこの先の自立を進めたければ、2つのことが必要です。
1）お父さんは口を出すのをできるだけひかえて、指導を最小限におさえる。
2）お父さんは、娘さんが困っているとき、**答え**を出すのでなく**質問**をする。

　1）のポイントは明快です。親がつねにそばにいて手を貸していると子ども自身が本当はどこまでできるのかが見きわめられません。はじめは難しいでしょうが、必要最低限の手助け以外はやめることが肝心です。
　2）について説明しましょう。これは自立を助ける非常に有力な手法です。親が先に答えを出してしまうと、子どもはそもそも何が問題だったのかわからないままです。しかしヒントとなるような質問をして問題点をはっきりさせてあげると、子どもが答えを考え出すことはそう難しくないのです。
　まずは手助けのしかたを変えることを目指しましょう。あなたが変わればお子さんの自立が進む可能性も高まります。あなたが変わるためのカギは答えを減らしてヒントとなる質問を増やすこと。では、例を見てみましょう。

●●●●●●●●●●●●●●●●●●ヒントとなる質問をする●●●●●●●●●●●●●●●●●●

ママ「ダンスに行く支度をするのね？　最初は何をしたらいいかしら？」
ケイティー「シャワーを浴びて、つめをきれいにする」
ママ「ほかには？」

ケイティー「あ、そうだ、髪をとかす」
ママ「そうね。髪の毛は汚れてない？」
ケイティー「ちょっと汚れてる。洗ってくる」
ママ（用意してやりたい気持ちをおさえて）「何がいるかしら？」
ケイティー「シャンプーと、タオルと、ドライヤー」
　しばらくしてから
ママ「準備はできた？」
ケイティー「うん」
ママ「鏡でチェックしましょう。どう？」
ケイティー「顔は汚れていないし、髪もとかしてある」
ママ「ほかは？　つめはどう？」
ケイティー「大丈夫」
ママ「よくできました！　とてもかわいくなったわ！」

・・・・・・・・・・・・・・・・・・・・・・・・・・・・・・・・・・・・・・・・・・・・・・・・・・・・・・・・・・・・・・・・・・・・・・・・・・・

　ケイティーのママは、何をすべきか答えを教えてあげるかわりに、ヒントとなる質問をしていますね。そのうちケイティーは自分で自分に質問できるようになるでしょう。そうなれば自立への前進です。
　では4つの基本的な質問を1つずつ詳しく見ていきましょう。

## ≫そのスキルはいつしたらいい？

　あるスキルがいつ必要なのか、お子さんがわからない、あるいは忘れている場合、あなたがいつもそばにいてうながしてはいませんか。先にも述べたように、自立へと導く質問にお子さんが自分で答えられるようにするためにも、あなた自身できるだけ手出しや口出しを減らすようにしてください。
　最初のうちは手を貸したりすすめたりうながしたりすることが習慣化しているでしょうから、あなた自身の自制が大変かもしれません。しかしこれからは、「自分の指図が本当に必要？」と自問するようにしましょう。口を出す前にちょっと待って様子を見てください。その間にお子さんが自分で思い

つくかもしれません。しばらく待っても何をすべきか思いつかないようだったら、そのときは答えでなく質問で誘導しましょう。

●●●●●●●●●●●●●●●●●●●●●●●ヒントとなる質問●●●●●●●●●●●●●●●●●●●●●●●

　ホセは学校に出かけようとしています。外はどしゃ降り。いつものセリフ「ホセ、レインコートを着なさい」が口から出かかりましたが、ママはぐっとおさえて、代わりにこうたずねます。「ホセ、外は雨よ。何を着たらいいかしら？」。もう少し慣れたら、ママはもっと基本的な質問「ホセ、外の天気はどうかしら？」が言えるようになるでしょう。やがてホセは何を着るか判断する答えを自分で出せるようになるでしょう。

　ロイスは、汚れた手のまま夕飯の席に座ろうとしています。パパは、100万回も繰り返した「ロイス、ごはんの前には手を洗いなさい！」を言いません。娘の手をじっと見ながらたずねます。「ロイス、ごはんを食べる準備はできているかな？」。

　ジューンは教会へ行く服に着替えました。もうそろそろ出かける時間です。娘の顔を見たママは顔にべっとりついた汚れに気づきます。「顔を洗ってきなさい！」という言葉が思わず口から出かかりました。しかしママは自分をおさえて代わりにこうたずねます。「ジューン、鏡で自分の顔を見た？」。

●●●●●●●●●●●●●●●●●●●●●●●●●●●●●●●●●●●●●●●●●●●●●●●●●●●●●●●●●●

　パパやママがヒントとなる質問をしてくれるおかげで、ホセもロイスもジューンも自立的な行動のしかたを覚えてきました。近い将来彼らの両親、そしてあなたもこうした質問をしなくなっていくでしょう。例えばやがては「レイ、自分で自分にたずねてみるには、どうしたらいいかしら？」と質問できるようになるかもしれません、こうしてお子さんが自問自答をするようになれば、自分で自分を自立行動へと導くことにつながっていくのです。

## ≫何が必要？

　お子さんが何をいつすべきかわかるようになったら、次は必要な物を用意できるようにならなくてはなりません。体を洗うときのせっけん、浴用タオル、バスタオルのように、すぐわかる物もあります。こうした物は取り出し

## セクションⅡ　スキルを教える

やすい場所に置いておきましょう。

　もう少し判断が難しい物もあります。例えば肌寒い日にお子さんが暖かい服を着る必要を感じたとします。それにはまだたくさんの判断が残されています。暖かいのはどの服？　どれとどれが似合う？　カジュアルな服装でいいのか、「きちんと」したほうがいいのか？　などです。

　子どもに必要な物を考えさせるには、自己管理スキルを行っている間に物に注意を向けるようなコメントをすることです。次のような言葉かけをする癖をつけましょう。

・「このシャツ、汚れていない？」
・「このセーター、よく似合うわね」
・「歯みがきが終わったら、歯みがきチューブはどこに置く？」

　ここで、お子さんに前もって自分の行動を**計画**し、何が必要になるか**予測**するようにさせるためのゲームを紹介しましょう。

### ◆ 問題解決ゲーム

　空き時間（車での移動中や夕飯ができるのを待つ間など）に楽しみましょう。よくあるシチュエーションを思い浮かべて、その状況で必要になる物を予想するゲームです。下の質問を参考にあなたの家庭やお子さんに合わせたシチュエーションを考え出してください。

・「もし今雨が降っていたらどんな格好をする？」
・「シャツにボタンをつけるには何がいるかしら？」
・「海水浴に行くときは何をもっていく？」
・「指をけがしたときどうする？」
・「一晩お泊りするなら何を荷物につめる？」

　子どもが自己管理スキルを行うときに必要な物を用意するときも、あなたはもう代わりに用意してやる親でなく、質問をする親になってください。あなたが適切な質問をし続ければ、お子さんはじきに自分で用意をすることに慣れていくでしょう。

### ≫ 最初のステップは何？　その次は？

　お子さんはスキルの最初の一歩がわからなかったり、ステップの順序が混乱したりしてはいませんか。いつスキルを実行し何を使うかわかっているお

## 第12章 【自立した生活】自己管理スキル

子さんでも、あなたが最初のステップを手助けしすぎると自立が妨げられてしまいます。例えば次のようなことはしていませんか。
・セーターをベッドの上に広げてあげる。
・靴に足を入れやすいよう靴ひもをゆるめてあげる。
・針に糸を通してあげる。
・歯ブラシを新しい物に交換してあげる。
・薬などの錠剤を容器から出しておく。
・シャワーやお風呂のとき、蛇口をひねってお湯を出してあげる。

　お子さんがスキルを学んでいたころには役立った手助けですが、今はもう不要です。あなたは、自分がいつこうした手助けをしているかをまず意識して、次にそれらを徐々になくしていくようにしましょう。

　ここでも質問が一役買います。例えば、棚から靴を出した子どもに「はく前にどうしたらいいかしら？」、あるいは、歯ブラシであれば「その歯ブラシの毛先はどうかしら？」といった具合です。

　質問だけでは不十分なケースも生じてくるでしょう。その場合は手助けがいらなくなるよう、スキルの最初の一歩をやってみせなければいけません。手助けを少しずつ減らすための手順は次の通りです。
１．あなたが最初のステップを実演して子どもによく見せる。
　　大きな声でゆっくりと念入りに手順を説明する。
２．手を添えて誘導しながら子どもにそのステップをさせる。
　　誘導しながら、動きの１つひとつを口に出して強調する。
３．あなたは言葉で誘導するだけにして子どもにステップをやらせてみる。
４．指示を徐々に減らし、子どもが自分でできるようにする。

### ●●●●●●●●●●スニーカーをはく最初のステップ●●●●●●●●●●

　ジェシーのママは、ジェシーがスニーカーをはく前は必ず靴ひもをゆるめてあげていました。そろそろジェシーに自分でさせなくていけません。ママはまず２、３日ほどジェシーにこの手順をじっくり見せました。動作の１つひとつを口に出して説明しジェシーがそれを注意深く聞いているのを確かめます。次に手を貸しながらジェシーにその手順をやらせてみました。それほどたたないうちに、ジェシーは靴を取り出したあと

に自分で靴ひもをゆるめるようになりました。ジェシーはこの最初のステップをほかのステップ同様にちゃんと身につけたのです。

### ≫どうなれば達成で、うまくできたと言える？

ここまででお子さんは、自己管理スキルをいつ実行すべきで、何が必要で、最初に何から始めたらいいかわかってきました。ではステップをすべて正しく実行し終えたことを知るにはどうしたらいいでしょうか。

ほとんどの自己管理スキルは鏡を見ることで達成が確認できます。あなたの役目は最後のチェックのしかたを教えることです。ここでも「何かやり残しはないかしら？」「ちゃんと着られている？」「おかしなところはない？」といった誘導質問が簡単で効果的です。

#### 鏡よ鏡

「準備はできた、ロジーナ？　確認よ、手はきれい？　顔は汚れていない？」

「大丈夫。それに、髪はとかしてあるし、リボンはブラウスに合っているし……」

最初はお子さんと一緒に鏡の前に立ち、状況に合わせて質問をしましょう。質問をしながら服装や身だしなみを一緒にチェックします。やがてその質問をお子さん自身にさせるようにしましょう。自分でチェックできるように。

最初のうちは、何を確認するのか書いたチェックリストを鏡の横に貼っておくのもいいでしょう。あるいは、身だしなみの整った人——お子さん自身でもOK——の写真を渡して、鏡の中の姿と比べさせるのも手です。

さあ、151ページの「自立を教える」の項目に書き込んだスキルを考えてみてください。手助けを減らす方法や効果的な質問が浮かんできましたか？

### ◆ 日課を教える

「日課にする」の下に書き込まれたスキルは、基本的にあなたの手助けなしでもできるけれど、うながされることなく日課としてこなしてほしいものですね。日課とは複数のスキルを適切な順番で誰にうながされることもなく

## 第12章 【自立した生活】自己管理スキル

実行することです。日課を教えるのは鎖をつなげるようなものです。バラバラの輪（スキル）を正しい順序でつなげていけばいいのです。

ポイントは、例えば、朝の歯みがきを終えてベッドメイキングへと移るとき、ベッドメイキングが終わって着替えをするときなど輪と輪がつながる部分です。このようにある行動から次の違う**行動に移る**とき、うながしたり、ヒントを出したり、手伝ったりして、あなたの出番が多くなっているかもしれません。1つのスキルをきちんとやり遂げて、次に何をすべきかわかっている子でも、雑誌をめくったりぼんやりしたりして脱線することがあります。

これからあなたは、1つのスキルの終わりを次のスキルの合図に使う方法を教えることになります。「次は何？」という質問を、お子さんが自問できるようにするのが目標です。

●●●●●●●●●●●●●●●●●●●●●●次は何？●●●●●●●●●●●●●●●●●●●●●●

　クインシーはスカートをはくと、またベッドに腰かけました。ママは部屋をのぞいて、危うくいつものように「クインシー、シャツを着なさい」と言うところでした。しかしそれをぐっとおさえて、代わりに「次は何だっけ？」とだけ言いました。今日はママがシャツを指さしてやる必要がありましたが、そのうちクインシーが1人でこの質問をできる日も来るでしょう。

●●●●●●●●●●●●●●●●●●●●●●●●●●●●●●●●●●●●●●●●●●●●●●●●●●●●●●●●●●

はじめのうちはクインシーのママのように、「次は何？」と言いながら合図をする必要があるでしょう。こうすれば質問と同時に答えが明らかになります。毎日、複数の自己管理行動を同じ順序で行うことも効果的です。1つの行動の終わりが次の行動開始の合図になるわけです。

そのほかの便利な合図に絵や言葉を使ったチェックリストがあります。そのスキルが行われる場所の壁にリストを貼って、やり終えたことを子どもと一緒にチェックしていきます。やがてチェック印を子ども自身につけさせて、あなたの手助けをなくしていきます。リストの絵や言葉が合図となり、あなたがうながす必要はなくなるでしょう。しばらくすると、お子さんはリストを見る必要もなくなっていくはずです。行動そのものが、「次は何？」の答えを示す合図となるからです。

セクションⅡ　スキルを教える

## ≫チェックリスト

　チェックリストはこれまでもたびたび登場してきました。ここで、チェックリストのもつヒントとごほうびの効用について詳しく見てみましょう。

１．リスト作成にはお子さんも参加させましょう。

　チェックリストの使い方について、質問をさせたり答えさせたりしましょう。チェックリストを作ったり貼ったりするときに、お子さんに手伝ってもらいましょう。

２．シンプルで見やすいことが一番。

　目立つように鮮やかな色を使ったり絵をつけたりしたくなるかもしれませんが、こりすぎてはいけません。必要に応じて作り直したり、チェック印でいっぱいになるたびに新しくしたりするのですから、手間のかからない楽なものにしましょう。

３．つねに目に入る位置に貼りましょう。

　スキルの行われる場所で、お子さんの手の届く位置に。冷蔵庫のドアなどはいい場所です。クロゼットや引き出しにしまうのはよくありません。

４．関心を維持すること。

　あなたが興味を示さなければ、チェックリストはお子さんにとって意味をもたなくなります。親御さんの中には、最初だけやけに熱心で、すぐにリストへの熱意を失ってしまう人がいます。チェックリストはあなたの代わりに行動をうながす役割を果たしてはくれますが、あなたの代わりに関心を示す役目は果たせません。

　次にあげるのは、ある子どもの朝の日課と、チェックリストを使って「次は何？」を教える様子です。

１．顔と手を洗う。

２．歯をみがく。

３．髪をとかす。

４．服を着る。

５．靴をはく。

６．ベッドメイキングをする。

## 第12章 【自立した生活】自己管理スキル

●●●●●●●●●●●●●●●メアリーのチェックリスト●●●●●●●●●●●●●●●

「今朝はパンケーキだ！」。ティムとベッキー――メアリーの兄と姉――がはしゃぎながら入ってきました。ママはパンケーキをひっくり返しながら考えます、「メアリーに手がかからなくなってきたおかげで、子どもたちの好きな朝食を用意する時間ができて、本当によかったわ」。

そこへ、チェックカードを手にメアリーが入ってきました。歯みがき欄のチェック印はさっきつけてやりました。今度はパジャマを脱ぐ、服を着る、髪をとかす、の3項目に印をつける番です。

ママはティムとベッキーに声をかけました。「すぐ戻るから待っててね。メアリーがベッドメイキングをするから」。メアリーはこのスキルをまだ完全にはマスターしていないので、少し手助けをしてやる必要があるのです。

「すぐに、メアリーもあなたたちみたいに1人でちゃんとできるようになるわよ」

●●●●●●●●●●●●●●●●●●●●●●●●●●●●●●●●●●●●●●●●●●●●●●●●●

そのうちメアリーは自分でチェック印をつけることを覚えるでしょう。そのうち、絵でなく言葉で書かれたポケットサイズのチェックリストを使うようになるかもしれません。チェックカードがいっぱいになったら、前もって

取り決めたごほうびがもらえるでしょう。そしていつかは、チェックリストも特別なごほうびも使わずに朝の日課をこなせるようになるでしょう。

ここで、151ページの「日課にする」の下にあなたが書き込んだスキルを思い出してください。お子さんを1つのスキルから次のスキルにスムーズに移らせるための、「次は何？」の質問の使い方と、チェックリストの使い方はイメージできますか？

### ◆ 最後に

この章で示された教え方は、前の4つの章ほど具体的ではありません。ここに示された一般論を、あなた自身の個別の状況に当てはめていかなければなりません。また、実行するのは言葉で言うほどたやすくないことも、私たちは承知しています。お子さんに多くを期待するということは、リスクも高くなるということです。どの程度期待するのが適切なのか、その判断も容易ではありません。特別なニーズをもつ若者に（というより、どんな若者であっても）、やる気を起こさせるのは難しいものです。うまくいかない日があると、そこで投げ出してしまいたくなるかもしれません。手助けを減らすのも、最初は時間がかかるでしょう。お子さんの様子を注意深く見ながら、お子さんがやり終えるまでじっと待ち、完璧とは言えないできばえでも我慢しなくてはいけません。

それでも、お子さんの自立を高めるというゴールのためなら特別な努力をするだけの価値はある、そう思っていただけるはずです。いつも本の通りにスムーズにいくとはかぎりません。しかし私たちが提案した一般的な方法を心にとどめておけば、お子さんが今よりもたくさんの自己管理スキルを日常的にこなす姿を、晴れがましく目にする可能性が高くなるのです。

# 第13章

# 【自立した生活】
# 家事スキル

　この章では、お子さんに家事の自立をうながす方法を述べます。前の章の自己管理スキルと似ていますが、いくつか違いもありますので、その違いに焦点を当てていきます。まずは、第12章でも紹介したジムとアリソンの様子を見てみましょう。彼らは、わずか1時間の間に、さまざまな家事の課題に直面します。

●●●●●●●●●●●●●●●●●● **ある1日**（続き）●●●●●●●●●●●●●●●●●●

　アリソンは買い物袋をかかえてアパートに飛び込んできました。「ジル、助けて。ジムが夕食に来るの……ほら、今日は金曜日でしょ？　なのに、部屋が全然片づいていないのよ」
　「ジム？　誰だっけ？」
　「もう、からかわないでよ。ねえ、今5時15分。彼が来るのは6時なの」
　「わかった。あなたは料理を始めて。ここの掃除は私がするから」
　「ありがとう、ジル」
　ジルは雑誌を置いて少し考えました。ほうき、ちりとり、ぞうきん、住居用洗剤……それに掃除機。全部準備してから、ゴミ箱を空け、部屋の中の物を片づけます。ほうきでざっと掃いたあと、コンセントを入れてカーペットに掃除機をかけます。その大きな音は台所でアリソンがガチャガチャと調理用具を準備する音をかき消します。まもなく掃除機の音がやみ、リビングには住居用洗剤のレモンの香りが広がりました。

セクションⅡ　スキルを教える

　沈む夕日が片づいた部屋に長い影を投げかけます。アリソンが来て電灯をつけました。
　「ああ、きれいになった。どうもありがとう、ジル。この部屋、冷えてきたかしら？」
　「少しね」
　アリソンがエアコンの温度を上げてキッチンに戻ろうとしたとき、チャイムが鳴りました。まだ5時50分！　ジムが早く着いたのです。
　ジムにはコーヒーを入れる手伝いを頼みました。電動コーヒーメーカーをセットしてもらいます。魚をオーブンで焼く間、デザートの準備をしようとアリソンがミキサーのスイッチを入れた途端……真っ暗闇！　リビングにいたジルが、少し驚きながらも面白そうに声をかけます。
　「ねえ、何事？」
　「たぶんブレーカーだと思うわ」
　前にもこんなことがあったのです。アリソンは台所の引き出しを大急ぎでかき回して懐中電灯を取り出しました。ジムがブレーカーを戻しに階下へ降りてくれます。アリソンはミキサーのスイッチを切り、電気がついたらジムに声をかけようと戸口に立ちました。今日の夕食はさんざん。映画の時間にも間に合わないかもしれません。アリソンは腕時計を見ようとして、暗闇で何も見えないことに気づき、思わず笑ってしまいました。

・・・・・・・・・・・・・・・・・・・・・・・・・・・・・・・・・・・・・・・・・・

　ジムとアリソンとジルは、これからこの章で考えるさまざまな家事分野の、予告編を見せてくれました。ちょっと思い起こしてみましょう。料理にかかわる各種スキル、リビングルームを掃除するための手順、明かりや室温の調整、ブレーカーが落ちたときの対処。ここには出てきませんでしたが、彼らはもう1つの家事分野、洗濯だってしています。この若者たちは、日々の家事を魔法のように一夜のうちに覚えたわけではありません。注意深い練習と指導のたまものです。
　この章で紹介する家事活動は、あなたのお子さんが一度もやってみたことがないこと、できないことかもしれません。私たちは、家事や管理作業を大人の仕事と見なし、安全や便利さを理由に自分たちがして当たり前と考えが

# 第13章 【自立した生活】家事スキル

## 家事スキル評価表

**習熟度**
1. 基本ステップ未習熟。スキルの基本的なステップがまだ全部できない。スキルに含まれる動作の一部（または全部）を習得する必要がある。
2. 判断の手助けが必要。スキルの基本ステップはできるが、スキル実行の判断――いつすべきか、何を使うか、どう始めるか、うまく実行できたか――について手助けが必要である。
3. 自立して上手にできる。基本的な動作と、必要な判断ができる。あなたがそばにいる必要がない。

**動機づけ**
1. 問題あり。うながされないとやらない。動機づけが必要。
2. 問題なし。特にうながさなくとも、定期的に行う。

| スキル | 習熟度 | | | 動機づけ | |
|---|---|---|---|---|---|
| | 1 | 2 | 3 | 1 | 2 |
| | 基本ステップ未習熟 | 判断の手助けが必要 | 自立して上手にできる | 問題あり | 問題なし |
| **掃除** | | | | | |
| 物を片づける | | | | | |
| ゴミ箱を空け、ゴミを出す | | | | | |
| 掃く | | | | | |
| ほこりをとる | | | | | |
| 掃除機をかける | | | | | |
| 窓や鏡をみがく | | | | | |
| 床にモップをかける | | | | | |
| 床にワックスをかける | | | | | |
| シンクを掃除する | | | | | |
| トイレを掃除する | | | | | |
| レンジ回りを掃除する | | | | | |
| オーブンを掃除する | | | | | |
| 冷蔵庫の霜とりと掃除をする | | | | | |
| 食器や鍋類を洗ってふく | | | | | |
| 食器洗い機に正しく食器をセットする（必要に応じて） | | | | | |
| 雪かきをする | | | | | |
| **洗濯** | | | | | |
| 洗濯機に入れる物と手洗いする物を分ける | | | | | |
| ドライクリーニングする物と水洗いする物を分ける | | | | | |

セクションⅡ　スキルを教える

| スキル | 習熟度 | | | 動機づけ | |
|---|---|---|---|---|---|
| | 1 | 2 | 3 | 1 | 2 |
| | 基本ステップ未習熟 | 判断の手助けが必要 | 自立して上手にできる | 問題あり | 問題なし |
| **衣服の選択と手入れ** | | | | | |
| 汚れのひどい物と軽い物を分ける | | | | | |
| 白物と色物を分ける | | | | | |
| 手洗いをする | | | | | |
| 洗濯物をひも（さお）にかける | | | | | |
| 洗濯機に正しく洗濯物を入れる（どのコースを選ぶかわかる） | | | | | |
| 洗剤を計量する | | | | | |
| 乾燥機を使う | | | | | |
| コインランドリー機を使う | | | | | |
| 衣服をきちんとかける | | | | | |
| 衣服をきれいにたたむ | | | | | |
| 衣服を正しい場所にしまう | | | | | |
| 必要な物にアイロンをかける | | | | | |
| **食事の用意** | | | | | |
| 食料品をしまう | | | | | |
| テーブルの用意をする | | | | | |
| テーブルの後片づけをする | | | | | |
| スナックを出す | | | | | |
| 火を使わない朝食を用意する | | | | | |
| サンドイッチを作る（材料を混ぜたり調理したりはしない） | | | | | |
| インスタント食品を調理する | | | | | |
| 火を使った朝食を用意する（卵料理など） | | | | | |
| オーブンを使う（温度や時間を正しくセットする） | | | | | |
| サラダやデザートを作る | | | | | |
| 主菜を作る | | | | | |
| 一食全部を調理する | | | | | |
| 食品や調理用具を所定の場所から取り出し、戻す | | | | | |
| 缶詰や箱入り食品の中身をラベルから判別する | | | | | |
| 残った食べ物を保存する | | | | | |
| 悪くなった食べ物を見分けて捨てる | | | | | |

第13章 【自立した生活】家事スキル

| スキル | 習熟度 | | | 動機づけ | |
|---|---|---|---|---|---|
| | 1 | 2 | 3 | 1 | 2 |
| | 基本ステップ未習熟 | 判断の手助けが必要 | 自立して上手にできる | 問題あり | 問題なし |
| 調理用具を判別して使う：トースター | | | | | |
| ミキサー | | | | | |
| 缶切り | | | | | |
| コーヒーメーカー | | | | | |
| 計量器具を使う | | | | | |
| 消耗品の交換 | | | | | |
| 切れた電灯を替える | | | | | |
| トイレットペーパーやせっけんを補充する | | | | | |
| おもちゃ・ラジオ・懐中電灯の電池を替える | | | | | |
| 掃除機の紙パックを替える | | | | | |
| ゴミバケツのゴミ袋を取り替える | | | | | |
| 工具の使用 | | | | | |
| 正しく使う： | | | | | |
| 　脚立 | | | | | |
| 　金づち | | | | | |
| 　ドライバー | | | | | |
| 　レンチ | | | | | |
| 　ペンチ | | | | | |
| 　巻き尺・物差し | | | | | |
| 　ロープ（結ぶ） | | | | | |
| 日常的な調節と保守 | | | | | |
| 電気器具のコンセントを正しく抜き差しする | | | | | |
| 明るさや気温に合わせて窓やカーテンの開け閉めをする | | | | | |
| エアコンの調節をする | | | | | |
| テレビやラジオを合わせる（局を選ぶ） | | | | | |
| 戸締まりをする（就寝時、外出時など） | | | | | |
| ベッドメイキングをする | | | | | |
| 寝具を替える | | | | | |
| 観葉植物の水やりや手入れをする | | | | | |
| 芝生や庭の水やり、雑草取り、刈り込みをする | | | | | |
| 生け垣の刈り込みをする（必要に応じて） | | | | | |
| 雨戸の開け閉めをする | | | | | |

セクションⅡ　スキルを教える

| スキル | 習熟度 | | | 動機づけ | |
|---|---|---|---|---|---|
| | 1 | 2 | 3 | 1 | 2 |
| | 基本ステップ未習熟 | 判断の手助けが必要 | 自立して上手にできる | 問題あり | 問題なし |
| 使わないときに照明・テレビなど電気製品のスイッチを切る | | | | | |
| 落ち葉かきをする | | | | | |
| ペットの世話をする（餌やり、水やり、トイレの世話） | | | | | |
| 芝刈りをする | | | | | |
| 芝刈り機に燃料を入れる（必要に応じて） | | | | | |
| 道具の安全知識がある（特に芝刈り機） | | | | | |
| 散発的な修理 | | | | | |
| ちょうつがいや取っ手を修理する | | | | | |
| 網戸を張る | | | | | |
| ブレーカーを戻す | | | | | |
| 壁に絵をかける | | | | | |
| 流れ続けるトイレの水を止める | | | | | |
| トイレや排水口の詰まりにゴム吸引具を使う | | | | | |
| 壁の割れ目を補修する | | | | | |
| ブラインドを巻く | | | | | |
| シミ抜きをする（カーペット、衣服、カーテン） | | | | | |
| 壊れた物を接着する | | | | | |
| 眼鏡の簡単な補修をする | | | | | |
| トースターのパン詰まりを直す | | | | | |
| 配線をする | | | | | |
| 広い面にブラシやローラーでペンキをぬる | | | | | |
| 細かい面や飾りにブラシでペンキをぬる | | | | | |
| ブラシやローラーを洗う | | | | | |
| プロの修理を頼むべき状況が判断できる | | | | | |

ちです。しかし、特別なニーズをもつ子どもや若者を家庭での挑戦から遠ざけることは必ずしも彼らのためになるとはかぎりません。

## ◆ スキル評価

まずは、前の章の自己管理スキルのときと同様に、お子さんの現在の実行状況と、あなたの手助け・誘導の状況を把握しなければなりません。この章も第12章と同じ進め方をするといいでしょう。
1）章全体をざっと読んでポイントをつかんでから、
2）家事スキル評価表をすべて記入し、
3）章に書かれていることを今度はじっくり読んでください。

167ページから170ページの家事スキル評価表は、お子さんのスキル習熟度とやる気の両方を確認します。「習熟度」の欄は3つのレベルに分かれています。お子さんがスキルの基本的なステップを習得していなければ1、基本のステップは習得したけれど判断の手助けが必要であれば2、スキルを最初から最後まで独力で上手にできれば3です。

「動機づけ」の欄は1）問題あり——うながさなければやらない——と、2）問題なし——うながさなくても定期的に行う——に分かれています。習熟度レベル2と3の項目について、やる気に問題があるかどうかをチェックしてください。

すべてのスキルのチェックが終わったら、次ページの「教える家事スキル」欄を使って教えるスキルを具体的に選びましょう。まず、習熟レベル1のスキルから3項目ほど選んで、「基本スキルを教える」の下に書き込みます。次に習熟レベル2のスキルから3項目選んで「自立を教える」の下に書き込みましょう。「日課にする」の下には、習熟レベル2と3のスキルのうち、互いに関連のあるものをいくつか書き込んでください。最後に、やる気が「問題あり」となったスキルから3項目選んで、「動機づけをする」の下に書き込みます。

セクションⅡ　スキルを教える

## 教える家事スキル

### 基本スキルを教える（習熟レベル1）

### 自立を教える（習熟レベル2）

### 日課にする（習熟レベル2か3）

### 動機づけをする（「問題あり」）

第13章 【自立した生活】家事スキル

## ◆ 家事の自立へ向けて

　掃除、洗濯、炊事、工具の扱い、修理——家事スキル評価表にのっている活動は広範囲にわたります。この多様なスキルを、どこから、どうやって教えたらいいのでしょうか。

　評価表を注意深く記入したことで、まずはいいスタートを切りました。今度のあなたの仕事は、第12章と同じ一般原則——動機づけ、判断力向上、日課化——を、ねらい定めたスキルに当てはめることです。家事の全分野を例に取り上げることはできないので、主に掃除を例にあげて説明していきますが、洗濯や料理といったほかの分野にどう応用していくかは、あなた次第です。

## ◆ スキル実行の動機づけ

　「動機づけをする」の下に書き込まれたスキルは、お子さんが1人でできるのに、うながされないとしないスキルです。考えてみれば、家事をするのは私たちにとってさえ格別楽しいことではありませんね。ですから、第12章同様、こうしたスキルの動機づけにはごほうびを使っていきます。

　第12章で自己管理スキルの動機づけに使ったアプローチはすべて、家事スキルの動機づけにも応用できます。注目やうれしい活動、トークンシステムなどは、家事スキルのごほうびとして有効です。この章ではさらに動機づけについて説明し、特に家事と相性のいい作戦をご紹介します。

　家事をさせることは、あなたにとってもお子さんにとっても重要です。家事をすることで、お子さんは家族の一員として役割を担っているという実感を得ます。また、家事をする習慣とスキルを身につけておけば、将来就職したときにも役立ちます。

　定期的にさせる家事作業をどのように選べばいいでしょうか。まずお子さんがそのスキルに必要な基本的なステップをマスターしていることと、お子さんにさせるために仕事を作るのでなく、家族のためになる仕事であることが大事です。家事スキル評価表を見て、この2つの条件に当てはまる毎日の家事を1つ選んでください。それから、追加の仕事として、ゴミ箱を空ける、食料品をしまうなどの毎日ではない家事を1つか2つ選んでおきます。

　条件を満たす仕事を選んだら、成功のために3段階のステップが必要です。

セクションⅡ　スキルを教える

1．子どもを計画に参加させる。
2．チェックシートを作る。
3．給料を払う。

## ≫子どもを計画に参加させる

　仕事を選ぶ際に、できるだけお子さんと話し合いましょう。あなたがいくつか仕事を提案して、どれをやりたいか聞いてみるのもいいでしょう。話し合いを通じて、それぞれの仕事について、頻度や「給料」を取り決めます。最初の1週間は試用期間としてもいいでしょう。その期間中、仕事がうまくいっているかどうかお子さんに声をかけ、話を聞くのを忘れないようにしましょう。また、それが責任ある大事な仕事であるということを、お子さんにきちんと伝えましょう。

## ≫チェックシートを作る

　壁かけ式の表か、持ち運べるカード大の表を作ります。毎日、またはその仕事をするたびに、あなたがチェック印をつけます（お子さん本人がつければなお望ましい）。この表は、仕事を忘れないための目印であると同時に、「給料日」のための大切な記録にもなります。チェック印よりもさらにいいのは、次のように仕事の出来を採点する方法です。

---

0 = しなかった
1 = あまりしなかったか、うながされてからやった
2 = ちゃんとできた
3 = とてもよくできた

---

　この章の対象となる若者や子どもであれば、これぐらいの採点システムは教えれば理解できる可能性が高いでしょう。仕事の質について教えるいい機会にもなります。採点方式をとる場合は、なぜその採点になったのか（うまくできたところ、もう少し頑張ってほしいところ）を必ず説明しましょう。しばらくすると、お子さん本人が自己採点をして、なぜその採点になったのか説明できるようになるかもしれません。

●●●●●●●●●●●●●●●●●●●●● 回転式当番表 ●●●●●●●●●●●●●●●●●●●●●

　複数の仕事を1週間ずつ順番にやっていく方法もあります。これには回転式の当番表を使うといいでしょう。さほど難しくないので、お子さんと一緒に作れます。まず、ボール紙で作った矢印を、紙皿の真ん中に画鋲や綴じ鋲で取りつけます。紙皿の縁に、選んだいろいろな仕事をイラストまたは文字で書けばできあがり。こうして仕事に変化をつけると、目先が変わってお子さんの注意が持続しやすくなるでしょう。また、さまざまな家事の練習をする機会がもてます。

●●●●●●●●●●●●●●●●●●●●●●●●●●●●●●●●●●●●●●●●●●●●●●●●

### ▶給料を払う

　家事や手伝いに金銭報酬を出すことは、動機づけの効果だけでなく、金銭スキルを自然と身につけさせることにもつながります。あなたは、子どもがほしがるときに漫然とお金を渡すのとは違い、子どもに「働いてお金を手にする」ことを期待します。家のことを子どもにさせて、責任ある行動に報酬を与えることは、将来のためになるのです。またこうした責任ある行動をすることについての期待を高めることが彼らのためになる場合もあるのです。

●●●●●●●●●●●●●●●●●●●●●●●●●● 給料日 ●●●●●●●●●●●●●●●●●●●●●●●●●●

　デビーの仕事は、夕食後にテーブルを片づけ、食器をさっと水洗いして積み重ね、テーブルをふくことです。1週間の採点（0〜3方式）は次のようになりました。

| 日 | 月 | 火 | 水 | 木 | 金 | 土 |
|---|---|---|---|---|---|---|
| 休み | 3 | 1 | 3 | 3 | 2 | 3 |

　パパとママとデビーで話し合って、日曜日は「休みの日」になっています。土曜日の晩、パパはデビーと一緒に座って表を見ながら「給料」を渡します。これは、お金の計算を練習するいい機会でもあります。彼らが取り決めた給与体系は、3＝75セント、2＝50セント、1＝なし、0＝なし、です。デビーとパパは、15分ほどかけて小銭を何度も数えて

から、1ドル札に両替しました。2人は、彼女の3ドル50セントの使い道について、おしゃべりしました。デビーは1ドル50セントでアイスクリームを買って、残りはほしいブレスレットのために貯金することにしました。自分の稼いだお金と自分で決めた使い道に彼女が満足していることは明らかでした。

・・・・・・・・・・・・・・・・・・・・・・・・・・・・・・・・・・・・・・・・・・・・・

　もちろん、報酬はお金以外の物でもかまいません。仕事を終えるたびにおやつをあげるのでもいいし、一緒に遊ぶことにしてもいいし、お楽しみのためにポイントをためるトークンシステムを使ってもかまいません。どのタイプの報酬にするかは、お子さんの能力とほしがる物によって決めますが、何かしらのごほうびは必ずあげてください。お子さんはそれらを働いて得ることを学びます。

　家事をさせることに決めたら、次の質問に答えてください。

選んだ定期的な家事、または回転式当番表にのせた家事は何ですか。

どんな報酬にしますか。

採点内容や上達度を話し合い、報酬を払う「給料日」はいつにしますか。

## ≫ 契 約

　契約書とは、何かに二者間で同意し、それが守られた場合に得られる物と、守られなかった場合どうなるかを明記したものです。つまり、期待される行動と、それに伴う報酬を、お互いの同意のもと明確にした書類です。

　この特徴をうまく使いましょう。基本的なごほうびを使いながらお子さんが家事をどれくらいこなせるか観察したあと、契約にとりかかります。お子さんと話し合う時間をもって、あなたの期待（何を週何回してほしいかなど）や報酬の相談をしましょう。万全を期すために、「できなかった」場合についても話し合っておくといいでしょう――できなかった日の分を取り戻す方法を作っておくのか、仕事の質が悪かったときにやり直すことができるようにするのか、その場合の報酬をどうするか、などです。

　口約束（「これこれをしたら、そのあとゲームをしましょうね」）も簡単な契約の１つですが、ある程度時間のかかる仕事（部屋の掃除、食後の皿洗いなど）は、紙に書いておくほうがいいでしょう。読み書きが苦手なお子さんには、簡単な言葉にイラストを添えた契約書を用意しましょう。また、トークンシステムのチェックリストに契約内容（「チェック印が１週間に20個たまったら、週末お買い物に出かける」など）を書き込むのも１つの手です。

## ◆ スキル実行の判断

　お子さんに家事スキルの判断を学ばせるため、必要なことは２つです。
１）普段から、子どもを家事活動に参加させる機会を意識する。
２）それぞれの仕事で子どもにさせることを少しずつ増やす。あなたの手助けと指示を徐々になくしていく。

　リズの例を見てみましょう。窓掃除の基本ステップは習得ずみの彼女に、ママは自立をうながすための質問をしています。

●●●●●●●●●●●●●●●自立につながる質問●●●●●●●●●●●●●●●
　◆最初の質問は漠然としすぎていました。
　ママ「窓を見てどう思う？」
　リズ「？？」
　ママ「あの窓、きれいかしら、汚れているかしら？」

リズ「汚れてる」
ママ「じゃあどうする?」
リズ「掃除する」
◆ **ママはリズに、自分でどんな質問をするかたずねます。**
ママ「そうね! じゃあ、次の質問は何かな?」
リズ「何を使ったらいいか」
ママ「そう! それで、何を使ったらいい?」
リズ「ほら——あれよ、あれ」
ママ「ガラス用洗剤?」
リズ「うん」
ママ「そう、洗剤がいるわね。ほかには?」
リズ「ぞうきん、かな?」
ママ「そうね。ぞうきんはどこにある?」
リズ「台所」
◆ **必要な物はリズに自分でとってこさせます。**
ママ「よし。じゃあ、洗剤とぞうきんをもってきてちょうだい」
　しばらくしてから
◆ **ママはまたリズに自分で質問をさせます。**
ママ「それじゃあ、リズ、今度の質問は何かな?」
リズ「どこから始めるか」
◆ **ママは、どうなれば仕事が完了であるかの判断を手伝います。**
ママ「そうね、いい質問だわ。最初は隅からふいていくのよ。どうなればできあがりか、わかる?」
リズ「汚れがなくなったら!」

••••••••••••••••••••••••••••••••••••••••••••••••••••••••••••••••

　質問を使い、手助けを徐々になくしていきながら、リズのママは自立の方向へうまく誘導しています。
　もう1つの例では、自立のための4つの基本的な質問が、掃き掃除にどう応用されるか見てみましょう。ほかの家事スキルにも応用できます。

第13章 【自立した生活】家事スキル

## ●●●●●●●掃き掃除：基本ステップから自立へ向けて●●●●●●●

**1．そのスキルはいつしたらいい？**

　お子さんと一緒に部屋を歩き回り、掃き掃除の必要な汚れた場所を探しましょう。注意深く見るお手本を示しましょう。最初のうちは、床が文句なくきれいな日か、明らかに掃除の必要がある日か、どちらかを選びましょう（「今日は床を掃く必要があるかしら？　それはどうして？」）。

**2．何が必要？**

　あなた自身が家事をする際に、必要な道具を声に出しましょう（「ええと、ほうきとちりとりがいるわね」）。お子さんに質問することも忘れずに（「床が汚れているわ。何がいるかしら？」）。

　ゲームで練習してもいいでしょう。雑誌などから家事に使う道具（ほうき、ぞうきん、スプーンなど）の写真をいろいろ切り抜いておき、「車を洗うのに使う物はどれ？」「部屋の掃除をするのに使うのはどれ？」などと、お子さんに分類させる遊びです。

**3．最初のステップは何？　その次は？**

　お子さんが取りかかる前に、最初に何をするか、次は何か……と最後まで話し合います。それから、そのプランに沿って実際に動いてみます。ステップごとに、「次は何？」とお子さんに聞きましょう。掃くときは、部屋の片側から反対側へ掃き進めるか、小さい部屋であれば壁際から真ん中へ向かって掃き進めます。

### 4．どうすれば達成で、うまくできたと言える？

　この質問は最初の質問にもつながります——床がきれいかどうかの判断です。部屋の各部分を見ながら「きれいかな？　見落としはないかな？」と質問することを覚えさせましょう。部屋のいろいろな場所で立ち止まらせ、この質問を口に出させます。必要に応じて、掃き残しの汚れを指さします。ただし、掃き残しのないきれいな個所でも同じ質問をさせることを忘れずに。

　できるようになったら、少しずつあなたの手出し・口出しをなくしていきましょう。上記の質問をお子さんが自分でするように教えて、やがてお子さんが自分で判断し、スキルを実行できるようにしていきましょう。

●●●●●●●●●●●●●●●●●●●●●●●●●●●●●●●●●●●●●●●●●●●●●●●●●●●●●●●●

## ◆ 日課を教える

　日課とは、複数のスキルを適切な順番で、誰からもうながされることなくきちんと実行することです。お子さんが適切に自問し適切に判断できるスキルが（例えば、掃く、ほこりをとる、掃除機をかける、というように）増えてきたら、それらをまとめて日課（つまり「部屋の掃除」）にする準備ができています。

　家事の日課と自己管理の日課の共通点は、スキルとスキルのつなぎ目（例えば、掃くのが終わって、ほこり取りを始めるとき）が大事だということです。違いとしては、家事のつなぎ目のほうがより複雑だということです。家事は用具をいろいろと使いますし、開始・確認・終了の判断要素も増えます。ですから、お子さんが家事の日課をスムーズにこなせるようにするには、あなたもいっそう計画的に教える必要があります。

　まずは、お子さんと話し合いながら、日課を遂行するために必要な作業をリストアップしてください。それぞれのスキルに必要な用具も、書き出してください（言葉の代わりにイラストでも可）。

　次ページに、部屋掃除のスキルの流れの一例をあげます。ほかの家事の日課にも応用してください。

　（　）内のスキルは、毎回はしなくてもいいものです。むしろ、最初は2、3個のスキルから始めてかまいません。それがマスターできたら、追加して

## 部屋掃除の流れ

| ステップ | 用　具 |
|---|---|
| ゴミ箱を空ける | |
| 壊れやすい物を安全で邪魔にならない場所に移動する | |
| （窓を掃除する） | （ガラス洗剤、ぞうきん） |
| ほうきを使う場合 | |
| 床とカーペットを掃いてゴミをまとめる | ほうき、ちりとり |
| ほこりを取る（高い場所から低い場所へ） | 化学ぞうきん（高い場所に必要であればイスや脚立） |
| 床に化学モップをかける | モップ |
| 掃除機を使う場合 | |
| （専用アタッチメントでカーテンに掃除機をかける） | （掃除機） |
| ほこりを取る | 化学ぞうきん |
| 家具を動かしてカーペットに掃除機をかける | 掃除機 |
| 家具を元に戻す | |

いけばいいのです。掃除機をかけるなど、一部のスキルは、完全に自立してできるまでにかなりかかるかもしれません。掃除機内がいっぱいになったらゴミを空ける、といったことまで教えなければならないからです。

　リストができあがったら、日課の一番はじめにくるスキルをお子さんにさせましょう。自立してできるはずですから、終わったら教えにくるよう指示しておきます。そして、一緒にできばえを確かめ、チェックシートに印をつけ、流れで次にくる作業（と用具）を確認します。次第にあなたの手助けをなくし、その結果、お子さんが自分でできばえを確認し、チェックシートに記入し、次の作業を確認するようにもっていきます。やがては、流れのリストを見なくても部屋の掃除ができるようになるかもしれません。

　ここでのポイントは、１つのステップの終わりが次のステップの合図になることです。最初はあなたが手を貸して合図を出します（「次は何をするのかしら？」）が、お子さんが日課を学んでいくのに合わせて手出しをなくして

いきます。

【オプション】表を何枚も作る代わりに、絵を入れたカードファイルを利用する方法もあります。1枚のカードごとに、1つの行動とそれに使う用具の絵をのせます。日課の練習の際は、その流れに含まれる活動のカードを抜き出し、順番に並べてお子さんに渡せばいいわけです。

## ≫ごほうびを忘れずに

ステップごとにできばえを確認する際は、お子さんに注意深く確認する力をつけさせるようにしましょう。自立をうながすには、トークンなどのごほうびと並んで、ほめ言葉や励ましが必要不可欠であることを忘れずに。ほかの家族も呼んで、上手にできたこと、1人で頑張ったことをほめてもらいましょう。

では、窓掃除と掃除機がけの自問と判断を身につけたリズの様子を見てみましょう。

●●●●●●●●●●●●●●●●●●●●●●●●●●●手助けをなくしていく●●●●●●●●●●●●●●●●●●●●●●●●●

1枚完了、残りは2枚。
「ママ、全部できたよ」
ママはリズの寝室の窓を見にきました。
「どう?」とリズが聞きます。
「素晴らしいわ、リズ。とってもきれい。次は何をするの?」
リズは2番目のカードを見ました。「掃除機をかける」と書いた横に、掃除機の絵。
「カーペットに掃除機をかける」
「そうね、使う物をとっていらっしゃい——それから、片づけるのも忘れずにね」
リズはガラス用洗剤とぞうきんをまとめてクロゼットへと向かいます。ママはまたコンピューターの前に座り、妹に書いていたメールの続きに取りかかります。

　　教えるのがだんだん楽になっているみたい。そのうち、私がチェックするのは日課全体の最後だけになるでしょう。それでも、

第13章 【自立した生活】家事スキル

手伝いに行きたい気持ちにかられることがあるわ。掃除機と格闘している音が聞こえるときは特に（ベッドの下も掃除するって、あの子忘れてないかしら？）。でも、リズももう13歳だし、これはあの子の仕事――ちゃんとできるんだもの。私にできる最大の手助けは、ここで手出しせずにいることね！

◆ 家回りの修理

　やる気をうながし自立を教えるこの作戦を、もう１つの家事分野、家回りの修理でも見てみましょう。
　普段の日でも、ちょっとした調節（窓の開け閉め、エアコンの調節など）や日常的な管理（植物の水やりなど）があるものです。加えて、散発的なことも起こります――電球切れ、ブレーカー落ち、壁の割れ目。こうした保守・修理作業をあなたがしてしまってはいませんか。でも、そこにお子さんをかかわらせると、有用なスキルが身につくだけでなく、問題を突き止め解決することは日常生活の一部だと教えることにもなります。ちょっとした修理トラブルに対処できる子どもは、次のような状況にはおちいらずにすむはずです。

●●●●●●●●●●●●●●●●　トラブル防止　●●●●●●●●●●●●●●●●

　アンは、自分の仕事である夕食後の食器洗いをしていました。最後のお皿数枚を戸棚にしまおうとして扉に手をかけた瞬間、取っ手がとれてしまいました。驚いたアンはお皿を落とし、割ってしまいました。アンは、取っ手をゆるんだままにしておくとそのうち壊れる、ということを知らなかったのです。こうなる前にドライバーで締めておけば、お皿を割ることも大泣きすることもなかったでしょうに。

セクションⅡ　スキルを教える

　私たちの多くは、簡単な修理であれば自然と覚えていきます。けれど、そうした問題解決が容易にできない子どももいます。人は物事が予想どおりに動かないのが理解できず、どう対処していいかわからない場合、動揺しやすいものです。だからこそ、不意の出来事への対処法をぜひお子さんに教えておいてください。そしてこの分野、つまり簡単な修理も、ほかの家事スキル同様、計画的に教えなければなりません。

## ≫お子さんが知っておくべきこと
　簡単な修理の教え方は、ほかの家事スキルの自立の教え方とよく似ています。基本の質問は、ほぼ同じです。
１．そのスキルはいつしたらいいの？
　a. 問題を認識する。
　b. なすべきことを認識する。
　c. プロの助けが必要なときと、助けを求める相手が誰であるかを認識する。
２．何が必要？
　a. 必要な道具を用意する。
３．最初のステップは何？　その次は？
　a. 修理のステップを最後までたどる。
４．どうすれば達成で、うまくできたと言える？
　a. 結果を試す（修理がうまくいかなかったら、再挑戦する）。
　b. 道具をあるべき場所に戻す。

　家事スキル評価表を見てわかるとおり、お子さんに教えておきたい保守・修理スキルはたくさんあります。これらのスキルを教える際は、あなたは監督し手助けする立場になってください。最終的には、それらの修理はお子さんの仕事にしたいものです。ここでは、家回りの保守と修理について、体系的に練習する時間をもうけて教える方法をご紹介しましょう。

## ≫間違い探し
　間違い探しゲームで、修理のステップをお子さんに教えてみましょう。最初のうちは定期的に時間をもうけて教えるのがいいでしょう。お子さんがゲームのやり方に慣れるまで、週３回以上、数週間続けてください。

第13章 【自立した生活】家事スキル

## 1．そのスキルはいつしたらいいの？

**問題を認識する**　間違い探しゲームの目的は、家の中の部屋やエリアであなたがわざと作り出した異常事態をお子さんに認識させることです。例えば、
・切れた電球をソケットに取りつける。
・トースターのコンセントを抜いておく。
・壁の絵を斜めにかける。
・寒い日や雨の日に窓を開ける。
・テレビやラジオの音量を過度に上げる。
・ベッドをぐちゃぐちゃにする。
・トイレットペーパーをホルダーからはずす。
・洗面所のせっけんを隠す。
・水やりの必要な枯れかけの植物を用意する（難易度高）。
・ブレーカーを落とす（難易度高）。

　家事スキル評価表を見ながら、自分の家で作り出せそうな異常事態がほかにないか考えてみましょう。思いついたら次に書き出してください。

---

　次に、その部屋またはエリアの中央にお子さんを連れて行き、「何かが間違っているんだけど、わかるかな？」とたずねます。必要に応じて、場所や物のヒントを出しましょう。その場所の点検のしかたや、物が正しく動くかどうか調べる方法を教えて、お子さんに気づかせましょう。

　最初のうちは、お子さんが気づくようにどんな手助けでもしてあげましょう。あからさまな質問やヒントを出してもかまいません。例えば、「手が汚れていたら、どうする？」（せっけんがない）、「ソファに座って本を読みたくなったら？」（電灯切れ）のように。お子さんが間違いに気づいたら、ほめてあげて、チェック印などのごほうびをあげます。お子さんがすぐに間違い

に気づくようになるまで、その間違いを含めたいくつかの単純な間違いを使って数日間ゲームを繰り返してください。

**なすべきことを認識する**　お子さんが間違いを見つけたら、ほめたあとに、「何を直せばいい？」「どうやって直したらいい？」「私たちでできるかしら？」とたずねましょう。お子さんがイエスと答えたら、「最初は何をする？」とたずねます。

ゲームをするたびにこれらの質問をしましょう。お子さんが正しい答えを出せるように手助けし、次第にその手助けをなくしていきましょう。

**プロの助けが必要なときと、助けを求める相手が誰であるかを認識する**
これは、ここでの体系的プログラムには含まれません。家の中で何かしらトラブルが起きたときに合わせて、お子さんに教えるといいでしょう。修理が必要になる可能性のある、家の中のさまざまなシステムについて話しておきましょう。その呼び名、役割、場所、そこにある理由、どんなトラブルが起こりうるか、修理には誰を呼べばいいのか。その例をあげておきましょう。

| システム | 誰を呼ぶか |
|---|---|
| 配水管 | 配水工 |
| 電話 | 電話会社 |
| 建物 | 建築修理業者 |
| ペンキ | 塗装業者 |
| 自動車 | 自動車修理業者 |
| 電気 | 電気技師 |
| 電化製品 | 電器店 |

プロの助けについて教える際は、カードを使うと効果的です。「システム」の写真やイラストをのせたカードの束と、「呼ぶ相手」の写真やイラスト（と電話番号）をのせたカードの束を用意し、お子さんに正しい組み合わせ

## 第13章 【自立した生活】家事スキル

を作らせるのです。インターネットや雑誌などから写真やイラストを探し出すのは少し大変かもしれませんが、兄弟姉妹がいたら喜んで協力してくれることでしょう。

### ２．何が必要？

「＿＿＿＿＿＿を直すには何がいる？」「ドライバーがいるかしら？（イエス／ノー）」「＿＿＿＿＿＿はどこにあるかしら？」とたずねましょう。こうした質問にお子さんが答えたら、必要な物をとりに行かせます。必要に応じて、置き場所を教えますが、その手助けは徐々になくしていってください。用具の場所を思い出せたら、ほめてあげましょう。簡単な作業や修理に必要な物を、イラストや言葉で説明したノート（またはカードの束）を用意すると、あなたの手助けを楽になくしていけます。

### ３．最初のステップは何？　その次は？

**修理のステップを最後までたどる**　「最初に何をする？」「そうね、次は？」とたずねましょう。一緒に作業を進めながら、この質問を絶えず投げかけてください。それぞれのステップを口に出させることで、流れを覚えさせることにつながります。

修理作業の多くは、第9章で学んだ「さかのぼり連鎖」を使って教えることができます。はじめのほうのステップは一緒に行い、最後のステップをお子さん1人でさせましょう。一緒にする部分を少しずつ早めに切り上げ、お子さん1人でする部分をだんだん増やしていきます。その調子で、最初からお子さん1人でできるようになるまで進めます。教えたいスキルを2、3選んで、主なステップをリストアップしておくといいでしょう。簡単な修理（電球の交換）を例にあげます。

1．コンセントが入っていることを確かめる。
2．電球がゆるんでいないか確かめ、時計方向にそっと回して締める。点検のためスイッチを入れる。
3．切れていたら、新しい電球を用意する。壊さないよう安全な場所に置く。
4．スイッチを切り、コンセントを抜く。
5．必要に応じて、ランプシェードやカバーをはずす。
6．古い電球を逆方向に回してはずす（はずした電球をそっと振ってフィラメントが切れている音を聞く。または、ほかのソケットにはめて、つかないこと

を確認する）。
7．新しい電球を取りつけてきちんと締める（ただし強く締めすぎないように）。
8．コンセントを入れて電球がつくことを確認する。
9．必要に応じてカバー等を戻す。
10．古い電球を適切な場所に処分する。

では、ここでちょっと時間をとって、修理スキルのリストを作ってみてはいかがでしょうか。

## 4．どうすれば達成で、うまくできたと言える？

**結果を試す**（**修理がうまくいかなかったら、再挑戦する**）「直った？」または「修理できた？」とたずねましょう。さらに、「直ったことがどうしてわかるの？」とたずねましょう。必要に応じて、お子さんに結果の確認をさせ、直っていなかったら再度挑戦させます。あきらめずに続け、必要なら助けを呼ぶように、とお子さんを励ましてあげましょう。

問題解決スキルで重要なことは、助けを求めるタイミングと方法です。修理が自分には難しすぎると判明した時点で助けを求めることを身につけた子どもは、ベソをかいたり、放り出したり、結果の出ないことをいつまでもし続けるより、はるかに自立しています。作業で生じる小さなイライラも経験させ、その機をとらえて適切な質問をするよう励ましましょう。自己評価を教えることは非常に重要です。お子さん自身が「うまくできているかな」と口に出して仕事の進み具合を確認するよう、あなたが頻繁にうながしてあげましょう。

**道具をあるべき場所に戻す**　作業に使った道具それぞれについて、「これはどこにしまうのかな？」とたずねて、お子さんに片づけさせましょう。普段から道具の置き場所を決めて整理しておくと、お子さんにとっても楽になります。ヒントをあげるのは、どうしても必要なときだけにしましょう。お子さんが１人で最初から最後までできるようになることがゴールなのですから。

◆ **最後に**

間違い探しゲームで練習するスキルの中には、上記のステップをすべて踏

む必要がないものもあります。例えば、「寒い日に窓を閉める」のは、道具もいりませんし、ステップをリストアップする必要もないでしょう。逆に、「芝刈りをする」のように、たくさんの道具と計画的な取り組みが必要なスキルもあります。

　このゲームを何週間か続けると、お子さんは要領を覚えてくるでしょう。そうなったら、特別な時間をとらずとも普段の生活に組み込むことができます。調節や保守や修理が必要なことを見つけたら、お子さんを呼んできてゲームを開始するのです。さらに、間違い探しゲームの役割を入れ替えて、お子さんが簡単な問題を作り、あなたがそれを解く役をすることもできます。この分野のスキルを練習する機会は、毎日のようにあるはずです。

## キャンプに行く

　「さあ、マイク、これがちゃんとつくかどうか確認してくれ」と、パパが懐中電灯を手渡します。2人はキャンプに出かける準備をしているのです。
　「だめだ、つかない」
　「そうか。直してくれるかい？」
　マイクにはもうできるはずです。間違い探しゲームでいろいろと練習した中に、懐中電灯がつかない状況もあり、電池の交換を何度かやってみました。どうしたらいいか、電池がどこにあるか、マイクは知っているはずです。
　しばらくしてパパが様子を見ると、マイクは「直した」懐中電灯のスイッチを入れて確認中でした。しかしまだ明かりはつきません。マイクは注意深くふたを外して電池を取り出し、向きを変えて入れ直します。今度はちゃんとつきました。
　「直ったよ、パパ」
　「よくできたね、マイク。ありがとう。じゃあ、ダッシュボードにしまってくれるかな？　そのあと、一緒にこのテントをたたもう」

セクションⅡ　スキルを教える

## ◆気をつけること

- 気を散らす物が少ないときを見計らって教えること。慣れてきたら、ほかの家族もゲームに参加しましょう。
- 修理に必要な道具をお子さんが確実にとってこられるよう、所定の場所に用意しておくこと。
- ゲームの説明をするときは、お子さんがあなたの顔を見て聞いていることを確かめてください。聞いているかどうか確かめるため、最初のうちは、あなたが言ったことを繰り返して言わせるといいでしょう。
- チェックカードやトークンを使う場合は、あらかじめ用意しておいて、ゲームのステップがうまくできるたびにチェックまたはトークンをあげましょう。
- 話をきちんと聞いて、説明どおりにできたら、チェックをあげましょう。それができないときは、あげないこと（「聞いていなかったからチェックはつけられないわ。もう1回頑張ってみましょうね？」）
- チェックやトークンをためて交換できるようになったら、そのごほうびを渡してあげましょう。

# 第14章

# 【自立した生活】
# 実用学習スキル

　もしあなたが不思議な国にいて、時計や看板や値札や電話に書かれている文字や記号が何ひとつ意味をなさないとしたらどうでしょう。何の情報も伝えてくれないとしたら。あなたは混乱し、無力感さえ覚えるかもしれません。幸い、現実世界の私たちは、時計も看板も値札も読むことができますし、電話をかけることもできます。こうした情報の読み取り方を、社会の中で日々学んできたからです。お子さんにその同じスキルを身につけさせることは、自立の促進に大いに役立つことでしょう。

　この章では、自立した社会生活を送るために役立つ、実用学習スキルに目を向けます。スキルを構築し実行力を維持するためのトークンシステムの使い方に、特に着目します。巻末付録Eには、特に次の3種類の実用学習スキルを教えるステップ式のプログラムをのせています。

・身の回りの文字を読む。
・時計を読む。
・お金を使う。

　もちろん、これ以外にも覚えさせたいスキルはたくさんあります。テレビのリモコンの使い方、ビデオやDVDの操作、電話のかけ方、時刻表の読み方、コンピューターの使い方などなど。これらのスキルも、巻末付録Eで説明するステップ方式を使って教えることができます。

　学習スキルなら学校で教えればいいのに、と思うかもしれません。ところが、実はこれらのスキルは集団学習向きではないのです。個人レッスンできめ細かく教えるほうがうまくいきます。

セクションⅡ　スキルを教える

　実用学習スキルは、時間を決めて毎日教えるのが一番いいでしょう。1日に10分～20分ほどの学習時間を、最低でも週3、4日以上もってください。学習時間に教えるスキルをお子さんがほとんど覚えたら、日常生活で練習させます。
　教え方のコツはこれまでにたくさん紹介してきましたね。ここで、簡単に振り返ってみましょう。

### ◆ 教えることを決める

　どの実用学習スキルが一番いいでしょうか。お子さんがやる気を示しているスキルはありますか。やってみようとしていることがないか、お子さんをよく観察しましょう。自分からやりたいことを話してくれることもあるでしょう。少しでも上達が見込めそうなスキル、初歩的なステップの一部でもお子さんがすでにできるスキルを選びましょう。確実に成功させ自信をつけてもらうことがポイントです。
　実用学習スキルを選ぶ際は、学校との連携も重要です。お子さんがどのスキルを習得できそうか、学校の先生の意見も聞いてみましょう。家庭と学校で矛盾する指示を出してしまう危険も避けられます。

### ◆ スキルをステップに細分化する

　適切なスキルを選んだだけでは、お子さんが習得する保証はありません。確実な成功を期するためには、個々のステップを理にかなった順序で教える

必要があります。スキル全体を一度に覚えるよう要求してはいけません。

巻末付録Eでは、それぞれのスキルをいくつもの細かいステップに分けています。これでもまだ足りないかもしれません。お子さんがステップの習得に苦労していたら、さらに単純なステップに分けてあげましょう。

### ◆ 成功に向けた環境整備

教える際の環境整備に注意を払ってください。特に、時間帯、場所、道具には気をつけましょう。

#### ≫いつ教える？

ほかの子たち、お気に入りのテレビ番組、学校や仕事へ行く支度などとぶつからない時間を選びましょう。前もって、できるだけ邪魔の入らない時間を計画的に探しておきましょう。

#### ≫どこで教える？

スキルによっては自然と場所が決まるものもあります（電話の対応など）。それ以外のスキルは、気の散る物が少なく都合のいい場所で練習してから、外に出て練習しましょう（文字の読み方やお金の使い方など）。

#### ≫何を使う？

あなたがしっかり準備するほどお子さんもよりうまく学習できる、ということがおわかりでしょう。それぞれの実用学習スキルには、単語カード、教材用時計、硬貨など、それぞれの特別な道具が必要です。教材箱を用意して必要な道具を全部入れておき、1カ所に保管しておきましょう。

#### ≫どんな態度でいるべき？

特別なニーズをもつ子どもや若者に教えるのは、時間と忍耐を要することです。楽観的かつ現実的な態度でのぞめば、得るものは多いはずです。一度に大きな期待をしすぎるのは失敗のもと。ステップ方式を守って、やむを得ない遅れやあと戻りがあることも覚悟していてください。たとえがっかりするような事態が起こっても一貫性を保てるかどうかが、成功のカギです。ま

た、期待が少なすぎるのもよくありません。お子さんがいったんステップを習得したら、繰り返しの実行を期待しましょう。

## ◆ 話す―見せる―うながす

　スキルを選び、ステップに細分化し、成功に向けた環境整備もしました。次は？　お子さんをその計画に乗せて実際に教え始めるには、どうしたらいいのでしょう？

　お子さんは、あなたが何を要求しているのかわからないかもしれません。そこで、何をするのか具体的に話す（言葉による指示を与える）、やり方を見せる（ステップの手本を示す）、ときには手を添えてやらせる（身体的な誘導をする）ことが必要になってきます。

### ≫ 言葉による指示：話す

　ステップを実行するため何をするのか、できるだけかみくだいて伝えます。お子さんにわかる単語を使い、できるだけ単純な指示を出しましょう。指示を出す前に、お子さんがきちんと注意を向けていることを確認してください。指示の出し方は一定に、同じ指示は同じ言葉づかいをしましょう。

### ≫ 見本：やって見せる

　口で言うだけでは伝わらないこともあるでしょう。そのステップをどうやるのか、ゆっくりと大げさにやって見せましょう。お子さんが1人でできるようになるにつれ、見本はいらなくなり、言葉の指示だけで十分になります。

### ≫ 手を貸す：うながす

　うながすというのは、必要だと思われるときに何かしらのヒントを与えることです（指さす、ふれる、口に出すなど）。例えば、時計の5分刻みの読み方を教えるときに、まずスタート位置を指さしてから、お子さんと一緒に「5分、10分、15分……」と読み進めていくなどが考えられます。うながす手助けも、見本同様、次第になくしていきます。

第14章 【自立した生活】実用学習スキル

## ◆ ごほうび：トークンシステム

　この本でこれまで教え方をいろいろと説明してきましたが、いざ自分が教えたいスキルに当てはめようとすると途方に暮れるかもしれません。そういうときは、実例を見ると参考になります。ここでは、トークンシステムを使って時計の読み方の勉強をするハリソン家の様子を見てみましょう。

●●●●●●●●●●●●●●●●●●●●●時計を読む●●●●●●●●●●●●●●●●●●●●●

　とうとうこの日がやってきました。ブライアンは、模型飛行機を買うため2週間以上かけてトークンをためてきたのです。ハリソン家のパパは、トークンを使うことを決めたときのことを、まるで昨日のことのように思い出しました。

　さかのぼること数週間前──

　夕食の食器が片づけられ、時計の読み方の練習時間になりました。パパはいつもの道具を取り出します──教材用時計、チェック欄が8個ついたカード2枚、鉛筆。さらに、今日は新しい物が加わりました。赤いポーカーチップが2枚です。これはカードがいっぱいになるたびブライアンに渡されるトークンで、デザートかジュースに交換できます。

◆子どもが確実に答えられる問題から始めて、ごほうびの選択はシンプルに

　「よし、ブライアン、準備はいいようだね。チェックカードをいっぱいにできるように頑張ってみよう。始めるよ？」

　「うん！」

　「よーし、これは何時かな？」

　「8時」

　「いいぞ、ブライアン。1つめのチェックだ」

◆最初は、チェックをすぐにトークンと交換し、トークンをすぐごほうびに交換

　パパはカードにチェックをつけ、しばらくはブライアンが確実に答えられる復習問題を出し続けました。10分もたたないうちに1枚目のチェックカードがいっぱいになりました。

「よくできたね、ブライアン。とても頑張ったから最初のカードがいっぱいになったよ。そのカードをパパにくれたら、トークンをあげよう」

ブライアンがとまどっているので、パパが手を貸してカードとトークンを交換しました。

◆ **トークンの意味を説明する**

パパが説明します。「これはトークンだよ、ブライアン。お金みたいなもので、特別なうれしいものと交換できる。ジュースとデザートとどちらにする？」

「両方は？」

「まだダメだよ。1枚で1つなんだ。だから今は1つしか買えない。このあとまた頑張れば、トークンがもらえて、もう1つ買えるようになるけどね」

「わかった。ジュース」

「よし、ブライアン、トークンをこちらに渡して。さあ、ジュースをあげよう」

今度はトークンとジュースの交換です。ジュースを飲むブライアンを見ながら、パパは、はじめてのトークンがうまく使えたことに、ほっとしていました。

◆ **決めた制限を守る**

ブライアンがジュースを飲み終えると、パパは、もう1枚のトークンを稼いでデザートをもらうためにもっと頑張るかどうかたずねました。そして勉強を続けることにした2人は、さっきより少し難しい問題に取り組みました。しばらくするとブライアンは2枚目のトークンを手に入れ、チョコレートプリンと交換しました。

◆ **よく頑張ったことと、トークンを手に入れたことをほめる**

パパは、ブライアンがよく頑張ってもう1枚のトークンを手に入れた

第14章 【自立した生活】実用学習スキル

ことをほめました。その日の勉強時間はそれで終わり。父も息子も、成功で締めくくられたことに満足していました。

••••••••••••••••••••••••••••••••••••••••••

　ブライアンがトークンに熱心になったことから、パパは、ほかのさまざまなスキルにもトークンが使えないかと考えました。パパとママとブライアンは、朝起きてから寝るまでの間にブライアンができる日課のリストを、一緒に作りました。それらのスキルで一番の問題は、うながされないと、するのを忘れがちなことでした。そこで、スキルごとにトークンの数を決める際に、もう1つ、うながされずにできたときのボーナスの欄も加えました。

| 仕事 | トークンの数 | |
|---|---|---|
| | 言われてから やったとき | 言われなくても やったとき |
| 朝のベッドメイクをする | 2 | 3 |
| 朝食の食器をシンクに片づける | 1 | 2 |
| その日使う物の準備をする | 1 | 2 |
| 夕食のテーブルの支度 | 2 | 3 |
| 夜の勉強 | 2 | 3 |
| 合計 | 8 | 13 |

　パパとママは、ブライアンと一緒にこの表をじっくり見ました。ブライアンが確実にできるスキルばかりです。ベッドメイキングとテーブルの支度は、最近、手助けをしなくてもよくなったところです。両親はブライアンに、仕事によってトークンの数が変わることと、おまけのトークンをもらう方法（「自分でやらなくちゃいけないんだよ」）を理解させました。そして、この表をブライアンの部屋の壁の、見やすい場所に貼りました。
　次に、リストをもう1つ作ります。ごほうびの一覧表です。3人はまた肩を寄せ合って、ブライアンにとって「すごくうれしい」物を考え出しました。値段交渉と多少の落胆（スーパーボウル観戦はちょっと無理！）をへて、次のようなリストが部屋の壁に追加されました。

セクションⅡ　スキルを教える

| ごほうび | 値段（トークンの数） |
|---|---|
| ビデオゲーム30分 | 4 |
| デザートの追加 | 5 |
| パパとキャッチボール | 8 |
| マクドナルドでお昼を食べる | 25 |
| ボウリング | 30 |
| 映画 | 50 |
| 模型飛行機 | 70 |

　スキルの選び方と、それぞれのスキルで得られるトークンの数に注目してください。さらに、ごほうびの「値段」が明確に決められていることにも注目です。これらの表があれば、あとで行き違いや議論の起こる余地はありません。ごほうびは、その日のうちに得られる物もあれば、何日（あるいは何週間）もかけてトークンをためなければいけない物もあります。
　トークンシステムを成功させる秘けつは、ルールを明確にすることと、トークンをもらう努力をするかどうかの選択を子ども自身にゆだねることです。もちろん、ごほうびが魅力的でなければ成功しませんから、ハリソン家のように、話し合いには子どもを必ず参加させましょう。
　家庭内でのトークンシステムは準備に時間がかかりますし、ハリソン家の例のようにたちまちスムーズに進むとはかぎりません。けれど、あきらめずにやり抜いてトークンシステムを成功させることができれば、得る物は非常に大きいのです。

## ◆トークンに関する質問集

Q．トークンシステムをいったん始めてから、内容を変更できますか？
　できます。むしろ週1回程度、お子さんを交えて見直すことをおすすめします。第1にお子さんが習得したり自立できるようになったりして、目標が達成されたスキルは、トークンシステムから徐々にはずしていけます。第2に、お子さんにとってまだ難しいスキルがあったら、「条件」（達成させるステップ）をゆるめるか、「給料」（トークンの数）を増やすといった調整が必要です。さらに、新しいスキルや新しいごほうびをリストに追加するのも自

由です。お子さんのニーズに合わせて柔軟に運用してください。ただし、参加者全員の同意のもとで変更がなされるまでは、ルールを一方的に破ってはいけません。

**Q．今まで何もしなくてもあげていた物を、「ごほうび」に使うことはできますか？**

　もちろんできます。1つ重要なことを覚えておいてください。トークンシステムの責任者はあなたです。あなたがルールを作るのです。お気に入りのCD、テレビ、おやつ……どれも、あなたのトークンシステム経済に組み込むことができます。これらは、効果的で毎日あげることができるごほうびですから、どんどん使ってください！

**Q．ごほうびの「値段」はどうやって決めたらいいのですか？**

　これといった決まりはありません。トークンをお金と同じように（1トークン＝10セント、といったように）扱う人もいますが、そうもいかない場合もあるでしょう。大まかに言うと、ハリソン家のように値段にいろいろと幅をもたせることです。比較的簡単に手に入るごほうびと、数日から数週間かけてトークンをためないと手に入らない特別のごほうび（映画に出かけるなど）をおりまぜましょう。

**Q．とても欲しがっているごほうびに、あと1つか2つだけトークンが足りないときは？**

　迷う状況ですが、答えはシンプルです。いったんごほうびの値段を決めたら、それを守ること。一貫性は、教えるときにとても大事なことです。もし、少し譲歩してそのごほうびをあげたいと思うのであれば、お子さんが確実にできる簡単な課題を最後に追加すればいいのです。お子さんは正当にトークンとごほうびを手に入れることになります。

**Q．うちの子はトークンのしくみがわからないようです。どうしたらいいでしょう？**

　トークンを使い始めて最初がうまくいくと、当然、期待が大きくふくらみ

ます。そこでつい、導入のスピードを上げすぎてはいませんか。トークンシステムを教えるのも、ステップに分けて徐々に進めるのが最も効果的です。多くの子どもは、トークンをその場で交換する段階に何週間かかけてから、ごほうびリストへと移ります。もしお子さんがトークンのしくみをあまりのみこめていないようでしたら、おやつなどのその場で交換する段階に一度戻してみましょう。

## Q．子どもにトークンをためさせるアイディアはありますか？

　トークンシステムの大きな目的の１つは、その場での交換を徐々になくし、特定の日時（その日の終わり、その週の土曜日の朝など）に交換するようにしていくことです。そのためには、トークンを使わずにためることを覚えなければなりません。徐々に教えましょう。最初のうちは、ほとんどのトークンをその場で交換して、１つか２つだけとっておき、その分は１日か２日たってからごほうびに交換します。こうして、ためておく期間を徐々に延ばしていきましょう。グラフを使うのも１つの手です。特別なごほうびに必要なトークンの数を白いマス目で表し、たまった分だけ色をぬっていけば、あとどれだけ必要なのかがお子さんにも一目でわかります。

## Q．トークンシステムはいつまでも続けなければいけないのですか？

　いいえ！　トークンシステムの目的は、習得中のスキルや、習得ずみでも定期的に実行しないスキルに、やる気を与えることです。スキルを身につけて定期的に使うようになったら、トークンシステムを徐々になくしていくことができます。しかしいきなりなくそうとはしないでください。始めたときと同じように、時間をかけて注意深く段階的になくしていくようにします。例えばトークンを使って習得練習していたスキルが身についたら、同じトークンの数でさらに自主的に実行させるようにします。そして、習得と自立が完全になったスキルは、リストからはずして通常の日課に組み入れます。最終ゴールは「自然なごほうび」（ほめ言葉や達成感）がトークンの代わりを果たすことです。

　ただしどうしてもそれ自体楽しいとは思えない活動もあることをお忘れなく。例えば、ベッドメイキングやゴミ出しや皿洗いは、子どもたちだけでな

く私たちにとっても、格別楽しい活動ではありません。世間には、おこづかいをもらい家の手伝いをする子どもがたくさんいます。あなたのお子さんもある程度の自己管理スキルと家事スキル、そして金銭スキルを身につけたらトークンを定期的なおこづかいに切り換えてもいいかもしれません。

## ◆ スキルを機能させる

　最後に1つ申し上げておきましょう。お子さんに教えるスキルは、もしそれが**機能**していなければ、つまり日常生活で使われなければ、価値をもたず、覚えたことも忘れてしまいます。ですから、学習時間をもうけるほかに、日常生活の中でもお子さんに新しいスキルを練習させる機会を探しましょう。レストランのレジでお子さんにお金を支払わせ、おつりを一緒に数えてみましょう。車での移動中に道路標識を読む練習をしましょう。時間が知りたいときは、お子さんにたずねましょう。

## セクションIII
# 問題行動への対処

# 第15章

# 何が問題行動かを見きわめる

　知的障害に感情的な問題や行動の問題が組み合わさってしまうと、家族にとって大きな悩みになります。感情の問題や行動の問題は、日常生活の中で知的障害そのものよりも大きなストレスの原因になることが多いのです。
　発達が遅れている子どもの問題行動はめずらしくありません。すでに3歳の段階で、臨床的な対処が必要な問題行動がある確率は、平均的な発達をしている子どもの3倍にのぼります。特に強い自傷や他傷破壊的な行動は子どもの発達を阻害してしまいます。このため早期に適切な対応をしていく必要があるのです。
　子どもの問題行動の改善には大変な労力が必要です。問題行動の原因が何であっても、あらゆることの学習と同じく、適切な行動の学習が必要になります。
　問題行動を改善することは確かに非常に困難です。多くの親御さんと同じく、そのことはこれまでの経験からご存じかもしれません。その経験が成功したものであっても、失敗に終わったものであっても。最初からまた挑戦し直すのは気が進まないという人もあるでしょう。それでも新たな取り組みをしてみたらうまくいった、となる可能性もあります。そういう経験をした親御さんはたくさんいます。その人たちはこのセクションに書かれた方法を、今効果的に使っています。簡単ではありませんでしたが、子どもの問題行動を減らすことに成功したのです。あなたにも、きっとできます。
　この章で紹介した方法もほかの章と同じように、自分の子どもに合わせてプログラムを調整して使うことを想定して書かれています。あらゆる問題に

対する特効薬を提供するつもりはありません。そんなことは不可能です。ここに書かれているのは問題行動を特定して、そしてそれを取り除くための一般的な取り組み方法です。これを指針として、お子さんを助けてあげてください。

### ◆ 問題行動を特定する

最初の課題は、何が子どもの問題行動なのかを正確に見きわめることです。その問題行動は、人をたたいたり、金切り声をあげたり、勝手にどこかに走っていってしまったりというわかりやすいものかもしれません。このような行動はたいてい派手なので、問題行動であると判断するのはわりと簡単です。しかし、お母さんと別れるときに泣いたり、意味なくうろうろ歩き回ったり、指示に従おうとしなかったりという行動を見せる子どももいるでしょう。このような行動は人によって問題とするのかどうかの意見が分かれると思います。どのような行動を問題行動と判断すればいいのか考えていきましょう。

これまでの経験から、私たちは問題行動を3つに分類するとわかりやすいと考えています。学習を妨害する行動、すでに学んだスキルの使用を妨害する行動、家族に迷惑をかけたり自分自身を傷つけたりする行動です。

#### ≫ 学習を妨害する行動

**両親が絵の見分け方を教えようとするたびに、アイリーンはわめきながら教材を押しやってしまいます。**学習中のアイリーンの問題行動は主に、何か新しいことをしなさいと言われたときに起こります。わめいて学習を拒否することで学習はほぼ不可能になり、結果的に学習速度は落ちてしまいます。このタイプの「感情表現」は、学習を「したくない」という意志を表す行動の1つです。その結果、たいていの場合、大人は学習をあきらめます。

これらの問題行動はこれほど激しいかんしゃくばかりではありません。体を揺らし

たり、意味なくうろうろ歩き回ったり、長時間座ったまま1つのことに没頭していたりする場合もあります。

## ≫ すでに学んだスキルの使用を妨害する行動
　サラのお母さんはいつも、サラの横に立って自分で服を着るようにせきたて続けなければなりません。サラは完全に1人で服を着られるのですが、ぐずぐずしているのでどうしてもほかの人たちが手を出してしまいます。サラには自分でできるし、するべきなのですが、このように人の注目を集められて喜んでいます。このことでお母さんは本当にいらいらしてきています。

## ≫ 家族に迷惑をかけたり自分自身を傷つけたりする行動
　ジャッキーは毎晩、ベッドに入る時間になると泣いたりわめいたりします。ベッドに入る時間にジャッキーが泣きわめくことに、家族はみんなうんざりしています。ほかの子どもたちは眠れないし、お父さんとお母さんは毎晩ジャッキーのそばで長い時間を過ごさなくてはなりません。ついには、みんなが就寝時刻の騒ぎをおそれるほどになってしまいました。
　家族のメンバーが送りたいと思うライフスタイルを、子どもの問題行動のためにあきらめざるをえないことはよくあります。ケアワーカーやベビーシッターでは子どもの問題行動に対処できず、お母さんやお父さんが仕事をやめたり、勤務時間を減らしたりしなくてはならない家庭もあります。子どもの行動が手におえなくて、夜の安眠や家族の外出、親類への訪問、家の内装などがすべて犠牲になっている家も多いでしょう。衝動的または強迫的な行動のために、庭をフェンスで囲ったり、冷蔵庫に鍵をつけたり、専用の食事を作ったりという特別な対処が必要な場合もあります。さらに、寝室の明かりを消さずにおく、犬を手放す、歯科医の予約をキャンセルするなど、それぞれの家庭でさまざまな努力や試みをされていると思います。

　これらの例を読みながら、ご自分のお子さんのことを心に描かれた方もおられるでしょう。そしておそらく、問題行動をこの3つの分類のどれか1つ、あるいは2つ以上に当てはめられると気づかれたのではないでしょうか。このあとすぐに問題行動の話に戻りますが、その前に問題行動の対処に欠かせ

ないスキルを紹介しましょう。行動が起きたときにその裏側の背景を読み取るスキルです。

### ◆ ＡＢＣ分析

行動というものは、何のきっかけもなく起きるのではありません。良い行動も問題行動も、起こるべくして起きているのです。簡単な例について考えてみましょう。「子どもがフィンガーペイントの絵の具をひっくり返しました」。この短い文には、何が起きたかがはっきりと書かれています。しかしちょっと待ってください。本当に起きたことが何なのかを理解するには、行動そのものの単純な描写だけでなく、それを取り巻く状況を読み取る必要があります。

例えば、この行動が起きた背景がわかると、それが適切な行動であったかどうかの判断を下す役に立ちます。「**子どもがフィンガーペイントの絵の具をひっくり返しました**」という文の解釈は、それが起きたのが子ども部屋の自分の机の上か、居間の敷物の上かによって大きく異なります。

また、その行動の次に起きた出来事がわかると、それがもう一度起きるかどうかを予想する役に立ちます。「**子どもがフィンガーペイントの絵の具をひっくり返しました**」という文には、「**お母さんは子どもに、床に絵の具をこぼしては駄目よ、と言いました**」や「**お母さんは子どもに手を貸しながら紙の上に絵の具を広げました**」という文が続くかもしれません。こうしてより完全な背景を見ると、その行為についてもっとよくわかります。その行動を完全に理解するためには、行動が起きた状況とその前に起きたこと（先行条件）、そのあとに起きたこと（結果）を知る必要があります。

先行条件（Ａ：Antecedents）、行動そのもの（Ｂ：Behavior）、結果（Ｃ：Consequences）を理解することを、ＡＢＣ分析と呼びます。ＡＢＣ分析を知れば、その行動が今後も引き続き起きるかどうかが予想しやすくなります。

行動の結果については、簡単な２つのルールを覚えておきましょう。

１．**うれしい結果をもたらした行動は、再び起きる可能性が高くなる。**
２．**うれしい結果をもたらさなかった行動、または嫌な結果をもたらした行動は、再び起きる可能性が低くなる。**

先行条件と結果、そしてその組み合わせが行動に及ぼす効果がわかると、

第15章　何が問題行動かを見きわめる

行動への対応に役立ちます。これは問題行動への対処の中心となるテーマです。これからこのテーマを頻繁に見直しながら、対処を実践するさまざまな方法を確かめていきましょう。

　問題行動を減らす方法を詳しく見ていく前に、取り組み方の概観を見ておくと役立ちます。そこでここからしばらく、ゲイリーという男の子と家族が食事のときのゲイリーの困った行動に対してアプローチした方法を紹介します。話は単純化されていますが、ゲイリーの両親が話してくれた実話に基づいており、ＡＢＣ分析をよく表しています。また、あとでお話しするいくつかの考え方も含まれています。

### ◆ ゲイリーの場合

　ゲイリーのお母さんの話はこんなふうに始まりました。「食事のときのゲイリーには本当に困っています。数分ごとにイスから飛び降り、テーブルの下に入りこんだかと思うと台所をうろうろ歩き回って、引き出しを開けたり、その中身を全部出したりするのです。イスにじっと座らせておこうとすると泣きわめきます。どちらにしても、落ち着いて食事などできません」。

　ゲイリーの問題をより正確に把握するために、ゲイリーの行動の記録をつけてもらうことにしました。家族は１週間、以前と同じようにゲイリーに接しながら、食事が始まってから何分後にゲイリーがイスから飛び降りたかをメモします。１週間後、次のように平均を計算しました。食事ごとに数字を合計し、記録をつけた食事の回数である７で割ります。昼食については（月曜日に時間を計るのを忘れたため）６で割りました。記録は表のようになりました。

## セクションⅢ　問題行動への対処

**何分後にゲイリーはイスを飛び降りたか**

|  | 日 | 月 | 火 | 水 | 木 | 金 | 土 | 平均(分) |
|---|---|---|---|---|---|---|---|---|
| 朝食 | 18 | 15 | 10 | 13 | 12 | 14 | 16 | 14 |
| 昼食 | 19 | ― | 11 | 13 | 16 | 16 | 15 | 15 |
| 夕食 | 3 | 2 | 5 | 7 | 3 | 4 | 4 | 4 |

　ゲイリーのお母さんは記録についてこう話しました。「だいたいふだん通りの1週間でした。けれども、夕食のほうが朝食や昼食のときよりもずっと早くゲイリーが立ち上がっているのを知って驚きました。違いがこんなに大きいなんて、記録しなければ気がつかなかったと思います。朝食と昼食のときはたいてい、ゲイリーは食べ終わるまで座っているのです。考えてみると、夕食のときは夫が家にいて、夫と私はたいてい食卓で話をしています。というよりも、話をしようとしているのです。朝食と昼食のときは、私の注意はもっとゲイリーに向いています。そして、ゲイリーが立ち上がるときはたいてい夫と私の会話の最中であるということに気がついたのです」。

　ゲイリーの問題行動は、家族の注目が自分に向いていないときに起きていたのです。言葉を換えると、この行動の先行条件は、夕食時、ゲイリーが注目を浴びていないときということになります。

　お母さんの話は続きます。「ゲイリーが立ち上がるともちろん私たちも立ち上がり、追いかけて食卓まで連れ戻さなくてはなりません。そうしないとゲイリーは夕食をほとんど食べないことになってしまいますし、たぶんその間に台所がめちゃめちゃにされますから」。ゲイリーは問題行動の結果として、家族からの注目を浴びていました。

　「この週の間に家族全員が集まって、どうすればいいかを話し合いました。娘は、夕食のときにもっとゲイリーに注目を向けてはどうかと提案しました。誰かがゲイリーに注目を向けているときは、たいていきちんと座っているからです。私たちはそれに賛成しました。また、ゲイリーが立ち上がったとき

## 第15章　何が問題行動かを見きわめる

には無視することを決めました。こうすれば食卓に着いているときだけ注目されることになるので、ゲイリーもずっとイスに座っていようと思うかもしれないからです。しかしその方法には、私はそれほど積極的になれませんでした。食卓に全然戻ってこない可能性もありますから。そこで夫は、おなかがすくのであまり長時間離れていることはないだろうし、台所もそこまでめちゃめちゃにはならないだろうと言いました。そこで、無視をするという案も取り入れることにしました」。

「記録を続けるように」という指示は出されましたが、今後は夕食時だけになりました。夕食時に問題が起きる頻度が高いからです。最初のうち、ゲイリーはすぐに立ち上がり、家族の注意を引こうとしながら食事が終わるまで戻ってきませんでした。しかし2、3日たつと食卓に着いている時間が長くなり、たとえ離れても数分後に自分で戻ってくるようになりました。

「最初は、私たちがすぐに挫折してしまうだろうと思いました。ゲイリーが引き出しの中身を出したり、私のそでを引っ張ったりしているときに無視するのは簡単ではありませんでした。しかし家族全員が力を合わせて、本当に頑張りました。ゲイリーが席に戻ると、みんなですぐに話しかけてたくさんの注目を向けるようにしました。

記録を見れば、ゲイリーが立ち上がるまでの時間が長くなっていることがわかります。このプログラムを始めた最初の週は、夕食時の記録の平均は5分でした。次の週には、食事の時間がほぼ終わるまでちゃんと座っていました（13分）。次の週は、16分座っていました。これは食事を完全に終える時間です。彼が立ち上がったのはデザートが遅れたときだけでした。私たちは、

セクションⅢ　問題行動への対処

家族みんなが見られるようにゲイリーの記録表を壁に貼ることにしました。
　ゲイリーへの支援の成功に対して、私たちは自分にごほうびをあげることにしました。レストランに食事に行ったのです。しかも、ゲイリーも一緒に」。

## ≫この章のまとめ
　世の中に同じ子どもは２人といません。ですからこの本で紹介する例の中に「まさにうちの子と同じだわ！」と思えるものは１つもないでしょう。しかし、お子さんのタイプが１人ひとり違っていても、すべての問題行動に共通する観察のしかた、理解のしかた、対応のしかたというものはあります。
　ゲイリーの家族が行っていた対応をいくつか、簡単にまとめてみましょう。
◆行動を分析する
　１．行動を具体的にあげる　ゲイリーのお母さんは、漠然とした言葉を使っていません。「落ち着きがありません」や「テーブルマナーがひどいんです」などとは言いませんでした。減らしたい行動（イスから立ち上がって台所を走り回ること）と増やしたい行動（イスにずっと座っていること）を具体的に述べています。

　２．「対処プログラム開始前」の時間を計る　同様に、お母さんはゲイリーが「すぐに席を立つんです」「あっという間にイスを降りてしまうんです」などとは言っていません。それぞれの食事についてゲイリーが座っていられた時間を計り、それを書きとめています。この「プログラム開始前」に計測した時間が役に立つことは、プログラムを始めるときにわかりました。

　３．ＡＢＣ分析を行う　家族は、ゲイリーの問題行動が夕食時にみんなの注目が向いていないときに起こることを発見しました。また、その行動に続いて起きる結果にも気がつきました。みんなはその行動の後ゲイリーに注目していたのです！　行動そのものだけでなく、その前と後に起きることを見て、両親はその行動にどのように対応すればいいかを思いつくきっかけをつかんだのです。

◆プログラムを開始する
　１．問題行動の後に与えられる本人が喜ぶ結果を取り除く　家族は、ゲイリーがイスから立ち上がったら無視することに決めました。ゲイリーはすぐ

第15章　何が問題行動かを見きわめる

に、イスから立ち上がってもほとんど注目を得られないことを学びました。

　２．**問題でない行動をしたときには、本人が喜ぶ結果を与える**　ずっとイスに座っていたり、食卓に戻ってきたりすると、ゲイリーはみんなにかまってもらえます。ゲイリーは、ずっとイスに座っていると注目を浴びることを学びます。

　３．**先行条件を変える**　ゲイリーの家族はまた、ゲイリーが食卓を離れにくいように夕食時の状況を変えました。ゲイリーは食事が並べられ始めたときに食卓に呼ばれ、テーブルの奥の席にあるイスに座らされ（そこからは立ち上がって席を離れにくいのです）、食事中はみんなから注目されました。

　４．**行動までの時間の計測を続ける**　ゲイリーがきちんと座っている時間を計ることで、家族はプログラム開始後と「開始前」の時間を比べることができました。これによって、今のゲイリーへの対処法が効果的かどうかを簡単に判断することができました。

　次の章で、行動の分析と計測の方法を説明します。17章と18章では、問題行動対処プログラムの開始と継続の方法をお話しします。

# 第16章

# 行動の分析

　目を閉じて、多動な子どもの様子を思い描いてください。実際に目を閉じて、考えるのです。いったん本を置いて想像してみましょう……。
　想像の中で、子どもは何をしていましたか？　同じところをぐるぐる走り回っていたでしょうか？　本棚によじ登っていたでしょうか？　ソファの上で飛び跳ねていましたか？　スプーンでお皿をたたいていましたか？　ひっきりなしにしゃべり続けていましたか？　猫を追い回していましたか？

　あなたが想像した子どもはこのどれでもないかもしれません。あるいはこれを全部、それどころかもっと多くの行動を思い浮かべたかもしれませんね。つまり「多動」という言葉だけではその子どもが何をしているのかを正確に

伝えることはできないのです。

### ◆ 行動を特定する

　**行動を変えていくには、まずその子どもの行動を正確に特定できなければなりません。** 多動、攻撃的、強情、幼稚といった漠然とした言葉は、普通の会話の中ではわかりやすいかもしれませんが、具体的にどんな行動が問題なのかを正確に把握することはできません。行動を変えていくには子どもの行動をもっと正確に描写することが必要なのです。

　ゲイリーのお母さんがゲイリーの問題を「イスから飛び降り、テーブルの下に入り込む」と描写していたことを思い出してください（第15章参照）。ゲイリーの行動を本当に変えたいと思うなら、「ゲイリーは多動なんです」と言うよりもこの描写のほうがずっと役に立ちます。役に立つ描写とは、何を観察し、何を計測すればいいかがわかる描写です。

　次の例を見れば、「行動を正確に特定すること」の重要性がおわかりいただけるでしょう。

•••••••••••••••••••••••••• 態度が悪い？ ••••••••••••••••••••••••••

　ジェニファーは都会の大きなデパートの新人店員です。同僚の１人がジェニファーについてこう言いました。「ジェニファーは良い店員ですけど、態度が悪いんです」。

　ここで少し、自分がジェニファーの上司であると想像してみてください。ジェニファーの態度を改善するために何をするでしょう？　お説教をするかもしれないし、態度が良かった日にはほめるかもしれないし、クビにするとおどすかもしれないし、文書で注意をするかもしれませんね。しかし、何についてそうするのでしょう？　正確にどの行動が気になり、その行動をどのように変えてほしいのかを伝える必要がありますね。

　ジェニファーの「悪い態度」にはいろいろな可能性があります。例えば次の例が考えられます。

・仕事に遅刻する。
・職場のミーティング中に居眠りをする。
・仕事や同僚の悪口を言う。

## 第16章　行動の分析

・お客さんに話しかけられたときに失礼な態度をとる。
・飼い犬のセントバーナードを職場に連れてくる。

したがって、ジェニファーの同僚が彼女の「態度が悪い」と言った場合、あなたは上司として、その行動を変えさせるべきかどうか、もし変えさせるべきならどのようにするかを判断するために、具体的な行動を明らかにする必要があります。例としてあげた行動のそれぞれが、異なる取り組みを必要とする可能性があるからです。

･････････････････････････････････････････････････････････････

子どもの問題行動を減らすためには、このジェニファーの場合と同じように、どの行動を変えさせたいのかを正確に知ることが大切です。次にいくつかの問題行動を例としてあげます。左側は漠然とした描写、右側は正確な描写です。正確な描写がなければ対処すべき行動を知ることができない、という点に注目してください。

| 漠然とした描写 | 正確な描写 |
| --- | --- |
| ゲイリーは多動です。 | ゲイリーは夕食時に席を立ちます。 |
| アイリーンはかんしゃくもちです。 | アイリーンはお母さんが何かを教えようとすると、わめいて教材を押しのけます。 |
| サラは動きが遅いです。 | 誰も手伝わないと、サラは朝、服を着るのに1時間半以上かかります。 |
| ジャッキーは子どもっぽいです。 | ジャッキーは毎晩、ベッドに入れられると泣きます。 |

それでは、お子さんの問題行動を具体的な言葉で書き出しましょう。行動が問題となるのは、1）学習を妨害する、2）すでに学んだスキルの使用を妨害する、3）家族に迷惑をかけたり自分自身を傷つけたりする、の3つの場合であることを思い出してください。これらの分類のどれか、またはいくつかに当てはまる問題行動は何でしょうか。次ページの空欄に、変えさせたいと思う問題行動を具体的な言葉で記入してください。1つでなくてもかまいません。

|   |
|---|
|   |
|   |

ちょっと待って！ 実際に問題行動を書き込みましたか？ できるかぎり具体的に書かれていますか？ それならけっこうです。この先を続けて読む前にひと休みしましょう。

もし書いていなければ、書いてください。本をただ読んだ人よりも、実際に書き出した人のほうがずっとうまく問題行動を減らせたことが、これまでの例からわかっています。

### ◆ 問題行動の記録

具体的な言葉で問題行動を特定できたら、次はその行動がどのくらいの頻度で起きるかを計ります。「ゲイリーは夕食が始まった<u>直後</u>に席を立つ」とか、「アイリーンは<u>しょっちゅう</u>かんしゃくを起こす」などという表現は具体的ではありません。これに対して「ゲイリーは平均して4分しか席に着いていられない」あるいは「アイリーンは毎日二度はかんしゃくを起こす」という言い方は非常に具体的です。ゲイリーやアイリーンの行動の頻度や長さを数字を使って表さなければ、その後、行動が改善されているかどうかを知ることはできません。

記録をつけなければならない、というと抵抗を感じる人が多いのですが、効果的な問題行動対処プログラムのためには必要なことです。それに次の項を読めば、記録をつけることは実はそれほど難しくないことがおわかりいただけるはずです。

### ≫ 行動の記録方法

多くの場合、問題行動の記録をとることは、単純にその行動が「何回起き

たか」を数えること、つまり行動の「生起頻度」を測ることです。次のような例が考えられます。
・アイリーンは今日、二度、わめきながら教材を押しのけました。
・ブレンダンは平均して1日に7回服を破ります。
・ボビーは学校の休み時間に、ほかの子どもを11回たたきました。
　また、その行動が毎回「どのくらい長く続くか」という「継続時間」を計る必要がある場合もあります。次のようなケースです。
・サラは朝、服を着るのに平均90分かかります。
・ジャッキーはベッドに入るように言われると、25分間泣き続けます。
　最後に、問題行動が「起きる前にどのくらいの時間がかかるか」を計る場合もあります。この場合の記録は「潜伏時間」と呼ばれるものです。例えばジルは、パズルで45秒遊ぶと、うろうろ歩き回り始めます。また、先ほど見たゲイリーの例では、両親はゲイリーが最初に席を立つまでどのくらい座っていたかを記録しました。
　それでは、どの記録方法を使うのかをどうやって決めたらいいのでしょう。簡単です。「どの数字を見れば、目標に到達したことがわかるのか？」と考えてみてください。例えば上のサラの場合なら、目標は服を着るのにかかる時間を短くすることです。この場合は服を着る回数（頻度）はどうでもよく、服を着るのにどれだけかかるか（継続時間）が重要となります。したがって、時間の記録（どれだけ長くかかるかを計ったもの）だけが、目標に近づきつつあるかどうかを知る目安になります。
　しかしアイリーンの場合の目標は、わめいたり教材を押しのけたりする回数を減らすことです。ということは、問題行動が減りつつあるかどうかを知るためには、その行動が起きる回数を数えることになります（ただし、アイリーンがわめいている時間の長さにも関心がある場合は、継続時間も計ることになるでしょう）。

●●●●●●●●●●●●●●●●●●●●●●●●●●●●● 少し脇道 ●●●●●●●●●●●●●●●●●●●●●●●●●●●●●
　実は、場合によっては最適な第4の測定基準があります。それは「行動の激しさ」です。ときとして、その行動が起きる頻度や継続時間ではなく、その激しさが目につくことがあります。例えば、子どもの会話の

声や歌い声が大きすぎるため、もっと穏やかな声を使うことを教えたい場合は、声の大きさに対する評価基準を設定します。4＝耐えがたいほど大きい、3＝大きすぎる、2＝少し大きい、1＝普通というように。この基準を問題行動の測定に使い、その後の指導によって声が小さくなったかどうかを判断する目安にすることができます。ほかの例としては、早口すぎるしゃべり方、急ぎすぎる動作やゆっくりすぎる動作、乱雑な字の書き方などが考えられます。これらはどれも、激しさの測定が問題の把握に最も適しています。また、頻度（または継続時間）と激しさの両方を記録したほうがいい場合もあるでしょう（大きな声でヒステリックに笑う場合や、かんしゃくを起こして人や物に当たり散らす場合など）。ほかにも、激しさの測定が適した行動が頭に浮かぶのではないでしょうか。

●●●●●●●●●●●●●●●●●●●●●●●●●●●●●●●●●●●●●●●●●●●●●●●●●●

## ≫「プログラム前」に記録をとる

問題行動の記録方法を決めたら、次はその行動を1週間程度記録します。「プログラム前」の記録中は、その行動への普段通りの接し方を続けます。この1週間にするべきことは、その行動が起きている状況の全体像をつかむことです。全体像がはっきりしてはじめて、その行動を変容するためのプログラムを始めることができるのです。

ゲイリーの問題行動に関するレポートの中で、家族は1週間「プログラム前」の記録をつけていました。食事のたびに、全員が席に着いたあとゲイリーが何分間イスに座っていられたかを書きとめたのです。その週の間は、ゲイリーの行動に対する周囲の反応はそれまでどおりでした。記録をとることは簡単です。必要な労力はごくわずかですし、それだけで問題行動に関する正確な情報が得られるのです。第1週が終わったとき、夕食時の問題行動の記録は次のようなものでした。

**何分後にゲイリーはイスを飛び降りたか**

|   | 日 | 月 | 火 | 水 | 木 | 金 | 土 | 平均(分) |
|---|---|---|---|---|---|---|---|---|
| 夕食 | 3 | 2 | 5 | 7 | 3 | 4 | 4 | 4 |

## 第16章　行動の分析

「プログラム前」に記録をとり始めると、問題行動が起きているのかそうでないのか、記録の判断に困る場合があるかもしれません（本当にかんしゃくを起こしているのかしら？　今席を立ったのはこれから歩き回るためなのか、それともすぐ座るつもりなの？）。こんなふうに迷うということは、問題行動をもっと具体的に定義する必要があるということです。記録をとる人が1人でない場合は特に、具体的な定義が必要になります。複数の人が記録をとっていて迷ったときは、全員が同じ行動を観察して同じ対象を記録しているのかどうかがはっきりわかるようにできるだけ詳細に記録を比較して、本当の問題行動が何なのかを見きわめる必要があります。次のストーリーは、行動の特定のしかたと「プログラム前」の記録のとり方の例です。ここでは頻度を記録しています。

●●●●●●●●●●●●●●●　**今日はもう3回も**　●●●●●●●●●●●●●●●

　また始まりました！　丁寧に作り上げたお城がめちゃめちゃになって、アシュリーは泣き出してしまいました。「悪いことをした」ジョナサンはいつものように叱られることになります。しかしまず、お母さんは表にもう1つチェックマークをつけました。ジョナサンの問題行動についての「プログラム前」の記録をつけているのです。以前それは「仲良く遊べない」行動記録と呼ばれていました。しかしジョナサンのより正確な行動を記録しようとした結果、お母さんは行動の定義を「アシュリーがおもちゃで遊んでいるときにじゃまをする」と変えました。「プログラム前」のこの1週間、お母さんはジョナサンの「じゃま」に以前と同じように対応しますが、1つだけ変わったところがあります。行動が起こるといつものようにジョナサンに注意をする前に、この表にチェックをつけるのです。昨日の合計はたったの1つでした。しかし今日は、もう3つついています。

●●●●●●●●●●●●●●●●●●●●●●●●●●●●●●●●●●●●●●●

　この例では、ジョナサンのお母さんはジョナサンがアシュリーの遊びをじゃまするたびに記録をつけています。1日に約3回といえばそれほど頻繁ではないので記録をつけるのは簡単です。したがって問題が起きるたびに「毎回」記録することが可能です。頻度が低い行動の場合はそれが「回数」

であっても「継続時間」であっても、行動が起きるたびに記録をつけます。
　朝から晩までの完全な記録をつけることが可能な、頻度が低くわかりやすい行動の例には次のようなものがあります。

---

・どこかに走っていく。
・かんしゃくを起こして暴れる。
・家具をこわす。
・衣服を破る。
・けんかをする。
・人をたたく。
・金切り声を上げる。

---

　しかし非常に頻繁に起きる問題行動もたくさんあります。その場合には1日の完全な記録をつけることはできません（実際には、不可能ではありません。しかしほかのことをする時間がなくなってしまいます）。こういった頻度の高い「いつも起きているように思える」問題行動については、時間を決めて記録をつけます。
　特定の時間や特定の状況にだけ起きる問題行動もあります（食事の時間、就寝時間、公園にいるとき、お風呂の時間など）。このような行動を計測するタイミングは簡単にわかります。さまざまな時間に起きる問題行動については、自分で記録時間を決めましょう（1日1回である必要はありません）。問題行動が起きる可能性が高く、なおかつ記録をとりやすい時間帯だけを選びます（普通は15分から30分間あれば十分です）。できるだけ、毎日同じ時間帯の記録をとりましょう。
　また、「夕食などの直後の20分」というように毎日決まって観察がしやすく、問題行動が起きる可能性が高い時間を選んでもいいでしょう。いったん時間を決めたら、1週間はできるだけそれを守ります。記録予定時間以外に問題行動が起こっても（もちろん起きるのですが）、無理に記録しないでうっておきます。
　1日中記録をとるか、決まった時間にとるかはどう判断すればいいのでしょうか？　おおまかな考え方は次の通りです。問題行動が15分に1回以上

第16章　行動の分析

起こるようなら、決まった時間に記録をとります。それよりも頻度が低ければ、1日を通して行動が起きるたびに記録します。

　正確な記録をとるには携帯できるカウンターが便利です。また、手首にマスキングテープを巻いておくと（さらにポケットにペンを入れておくと）メモ用紙の代わりになりますし、それをノートに貼りつければそのままその日の記録になります。継続時間を計る場合は腕時計や壁掛け時計を使えばいいのです。もっていればストップウォッチを使うのもいいでしょう。

●●●●●●●●●●●●● たたいたり、けったり、押したり ●●●●●●●●●●●●●

　ボビーは弟をたたいたり、押したり、けったりします。学校の先生からも、ボビーがほかの子どもたちに同じ行動をするという連絡が来るようになりました。家族はこの問題に対応するために午後6：00から6：30、夕食が終わって兄弟が遊ぶ時間に記録をとることになりました。

| | 週<br>（日付を<br>記入） | 曜日 | | | | | | | 週平均 |
|---|---|---|---|---|---|---|---|---|---|
| | | 日 | 月 | 火 | 水 | 木 | 金 | 土 | |
| 前 | 第1週<br>3/21〜<br>3/27 | 4 | 8 | 6 | 4 | 3 | 不在 | 5 | 5 |
| | 第2週<br>3/28〜<br>4/3 | 7 | 4 | 6 | 5 | 7 | 3 | 8 | 6 |

　この30分間にボビーが弟をたたいたり、けったり、押したりするたびに、お父さんは表に✓印を書き込みました。30分が過ぎると、その✓印の数を数えます。この表は2週間の「プログラム前」記録です。

―――――――――――――――――――――――――――

　最初の日にボビーがたたいたりけったり押したりした回数は4回、次の日は8回、と続きます。お父さんはそれぞれの週の平均を計算しました。端数は四捨五入しています（もっと細かい数値で平均を出してもかまいません）。

セクションⅢ　問題行動への対処

## ≫記録のつけ方のまとめ
### ◆何を観察するか明確にする
1．問題行動を選びます。
2．その行動が起きたのかどうか家族が判断しやすいように、その行動を具体的に定義します。
　　問題行動をここに書きましょう。

|  |
|---|
|  |

### ◆どのように記録するか
1．「回数」を数えるか、「継続時間」を計るか、あるいはその両方かを決めます。考えてみてください。目標に到達したことがわかるのは「回数」でしょうか、時間でしょうか？　回数と継続時間のどちらを記録するかをここに書きましょう。

|  |
|---|
|  |

### ◆いつ記録するか
1．行動がそれほど頻繁でない場合は、1日中観察します。
2．行動が頻繁に起きる場合や、特定の状況でしか起きない場合は、時間を区切って観察します。1日中観察するか、時間を区切って観察するかをここに書きましょう。

|  |
|---|
|  |

第16章　行動の分析

特定の時間帯を選ぶ場合は、その時間帯をここに書きましょう。

```
┌─────────────────────────────────────────────────┐
│                                                 │
│                                                 │
│                                                 │
│                                                 │
└─────────────────────────────────────────────────┘
```

このまとめが完成したら、子どもの問題行動の「プログラム前」の記録を1週間つける準備ができたことになります。229ページの「問題行動の記録」に記入し、明日から子どもの行動の記録を始めましょう。行動の対処プログラムを始める準備ができるまで、記録は続けます（プログラムを始める準備ができるのは、この章を読み終わったあとです！）。

**上の記録のつけ方のまとめが完成するまで、この続きを読まないでください。**

### ◆ＡＢＣ分析を行う

第15章でＡＢＣ分析を紹介しました。問題行動を特定し、「プログラム前」記録をつけ始めたら、対処プログラムを始めるためにＡＢＣ分析を行いましょう。ゲイリーの例を思い出してください。

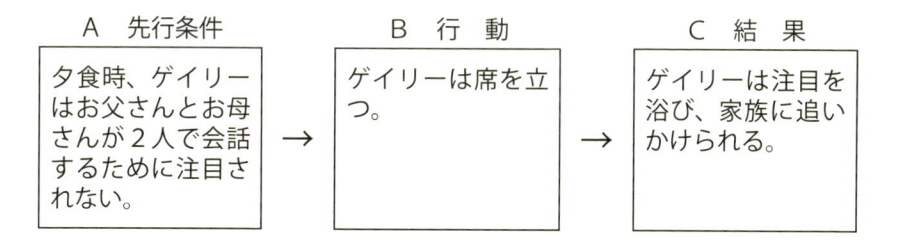

| Ａ　先行条件 | Ｂ　行　動 | Ｃ　結　果 |
|---|---|---|
| 夕食時、ゲイリーはお父さんとお母さんが２人で会話するために注目されない。 → | ゲイリーは席を立つ。 → | ゲイリーは注目を浴び、家族に追いかけられる。 |

この図を見ると、ゲイリーの行動を状況の流れの中で見ることがいかに重要であるかがわかります。問題行動を見るときは子どもの行動だけでなく、子どもと周囲とのやりとりを見る必要があるのです。このような流れの中で見ると、この場合のゲイリーの「問題行動」とはその子が望むものを周囲から得ようとする手段になっています。言うまでもなく、あなたやほかの家族からの注目はゲイリーにとって最も重要な結果なのです。

ゲイリーが学習したことは何でしょう。夕食時に注目を浴びるには、席を

立てばいいのです！　さらに、このＡＢＣのパターンが繰り返されるたびに、ゲイリーはこの問題行動をもっと強く学習していきます。この次、食事の時間に注目を浴びたくなったら、ゲイリーはまず間違いなく過去に最も有効だった方法を使うでしょう。つまり席を立つのです。ゲイリーの問題行動は、彼自身にとってはまったく問題ではなく、周囲の注目を浴びるためのゲイリーなりの解決策だったのです。前の章に書いたルールを思い出してください。子どもにとってうれしい結果をもたらした行動は、また起きる可能性が高くなるのです。

　子どもの視点からＡＢＣのパターンを見ることを忘れないようにしましょう。あなたから見れば、親から追いかけられたり叱られたりなどという目にあってうれしいはずはないと思えるかもしれません。しかし子どもにとっては、こういう形で注目を浴びることはある意味うれしく、したがってごほうびと感じられるかもしれないのです。あなたが与えた結果、つまり注目や叱責がごほうびであるかどうかは、今後その行動がより頻繁に起きるかどうかで判断することができます。

## ≫すべての結果を考慮する

　注目以外にも、子どもが問題行動からうれしい結果を得る可能性はあります。目に見える結果があなたの注目だったとしても、その行動を繰り返す動機が注目だけではない可能性もあるのです。この場合、あなたが注目を与えても与えなくても、行動は増えも減りもしないでしょう。そのときは、その行動を繰り返させている「ごほうび」が何なのかを見きわめる必要があります。例えば、マイケルが妹のおもちゃを取り上げる場合を考えてみましょう。あなたは飛んで行って叱りつけます。そう、あなたが叱ることは注目を与えることです。しかしマイケルにとっては、おもちゃを取り上げるときの楽しみは妹が泣くのを見ることだったり、自分がそれで遊ぶことだったりするかもしれません。叱られるのがあまりうれしくなかったとしても、マイケルにとっておもちゃを取り上げることにはそれを上回る喜びがあるかもしれないのです。

　ＡＢＣ分析の重要さを物語るもう１つの例をご紹介しましょう。ジャッキーの家族は、ジャッキーが泣くことが問題行動であると考え、先行条件と

第16章　行動の分析

結果をもっと注意深く観察することにしました。よく観察すると、この行動は１日に２回、ほぼ決まった状況で起きることがわかりました。一度目は午後、お母さんが短い話し方のトレーニングをしようとするときです。ものすごい泣き方なので、お母さんはすぐにトレーニングをやめてしまいます。ＡＢＣ分析をすると、次のようになります。

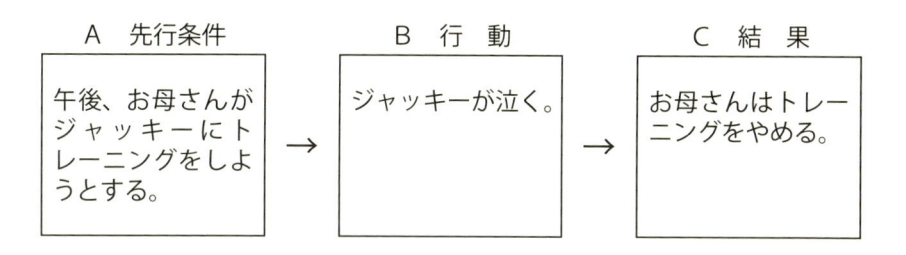

| Ａ　先行条件 | Ｂ　行　動 | Ｃ　結　果 |
|---|---|---|
| 午後、お母さんがジャッキーにトレーニングをしようとする。 | ジャッキーが泣く。 | お母さんはトレーニングをやめる。 |

同じことは夜にも起きます。ジャッキーはベッドに行くまではニコニコしているのですが、ベッドに入れられると泣き出すのです。泣きやむのは、お母さんがあきらめてジャッキーをまた居間に連れて行くときです。ここでのＡＢＣ分析は次のようになります。

| Ａ　先行条件 | Ｂ　行　動 | Ｃ　結　果 |
|---|---|---|
| ベッドに入る時間。 | ジャッキーが泣く。 | お母さんはジャッキーを居間に連れて行く。 |

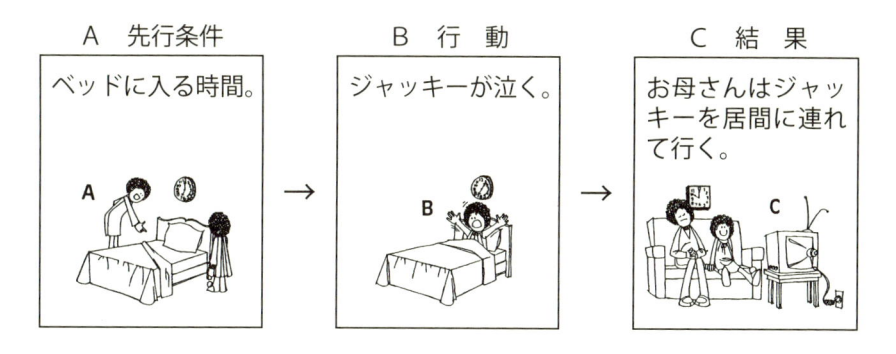

どちらの図でも、Ｂの行動が同じ「ジャッキーが泣く」であることに注意してください。トレーニングのときは、この行動によって難しい課題が「消えて」しまいます。同じ行動でベッドにも入らなくてすむのですが、今度は同時に、家族からの注目と、テレビを見るといったそのほかのごほうびももたらしています。

　ジャッキーの問題行動には異なった先行条件と結果（ＡＢＣ分析）が関

227

セクションⅢ　問題行動への対処

わっているということがわかってはじめて、それぞれの場合に応じた取り組み方が必要であることがわかります。トレーニングのときは話し方の課題を簡単にできるようなやさしいものにし、泣いている間もトレーニングを続けて、うまくできたときのためのごほうびを用意しておくといった方法が考えられます。就寝時間の場合は、ジャッキーが泣いても対応しないことで結果を変えられる可能性があります。先行条件と結果の違いによって、行動に対処する方法もさまざまに変えてみましょう。

　ここでもう一度、お子さんについて考えてみてください。直したいと思う問題行動を具体的に把握しましたか？（確かに、問題行動がたくさんある場合もよくあります。しかし最初はお子さんにとってもあなたにとっても簡単なほうがいいでしょう。直したい行動は１つだけ選んでください）「プログラム前」の記録はつけましたか？　ＡＢＣ分析は行いましたか？　そこまでできていたら、問題行動に対処するプログラムをどのように始めればいいか、すでにアイディアがいくつかあるのではないでしょうか。それでは第17章に進んで、プログラムを始めましょう。

## 第16章　行動の分析

### 問題行動の記録

記録する具体的な行動 ＿＿＿＿＿＿＿＿＿＿＿＿＿＿＿＿＿＿＿＿＿＿

記録する時間　＿＿終日　1日＿＿分　＿＿＿＿＿から＿＿＿＿＿まで

記録するもの　＿＿回数　＿＿継続時間　　その他（　　　　　　　　　）

| 週<br>（日付を記入） | 曜　日 | | | | | | | 週平均 |
|---|---|---|---|---|---|---|---|---|
| | 日 | 月 | 火 | 水 | 木 | 金 | 土 | |
| 第1週 | | | | | | | | |
| 第2週 | | | | | | | | |
| 第3週 | | | | | | | | |
| 第4週 | | | | | | | | |
| 第5週 | | | | | | | | |

# 第17章

## 【問題行動対処プログラムの開始】
## その１：結果を変える

　あなたはすでに問題行動が何であるかを把握し、それを記録し、ＡＢＣ分析によるパターンをつかみ始めているはずです。この章では、ＡＢＣのパターンの１つである「結果」についてさらに詳しく見ていきます。第18章ではもう１つの「先行条件」について考えます。しかし問題行動を減らすことだけでは最終目標の半分にすぎませんから、あとの半分についても考えます。あとの半分とは「適切な行動をうながすこと」です。

### ◆結果を正確に把握する

　ここまでに、ごほうびと感じられる結果と、それが子どもに与える影響についてお話ししてきました。子ども自身がすでに結果に関して２つの基本的なことを学んでいます。うれしい結果が起きそうなことはまたやろうということと、うれしくない結果が起きそうなことはしないでおこうということです。

　言い換えれば、子どもは前の章で述べた２つのルールに従って行動しているのです。
１．うれしい結果をもたらした行動は、また起きる可能性が高い。
２．うれしい結果をもたらさなかった行動、または嫌な結果をもたらした行動は、また起きる可能性が低い。

　第15章のゲイリーを覚えていますか？　ゲイリーにとって、注目を浴びるのはうれしいことです。席を立つという行動をすればすぐに家族からの注目を浴びるという結果が得られるのですから、第１のルールによって、ゲイ

リーの食事のときの行動は今後も続くと言えるでしょう。

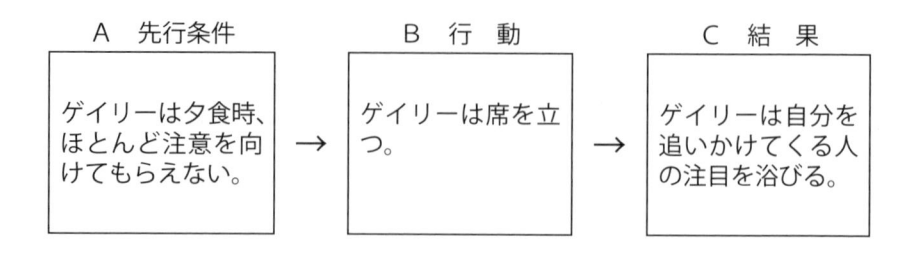

| A　先行条件 | | B　行　動 | | C　結　果 |
|---|---|---|---|---|
| ゲイリーは夕食時、ほとんど注意を向けてもらえない。 | → | ゲイリーは席を立つ。 | → | ゲイリーは自分を追いかけてくる人の注目を浴びる。 |

　この章に入る前に、お子さんの問題行動の直後に通常起きることは何か、よく観察されたはずです。あなたやほかの家族の反応のうち、子どもが喜び、その行動を繰り返そうと思う理由になるものはどれでしょう。私たちの経験では、一般的に問題行動を促進しやすい結果は3種類あります。1）注目、2）子どもがしたいことをさせてもらえる、3）子どもがしたくないことから逃げられたり避けられたりする、の3つです。次にあげる例には、それぞれの場合が具体的に描かれています。これらを読めば、お子さんが問題行動を繰り返す動機となっている結果の種類が特定しやすいでしょう。

## ≫注　目

　子どもはみんな、注目を浴びたがっています。一生懸命勉強する子どもも、お母さんのお皿洗いを手伝う子どもも、友達とおもちゃを仲良く一緒に使う子どもも、少なくとも心のどこかにはほかの人たちから承認や注目を得たいという気持ちがあるでしょう。抱きしめられたり、笑いかけられたり、興味をもたれたり、ほめられたりすることがごほうびと感じられ、その結果「良い」行動がさらにうながされるのは当然と思われるでしょう。しかし、問題行動もまた注目によって繰り返されるとお話ししたら、驚かれるでしょうか。

　問題行動のあとに浴びる注目は普通、抱擁や笑顔や背中をやさしくたたかれたりすることではありません。叱責やしかめっ面や、「やめなさい！」という厳しい声であることのほうが多いでしょう。あるいはもっと適切な行動をするようにという心からのお説教かもしれません。しかし当の子どもの目から見ると、これらの反応は子どもの行動に対して関心が向けられているということなのです。このような場合の叱責は「あなたがしたことのせいで、

私はあなたに『注目』しているのよ」と言っているようなものなのです。

　サラの例を見ましょう。サラは朝、自分で服が着られるのに、ぐずぐずしたりやりたくないと言ったりして面倒を起こしています。

| A　先行条件 | B　行　動 | C　結　果 |
|---|---|---|
| 朝、服を着ているとき。 | サラはぐずぐずする。 | お母さんがなだめすかす。（注目） |

　この状況のＡＢＣ分析を見れば、お母さんからの注目を浴びるためのサラの作戦が成功していることは一目瞭然です。したがって、お母さんが今後もなだめすかし続けてもサラの行動はぐずぐずしたまま変化しないだろうと予想できます。

### ≫やりたいこと

　赤ちゃんが泣いていると、おなかがすいているか何か不快なことがあるのだろうと私たちは反射的に考えます。そこでミルクを与えます。あるいはオムツを替えます。または歌を歌ってやります。赤ちゃんの注意を引くような遊びを考え出すこともあるでしょう。そして、これらのことをしているうちに、赤ちゃんはたいてい泣きやみます。

　赤ちゃんは大きくなるにつれて、自分の要求を泣かずに周囲に伝えられるようになるか、自分でその要求を満たせるようになります。また、必要ならば、その要求が満たされるまでしばらく待つことができるようになります。しかし子どもによっては、ほかの人に意思を伝えたり、自分で行動したり、待ったりする能力の発達がゆっくりなことがあります。このような子どもの場合、要求や要望は、言葉でなく行動によって周囲に伝えられることが多くなります。何かがほしいとき、その子は泣いたり、叫んだり、たたいたりすることで表現しているかもしれません。両親は知らず知らずのうちに、この行動に対してやりたいことをやらせてやるというごほうびを与え、問題行動を知らず知らずのうちにより強めていることがあります。

例えば、子どものかんしゃくがクッキーを3枚与えればたいていおさまるということを発見したお母さんは、子どもが何を学習しているのかには気がついていません。そこで子どもが学んでいるのは、クッキーをもらうには足をばたばたさせて金切り声を上げればいいということなのです。つまり、何か食べさせたり、おもちゃで遊ばせたり、ドライブや散歩に連れ出したりということも場合によっては問題行動を効果的に維持する結果になるということです。

次の2つの反応は、意図せずに問題行動を続けさせている典型的な例です。

1. 「テレビを見せてやれよ。ダダをこねるのをこれ以上聞くのはうんざりだ」 一度「いけません」と言ったあと、文句を言ったり、わめいたり、物をけったり、家の中を走り回ったり、あるいは傷ついたり悲しそうにしている子どもに対して断固とした姿勢を保つのは非常に難しいことです。これに対して、こちらが折れて子どもがほしがっていた物を与えたり、やりたがっていたことをさせたりすると、効果があるように見えます——子どもは静かになって楽しそうではありませんか！ この理由によって、多くの家族が子どもの問題行動の後に欲求を飲むというワナにはまり、子どもの問題行動にごほうびを与えてしまうのです。ごほうびを与えた直後には問題行動がおさまったように見えるので、それは家族にとっても確かに良い結果であるように見えるでしょう。しかし、ここで子どもが学ぶことは何でしょう？ 次に自分のしたいことがあったら、その問題行動をすればきっとさせてもらえるということです。

2. 「ぐずぐず言うのを今すぐやめたら、ケーキをあげるわ」 子どもの問題行動の「最中」に両親が「取り引き」をしようとすることはよくあります。でもここでも、この子が何を学習するかを考えてみてください。問題行動をやめてごほうびをもらうためには、まずその行動を始めなくてはなりません。こうやってケーキをもらいたくなったら、まずはぐずぐず言い始めることが定着していくのです。

## ≫逃げること、避けること

私たちは時として「どうしたらここから抜け出せるだろう？」ということしか考えられないような、非常に不快な状況に置かれることがあります。混

## 第17章 【問題行動対処プログラムの開始】その1：結果を変える

雑したバスから、退屈な会話から、8人の子どもとシェパードを連れたジョーおじさんの来訪から。この場合その苦しい状況が何であろうとも、最もうれしい結果はそれから離れられることです。

ここで、何かを教えられ続けながら、身についてうまくいった成功経験があまりない子どもについて考えてみてください。学校では悪いことをすれば先生にしばらく教室の外に出されることを知っていて、わざとそうする子どももめずらしくありません。先生はそうと気づかずに子どもの悪い行動を促進しているのです。次に授業時間が近づいてきたらその子は面倒なことがわかっている授業を最初から受けずにすむように、授業が始まる前に悪い行為をするかもしれません。

家庭で起きる問題行動の多くは、これと同じ種類の逃避や回避によって強められています。逃避や回避が最もよく起きるのは、教えられたばかりだけれどもやりたくないスキルや活動をやりなさいと言われたときのような、特定の状況下です（お風呂に入りなさい、ベッドに入りなさい、など）。ある程度泣いたり、かんしゃくを起こしてみせたりすれば、やりたくないことが延期されること、うまくいけばやらずにすむことを多くの子どもがすぐに発見します。

第16章のアイリーンを覚えていますか？

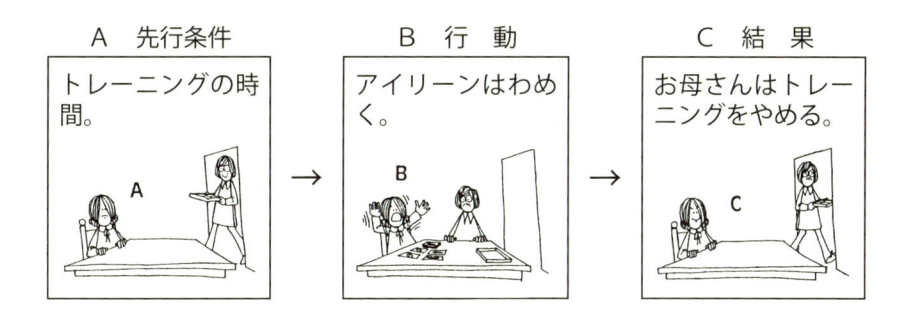

| A 先行条件 | B 行動 | C 結果 |
|---|---|---|
| トレーニングの時間。 | アイリーンはわめく。 | お母さんはトレーニングをやめる。 |

アイリーンにとって、トレーニングから逃げられることは明らかに好ましい結果となっています。アイリーンがこの行動をしたとき、お母さんは何を教えていることになるでしょうか？

お子さんの問題行動についてよく考えてみてください。問題行動のあとに

は、いつもどんな対応をしていますか？　叱ったりなだめたりしているでしょうか？　または静かにさせるためになでてあげたりしているでしょうか？　問題行動をやめたら何かうれしいものをあげるなどと約束して、子どもと取り引きしているでしょうか？　子どもが「こんなことしたくない」と主張するためにしていることが明らかな問題行動に対して、あきらめて引き下がっていますか？

下の空欄に、子どもにとって好ましい結果になっているとわかる結果を書き込みましょう。

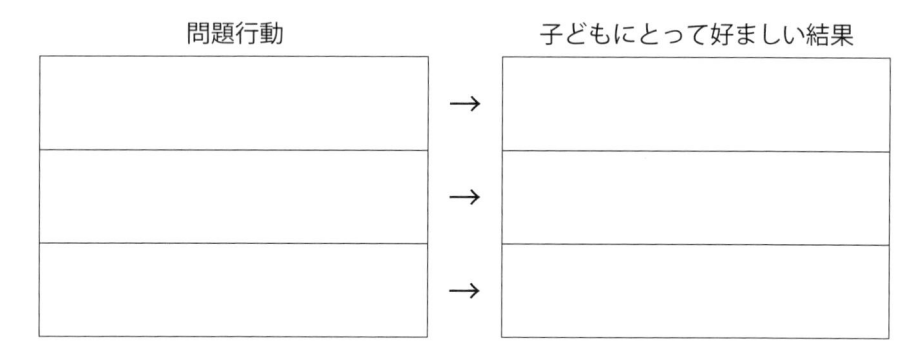

| 問題行動 | | 子どもにとって好ましい結果 |
|---|---|---|
|  | → |  |
|  | → |  |
|  | → |  |

## ◆ より良い結果を見つける

問題行動によって得られる結果、という観点から行動を理解すると、その行動を減らすための糸口がはっきりと見えてきます。それは「問題行動を直すには、それを続けさせている結果を変えなければならない」ということです。この原則を取り入れた実践方法をいくつか見ていきましょう。

### ≫「注目」に対する無視

無視は、問題行動にごほうびがついてこないことを子どもにわからせるには、最も確かな方法です。対処法の中でもとりわけ成功率が高いことを、多くの両親が発見しています。

「無視する」という言葉の意味はすでにご存じでしょう。意味を説明するのは簡単です。簡単でないのは無視を効果的に行うことです。これをうまく実行することは本当に難しいのです。

第17章 【問題行動対処プログラムの開始】その１：結果を変える

　お子さんはいつもあなたの注目を浴びたがっています。ある問題行動の最中にあなたが無視した場合、「そういうことをするとお母さんの注意を引くことはできませんよ」と教えていることになります。言い換えれば、うれしい結果がほしければ、その子は問題行動以外の行動をしなければならないということです。
　ゲイリーのケースでは、自分たちの注目がごほうびになっていると気づいた家族が、ゲイリーが席を立っても無視することに決めたことを覚えているでしょうか？
　では、もう１つの例を見てみましょう。

•••••••••••••••••••••••••••••**騒いでも無視**••••••••••••••••••••••••

　お兄さんやお姉さんたちが学校に行く時間になると、ロバータは毎朝のようにかんしゃくを起こします。こぶしを物にたたきつけ、カーテンを引っ張り、泣きわめくのです。お母さんはロバータに歌を歌ってやったり、一緒に遊んでやったりして、落ち着かせようとしていました。この方法はときどきはうまくいき、ロバータはやがておとなしくなります。しかし翌朝になると、また同じことが起きるのです。
　ロバータのかんしゃくが繰り返される理由を理解するのは簡単です。

| A　先行条件 | B　行　動 | C　結　果 |
|---|---|---|
| ロバータのお兄さんやお姉さんたちが学校に行こうとする。 | ロバータはこぶしを物にたたきつけ、カーテンを引っ張り、泣きわめく。 | お母さんは歌を歌ったりおもちゃを与えたりする。 |

　この場合、単純に結果を変えてしまえば、ロバータの確立した問題行動をやめさせることができそうです。うれしい結果を与えてかんしゃく

行動にごほうびをあげるのではなく、次のＡＢＣのパターンになるようにするといいでしょう。

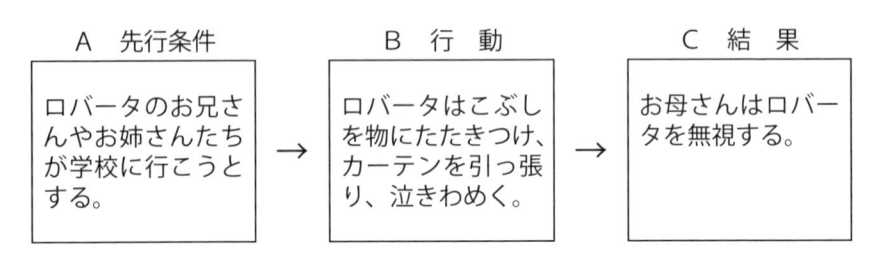

| A　先行条件 | | B　行　動 | | C　結　果 |
|---|---|---|---|---|
| ロバータのお兄さんやお姉さんたちが学校に行こうとする。 | → | ロバータはこぶしを物にたたきつけ、カーテンを引っ張り、泣きわめく。 | → | お母さんはロバータを無視する。 |

　もちろん、無視する問題行動は、子ども本人を傷つけないようなものに限ることが重要です。例えばロバータのお母さんには、ロバータが自分を本当に傷つけるようなことはしないとわかっていたので（そしてカーテンは丈夫です！）、気にせずロバータのかんしゃくを無視できました。しかし、もしもロバータの問題行動が絶えず表の通りに飛び出すような危険なものであれば、言うまでもなく別の方法を選ばなくてはなりません。そのような場合については、あとで考えていきます。
　ここでは、無視に関してよくたずねられる２つの質問について、少し考えましょう。

**１．最も良い無視のしかたはありますか？**
　無視の最善の方法というのは、実際にはありません。ほとんどの親御さんがされるように、経験を重ねて最も効果的な方法を考え出すことになります。しかし、「なぜ無視をするのか」をいつも念頭に置いておけば、無視をするという方法から正しい結果が出るはずです。無視をする理由は、「問題行動に対して注目という形でごほうびを与えないため」です。あなたはその行動を見ることも、怒鳴りつけることも、注意することもなく、子どもにはそれに気づいたそぶりさえ見せません。あなたの言葉と態度が、子どもに対して「あなたの問題

行動は、もう通用しないのよ！」というはっきりとしたメッセージを伝えるはずです。

しかし、泣きわめく行動や、跳んだりはねたりする行動が頂点に達すると、無視するのが不可能に近いということも起こってきます。そのようなときにはその状況から離れて別の部屋に行ったり、ラジオをつけたり、雑誌を読み始めたりと、とにかくその問題行動から気をそらすのも１つの方法です。うっかり問題行動に注意を向けることがないようにするためです。

問題行動とは別に、子どもは例えば会話に割り込んだり、ひざに乗ってきたり、服を引っ張ったりして注意を引こうとするかもしれません。こういった行動が頻繁にあって問題だと思ったときは、それを無視してみるのもいいでしょう。そういうことをされてかまわずにおくのは難しいものですが、ただかまわずにおく必要はありません。子どもではなくどこかよそを見たり、子どもに注目しないで自分がしていることを続けたり、場合によっては子どもの手を自分から放させるなどです。

## ２．私が無視したら、子どもはどうするでしょう？

子どもの視点から見るかぎり、問題行動は前はいつもうまくいっていました。だからこそ、あなたの注意を引きたいときはいつもそうすればいいことを学習したのです。これまではうまくいっていた作戦が急に失敗したらどうなるでしょう。

ほとんどの子どもの場合、無視した後に出てくる反応は、注意を引こうともっと頑張ることです。はじめて無視された子どもが心の中でどう思っているか想像できますね。「どうしちゃったんだろう。叫び声が小さいのかな？　いつもなら、これだけやればママはぼくをなぐさめてくれるのに。ちょっと泣いたり、けったりしたほうがいいかもしれないな――ママがこっちに来てくれるように」。

これでおわかりでしょう。無視を取り入れた場合、子どもの問題行動が改善していく前に「一時的にひどくなる」ことは、覚悟しておいてください。子どもは新しいしつけ方法から何かを学ぶ前に、おそらくあなたを試そうとするでしょう。ですから、無視を取り入れるときは最初に意志を強くもたなければなりません。行動が悪化することを予想し、無視し続けるのです。心配しないでください。その状態はそう長くは続きません。

## セクションⅢ　問題行動への対処

### ≫ごほうびをなしにする

　問題行動の好ましい結果として「あなた自身」や「あなたの注目」をなくしていったように、ペナルティとしてごほうびとなる行為を一時的にできなくするという方法があります。無視もペナルティも、問題行動のあとにうれしいことは何も起こらないことをはっきりさせるためのものです。
　どういうときにごほうびを停止すればいいのかは、状況によってさまざまです。例えば、次のような場合です。
・ケリーが食べ物で遊び始めたら、お皿を1分間取り上げる。
・ピートがぐずるのをやめて静かに座るまで、テレビは消す。
・フレッドが猫にボールを投げたら、ボールを5分間取り上げる。
　ごほうびを取り上げる場合、子どもがそれを簡単に取り戻せるような状況を作ってあげなくてはなりません。そのため、ほとんどの場合は次の例のように、短時間だけ取り上げて返してあげるということになるでしょう。

●●●●●●●●●●●●●●●●●●●●●●●ペナルティ：使用禁止●●●●●●●●●●●●●●●●●●●●●●●

　シーラは紙ではなく、テーブルに色をぬっています。そこでお母さんは1分間、クレヨンを取り上げます。その後お母さんはクレヨンを返し、シーラに「色は紙にぬるのよ」と言います。
　クレヨンがシーラにとってごほうびなら、お母さんのやり方によってテーブルに色をぬろうという気持ちはなくなっていくはずです。ただしこれは何度か繰り返し、注意も続けなくてはならないでしょう。しかしシーラはすぐに、クレヨンを取り上げられないためには紙に色をぬらなくてはならないことを学習するでしょう。
　ところで、クレヨンが取り上げられたときにもしもシーラが泣き出したり紙を破ったりしたらどうなるでしょう？　その場合、前に述べた方法でお母さんは無視し、シーラが静かなときだけクレヨンを返します。

●●●●●●●●●●●●●●●●●●●●●●●●●●●●●●●●●●●●●●●●●●●●●●●●●●●●●●●

### ≫タイムアウト

　問題行動が人や物を傷つけるもので、無視が難しかったり効果がなかったりする場合やペナルティとして停止するごほうびがない場合は、「タイムアウト」という方法が使えます。タイムアウトとは、子どもをある一定の時間、

好ましい結果から遠ざけることです。時間は普通、5〜10分で、それより長くならないようにします。例えば次のような状況が考えられます。
・部屋の隅のイスに座らせる。
・家族から離れた床の上に座らせる。
・玄関ホールに1人で座らせる。
・部屋に1人きりにする。

　問題行動が起きたら子どもに必要以上の注意を向けず、行動が起きた場所から楽しみが何もない場所へとすばやく機械的に移動させなければなりません。タイムアウトの時間はあらかじめ短時間に決めておきます。タイムアウトの場所は、子どもにとって楽しく、そこにいたいと思うような所から離れていなければ意味がないことはおわかりですね。

　タイムアウトは、親が感情的にカッとしたときや、発作的に行ってはいけません。どの問題行動に対して使うか、あらかじめ注意深く選んで計画しておきます。また子どもにとって、タイムアウトが予期せぬことであってはいけません。悪いことをした子どもを怒鳴りつけて自分の部屋に行かせたり、感情的に叱りながら部屋の隅に座らせたりするのはタイムアウトではありません。このような方法では困った行動は一時的に減少しても少したつとまた起きるようになるでしょう。

●●●●●●●●●●●●●●●●●●●●●●●●●●●●5分間ルール●●●●●●●●●●●●●●●●●●●●●●●●●●●●

　オコナー家の人々は、ジミーが人につばをはきかけたら5分間タイムアウトする（ジミーは1人で部屋にいる）というプログラムを始めました。部屋に行かされるというのは、ジミーにとってはうれしくない状況です。
　ある日、ジミーは2人のお姉さんとキャッチボールをしていました。ボールを取りそこなったジミーは、お姉さんの1人につばをはきかけました。お姉さんはできるだけジミーに注意を向けないようにしながら、さっとジミーを部屋に連れて行きました。5分後にジミーを部屋から連れ出しに行くと、ドアを開けるやいなや、ジミーはまたお姉さんにつばをはきました。ここでもしジミーを遊びに戻したら、ジミーの今の行動

セクションⅢ　問題行動への対処

（つばをはいたこと）に対してごほうび（タイムアウトを終わらせる）をあげることになります。そんなことはしたくありません。

　お姉さんはジミーに言いました。「つばをはいたらダメ。あと5分、ここにいるのよ」。なるべく注意を向けないようにしながら、同時になぜここにいなければならないかをジミーにわからせたのです。次に迎えに来たときにジミーはつばをはかなかったので、お姉さんはまた遊びに連れ出しました。お母さんはジミーがお姉さんたちと仲良く遊べたことに対してたくさんほめてあげました。

・・・・・・・・・・・・・・・・・・・・・・・・・・・・・・・・・・・・・・・

　家庭内でどのようにタイムアウトを使えばいいのかという手引きを次にあげます。これをよく読み、子どもにタイムアウトを使うことになる家族と話し合いましょう。約2週間たっても問題行動にほとんど変化が見られない場合は、自分たちの行動をよく考え直してください。問題行動に対して、みんなが同じように接しているでしょうか。タイムアウトされる経過で注目が得られたりして子どもにとってうれしいものになっていないでしょうか。問題となる行動をしていないときに、子どもは十分に注目を浴びていますか？

◆ タイムアウトのための手引き

1．子どもがタイムアウトを受けるべき行動を、あらかじめ子どもに伝えます。頻繁に言う必要はありませんが、問題行動が起きそうなときには子どもにそのルールを思い出させましょう。説明はわかりやすく簡潔にし、次のことが子どもにわかるようにします。これらは絵や文字にしてできるだけわかりやすく子どもに示しながら行います。
　a．何が問題行動であるかを子どもに理解できる言葉で正確に伝える。
　b．家の中で、タイムアウト中にいるべき場所を決める（決まったイスや特定の場所など）。
　c．何分間のタイムアウトか決める。子どもの年齢あたり1分間というのがよく使われます。特にサポートが必要な子どもに対しては、もっと短くてかまいません。1回のタイムアウトを長くしても効果はありません。
2．子どもがいったん「何をしてはいけないか」を理解したら、その行動が起きたときにいろいろなことを言う必要はありません。むしろ、言うべきではありません。謝ったり、話し合ったりする時間ではないのです。すで

第17章 【問題行動対処プログラムの開始】その1：結果を変える

　に伝えた、例えば「人につばをはいたらタイムアウトよ」という言葉に従って、厳格に行動すべきときなのです。この時点で余分に言葉を交わすことは、ごほうびにしかなりません。子どもが泣いたり、「ごめんなさい」や「もうしません」と言っても、一貫した対応を行います。タイムアウトに対するこのような反応は予想されることです。喜んでタイムアウトに行くようでは困ります。

3．「タイムアウトに行きなさい」。こう言っただけで子どもがその場所に向かうことはほとんどないでしょう。おそらく、周囲の人が連れて行ってやることになります。子どもの手首をしっかりと、ただし怒りにまかせて力を込めたりせずにつかみ、静かにタイムアウトの場所に連れて行きます。ここでも、もしも子どもがかんしゃくを起こしたりしても無視します。まっすぐ前を向いていましょう。

4．子どもをタイムアウトの場所まで連れて行っても、最初の数回は、2〜5分間おとなしく座っていることは難しいはずです。子どもはわめいたり、何かをけったり、何か投げる物を探したりするでしょう（もちろん最後の行動は、タイムアウトの場所から手の届く所に物を置きっぱなしにしておいたあなたの責任です）。そこに座っているかぎりは、子どもが何をしていてもかまいません。しかし子どもが立ち上がったら、言葉での指示や身体介助によってまた静かに腰かけさせ、時間が来るまで1人で座っていられるようにします。

5．キッチンタイマーを近くに置いて、タイムアウトが始まるときに時間をセットします。タイムアウト中にはタイマーは子どもがいじれない位置に置きます。カウントダウンや時間の減り方が見えやすいものは、子どもの見通しを高めるのに役立ちます。

6．タイムアウトが終わったら、「戻ってきていいわよ」と簡潔に伝えます。子どもが以前の場所に戻ってきたら、ほめてやる行動がないかをすぐに探してほめるようにします。

　やがて慣れてくると、タイムアウトのときに子どもに言い聞かせたり連れて行ったりすることは徐々に減り、「タイムアウト」と言えば子どもが行くようになるかもしれません。自分を落ち着かせるためにタイムアウトを自発的に使うようになった子どももたくさんいます。そういった子ども

たちは、いらいらしたり怒りを感じたりすると自分からその場を離れ（人にうながされたかどうかにかかわらず）、落ち着くために静かな場所に行きます。

## ≫体罰は禁止

Q．この本ではこれまで、問題行動に対処するために体罰を与えるという話はまったく出ませんでした。しかし私の経験からすれば、タイミング良く時々たたくと非常に効果があると思うのです。これは間違っているでしょうか？

　この本の対処法に体罰は含めません。その理由は、読者のみなさんに問題行動に対処するための体系的な方法を身につけてほしいからです。「体系的」とは「きちんと計画された一貫した方法」であるということです。また、プログラムは長期的な視野で行うことが大切です。子どもが友人をたたいたとします。そのときに手首をぴしゃっとたたくと、それは一時的に効果的に「見える」かもしれません。しかし問題行動に対して体罰を用いることは以下のような危険を生じさせます。

　第1に、子どもをたたくということは、その子に暴力のお手本を見せることと同じです。子どもが最初に見た攻撃的な行動があなたのものとはかぎりませんが、しつけのためとはいえ暴力を使うことで、将来その子がほかの人にそれを用いる可能性が高くなります。

　第2に、体罰を簡単に、あるいは一貫性なく使う親を、子どもは危険な人やおそろしい人と思う可能性があります。たたかれるのではないかといつもびくびくしている子どもには効果的にものを教えることも難しいですし、その子と一緒に毎日を楽しむことさえなかなかできなくなってしまいます。

　最後に、あなたがしつけのための伝統的な罰だと思っているものが、子どもから見ると先ほども述べたような、変わった形の注目になる可能性があります。そうなると問題行動を減らすのではなく、続けさせる効果をもってしまうでしょう。

　これまでに紹介した対処法に比べると、体罰を使った方法は子どもに重要なことはほとんど教えることができず、かえって逆のことをたくさん教えてしまうでしょう。さらに体罰にはそれを与える側が我を忘れて子どもを傷つ

第17章 【問題行動対処プログラムの開始】その1：結果を変える

けてしまう危険がつねにつきまといます。ですからお子さんとあなた自身のために、体罰を使うことは避け、ほかの対処法を使うことを考えてください。

## ≫認知再構成法
**Q．先生はおっしゃるだけなんだから簡単ですよ。無視しろとか。たたくなとか。でも先生はその場にいらっしゃらないじゃありませんか。わかってはいても時々、子どもに対して腹が立ってしかたがないこともあるんです。**

気持ちはわかります。そう思っている人はたくさんいます。子どもの問題行動に対処する上で最も難しい部分は、自分自身の怒りに対処することなのです。

子どもが何かを（食べ物を投げたり、ベッドに入れられたときに泣いたり、お店の中でかんしゃくを起こしたり、うそをついたり）すると、あなたの心の中にいらいらと怒りがだんだんつのってきます。そして感情にまかせて衝動的に反応してしまうかもしれません。そしてあとになってから、子どもの行動のせいでそんなに怒ってしまったことに、悲しい気持ちになるかもしれません。

これからお話しすることは、抽象的でわかりにくいかもしれません。しかしよく読んでください。あなたの反応の一部は子どもがしたことに対するものですが、別の一部は子どもの行動に対してあなた自身が思ったことに対するものなのです。あなたが心の中で自分に話しかける声、つまり「自動思考」はしばしば非常に大きくなり、それによっていらいらしたり、怒りを感じたりすることになります。例えば、子どもが就寝時に泣くので頭にくる場合を想像してみましょう。子どもがもしも6カ月の赤ちゃんだったらあなたは怒らないでしょう。なぜでしょうか？　泣くという行動は同じなのに。この赤ちゃんについてのあなたの心の声（自動思考）はこんなふうでしょうか。「この子はまだ赤ちゃんだもの。言ってもわからないわ。昼間はいい子なんだし。大きくなれば泣かなくなるわ」。

しかしもっと大きな子どもなら、自動思考はこうなるでしょう。「もう泣くような歳じゃないのに。私の唯一の静かな時間を台無しにして。この子に

はダメなところばかり。きっとずっとこのままなんだわ」。この自動思考は子どもが泣くことを責めています。またそれだけでなく泣くという行動を飛び越えて、ほかの気になる行動や将来全般への悲観的な考えになってしまっているのです。これによって憂うつな気分になるかもしれません。

　子どもの行動についての認知の内容を変えれば、問題行動を減らしたり、完全になくしたりするための感情コントロールを身につけることができます。問題はほとんどの人は自分の自動思考をそれほど意識していないということです。「この子が泣けば腹が立つんです。そう感じることは止められないんです」。その通りですが、自動思考が起きるのは一瞬です。この次に問題行動が起きたときは特に、2、3分間、自分の思考を意識してみてください。おそらくは自分の考え方、ここで「自動思考」と呼んでいるものに気づくことができるでしょう。

　あるお母さんは、4歳の子どもが言われたとおりにしないことを非常に怒っていました。お母さん自身、子どもの行動に比べて自分の怒りが激しすぎることはわかっていたのですが、その理由はわかりませんでした。しかし自分の自動思考を分析してみると、子どもが悪いことをしたときに「この子はだんだん父親そっくりになっていくわ」という考え方をしていることに気がついたのです。その子のお父さんは、若い頃から反社会的な行動をいくつもしてきた人のようでした。父親は数年前に家族を捨てその後刑務所に入っていました。この自動思考を認識し、子どもの行動についてもっと理性的な考え方をするようにしたことで（「4歳で言われたことを全部ちゃんとできる子なんてほとんどいないわ。この本に書いてあるようなプログラムを始めてみましょう」）、怒りはずっと少なくなりました。

　より前向きな自動思考に切り替えるというこの方法を「認知再構成法」と呼ぶことがあります。子どもの問題行動に対する考え方、つまり認知のしかたを変えることで、その行動に対処する方法です。後ろ向きな考え方を「組み替え」ることで、中立な、あるいは前向きな考え方にさえすることができます。「あの子は問題行動だらけの大人になるんだわ」と考えるかわりに、「あの子はいくつかの行動について、コントロールのしかたを学ぶ必要があるわ」と自分自身に言ってみましょう。認知再構成法がうまくいけば、問題に対して建設的なことをする心の準備ができ、それを実行できるような落ち

着いた自分になれるでしょう。

　問題行動に対処するために作られたプログラムを実践する利点の1つは、それによって別の自動思考がもてるということです。例えば問題行動が起きたときに、こう考えることができます。「これは問題行動の1つの例ね。これには○○（計画した対処法）を使って対応する必要があるわ。それから、表に記録をつけておかなくては」。子どもの問題行動についてくよくよ悩むのではなく、プログラムを実践しようと前向きに考えることで、気分がずっと良くなるというもう1つの利点もあるでしょう。

　問題行動について思っていることを、自分に話しかけたり、頭の中で考えたりしてみましょう。また、配偶者やほかの親御さん、先生やカウンセラーなどと話をするのも役に立つでしょう。

# 第18章

## 【問題行動対処プログラムの開始】
## その２：先行条件と代替行動

　ここまでの説明で、私たちが「問題行動」と呼んでいるものが、子どもの視点から見れば「注目や好きなものや活動を手に入れたり、嫌なことから逃れるための作戦」であることがおわかりいただけたはずです。子どもにすれば、それは「悪いこと」でも「迷惑」でもありません。自分にとってうまくいく方法を学んだというだけのことです。

　あなたは問題行動を減らす作戦を開始しました。以前なら叱っていた行動は無視します。以前なら追いかけ回していた状況に対して効果的なタイムアウトを利用します。しかし子どもにとっては、これまでは成功していた行動の結果が、今までと違ううれしくない結果に変わってしまったというだけのことです。そこで子どもはすぐに、あなたの注目を引くための新たな方法を探し始めます。

　このときこそ、子どもを最も効果的に指導するチャンスです。自分の要求をかなえたり、ほしいものを手に入れたりするためにはどうすればいいのかという、適切な行動を教える機会なのです。

　問題行動以外の多くの望ましい行動にごほうびとなるようなうれしい結果がついてくるのだということを、あなたの言葉と行動の両方で子どもにはっきりわからせてあげる必要があります。

　ここでもう一度ゲイリーの家族（第15章参照）について考えてみると、問題行動の結果の変化（席を立ったら無視する）は対処の一部にすぎないことがわかります。それ以外に、ゲイリーが席に着いているときは積極的に注意を向け、以前より頻繁に話しかけ、ゲイリーのテーブルマナーの良いところ

や悪いところを伝え、さらに食事のときのゲイリーの適切な活動全体に以前よりも多く注目し、ほめるようにしています。ゲイリーが「席に着いていること」に対して、注意深くごほうびを与えているのです。

　問題行動を直すためには、どのような望ましい行動をすればごほうびがもらえるかを子どもに明確に示さなければなりません。これは簡単なことに聞こえますが実行するとなると努力が必要です。多くの大人は問題行動が起こらないときはそれを当たり前のことと考え、本人が頑張っていることに対して認めたりほめたりしないからです。問題行動以外の望ましい行動をほめることが最も重要なのです。

　また、ごほうびをあげられるような望ましい行動として、問題行動と同時にはできないようなことを見つけられると、ずっとうまくいきます。ゲイリーの場合、部屋を走り回ることと席に着くことは同時にはできません。「席に着く」行動が強化されると、「走り回る」行動は必然的に弱くなります。

　ゲイリーの問題行動がうまく減っているとしたら、次の2つのABC分析が両立しているはずです。

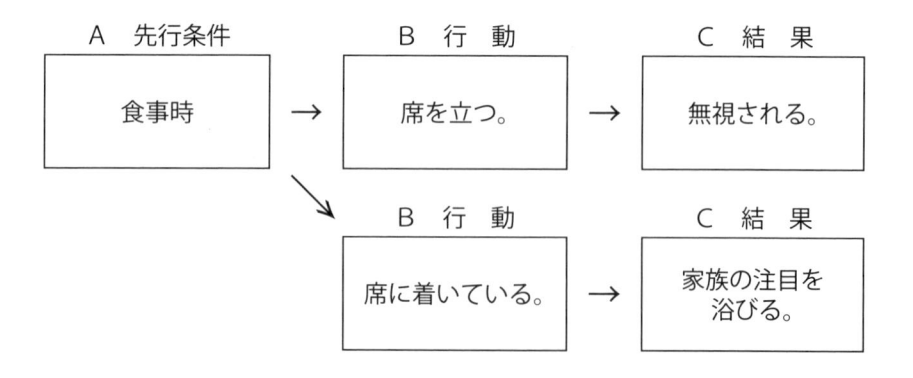

| A　先行条件 | B　行　動 | C　結　果 |
|---|---|---|
| 食事時 | 席を立つ。 | 無視される。 |
|  | 席に着いている。 | 家族の注目を浴びる。 |

　このように見ていくと、17章までに提案した対処法は、対処法の半分でしかないことになります。例えばロバータ（第17章）の場合を考えてみましょう。お兄さんやお姉さんたちが学校に行こうとすると、ロバータはこぶしを物にたたきつけたり、カーテンを引っ張ったり、泣いたりします。最初は本当に悲しくてそうしていたのかもしれませんが、お母さんはそれらの行動に対して注意を向けたりおもちゃを与えたりして強化していたことがわかりま

第18章 【問題行動対処プログラムの開始】その２：先行条件と代替行動

した。そのため、その行動は登校前の決まった日課のようになっていたのです。

　ロバータがかんしゃくを起こしている間、お母さんが無視してはどうかと提案したことを覚えておいででしょう。しかしここでわかったように、問題行動とは同時にできず、ごほうびを与えることができる望ましい行動を教える必要があります。お母さんはロバータが泣かずにカーテンから離れたとき、さらに言えば静かに遊んだり話をしたりしたときには、すぐに注意を向けておもちゃを与える準備をしておかなくてはなりません。

　**すべてのプログラムは、この２つの部分で構成されます。１）問題行動をしたい気持ちをなくすこと、２）代替行動（なるべく問題行動と同時にはできない代わりの行動）をしたい気持ちをうながすことです。**

　減らしたい問題行動に対して、増やしたいと思う、問題行動と同時に行うことは不可能な行動を決めて書きとめましょう。

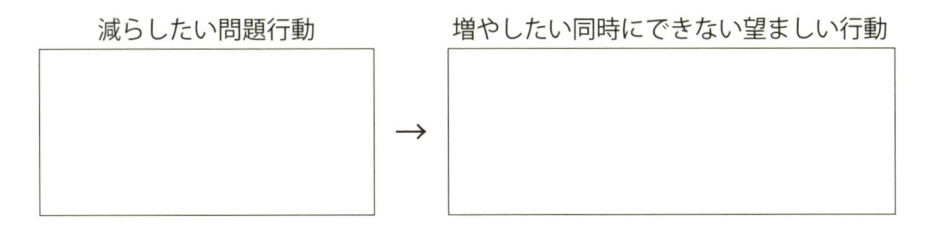

| 減らしたい問題行動 | 増やしたい同時にできない望ましい行動 |
|---|---|
|  → |  |

### ◆ 行動契約を行う

　この本では最初から、ごほうびを使って適切な行動を促進することをお話ししてきました。これは実際には、あなたと子どもとの間の簡単な取り決め、あるいは契約であると言えます。子どもにしてほしいこと（「ここに座りなさい」）と、その行動に対するごほうび（「そうしたらおもちゃをあげるわ」）を伝えます。契約は簡単な口頭での約束より視覚的に紙に書いたものがわかりやすいでしょう（第13章の家事スキルのところでもお話ししましたね）。

　簡単な契約は問題行動をやめさせるときにも、代わりとなる望ましい行動をうながすときにも使えます。例えばジェニファーの場合、泣くという問題行動をこの簡単な契約でやめさせることができました。「ジェニファー、今日はあなたが何回泣くか、数えておくわね。泣いたのが３回までだったら、

## セクションⅢ　問題行動への対処

お父さんが家に帰ってきてからキャッチボールをしてくれるわ」。

　この契約からは、ジェニファーにとってお父さんとのキャッチボールがごほうびであるとお母さんが知っていることが読み取れます。契約がジェニファーに対してより明確になるように、お母さんは冷蔵庫に表を貼って、ジェニファーが泣くたびに印をつけることができるでしょう。契約がうまくいくにつれて、お母さんは泣いてもいい回数を2回に、次に1回に、やがては0にまで減らしていきます。ただし、妥当な場面で時々泣くのはかまわないと決めてもいいでしょう。さらにジェニファーがキャッチボールに飽きてしまわないように、何種類かのごほうびが必要かもしれません。

　サラが服を着るときにぐずぐずするのをやめさせるために、お母さんは正反対の「速く服を着る」行動をうながす簡単な契約をすることができます。「サラ、タイマーを45分にセットしておくわね。タイマーが鳴る前に服が着られたら、今夜一緒に特別な時間を過ごしましょう」。

　この簡単な契約は、1）望ましい行動と、2）ごほうびを示しています。何日かたつうちにタイマーの時間は短くすることができます。最終的にサラは妥当な時間で服を着られるようになるでしょう。特別な時間というのは何かを具体的にサラに伝える必要があります。絵や写真でお母さんがサラと20分さまざまなおもちゃで遊んでくれるというようなものがいいでしょう。何をして遊ぶかも、サラが選んで決めることができるのです。

　ホセの両親は、人をたたく代わりとなる望ましい行動を、こんな簡単な契約でうながしました。「ホセ、妹と夕食まで（またはおもちゃを一緒に使って、たたかずに、など）仲良く遊べたら、特別なデザートをあげるわ」。サラと同じように、ホセも自分でごほうびを決めるという形で契約内容にかかわれます。

　これらの契約が、子どもの問題行動を減らすためか適切な行動を増やすため、あるいはその両方に対してごほうびを与えていることがおわかりですね。問題行動を減らすことと適切な代わりとなる望ましい行動が増えることの両方に対してごほうびが与えられるような簡単な契約を考えて、お子さんと交わしてみましょう。契約に盛り込む行動とごほうびを決めるときは、できるだけ本人の意思を取り入れ選択決定できるようにします。契約は子どもにとって、意思決定と選択についてよりよく学べる楽しい方法です。その結果、

## 第18章 【問題行動対処プログラムの開始】その２：先行条件と代替行動

子どもはまた一歩自立に近づくことになります。忘れないでいただきたいのは、子どもが契約の自分の側を守ったら、あなたもつねに自分の約束を守らなくてはいけないということです。

### ◆ 先行条件を変える

ここまでは主に結果についてお話ししてきました。つまり、ＡＢＣ分析のＢとＣの部分だけを考えました。しかし、ＡＢＣのＡとＢの部分、つまり先行条件を注意深く観察することによっても、問題行動を変えることが可能です。

先行条件とは「問題行動が起きる直前の状況」であることを覚えていますね。先行条件によっては、そのあとで子どもが問題行動を起こすのが当たり前のように思える場合もあります。例えば、小さな子どもは疲れていれば泣きやすくなり、無視されていれば人の話に割り込みたくなり、できないことがあるとかんしゃくを起こし、部屋の中におもちゃが１つしかなければ妹と取り合うものです。子どもを問題行動に向けて後押しする状況についてのリストを作るとしたらじつに長いものになるでしょう。

子どもの行動をよく見て、先行条件に関する次のような質問の答えを考えてみましょう。

いつ問題が起きるのか？
どこで起きるのか？
何をしているときか？
誰が普通その場にいるのか？
子どもの機嫌はどうか？
私の機嫌は？

では、なぜこれらの質問と答えが必要なのでしょう。それは、最大の問題である「なぜ問題行動が起きるのか？」の答えをよりよく知ろうと思ったら、その行動の前後関係をしっかりと把握することが必要だからです。

先行条件を理解することで、その条件や子どもの行動を変える方法への方向が見えてくるものです。この項では、周囲の環境を整えて子どもを適切な行動に向かわせるようなさまざまな方法を考えます。

セクションⅢ　問題行動への対処

## ≫積極的に新しいスキルを教える

　問題行動と同時にはできない代替行動をうながすことに加えて、さまざまな新しい行動を教えることができます。さまざまなスキルの実践で1日が埋まっていたら、問題行動を起こす時間は必然的に減ります。例えばゲイリーの両親は、「席を立つ」というゲイリーの行動を無視する一方で、ナイフで切ったり、飲み物を注いだり、料理を食器に盛ったりという新しい食事スキルを教えていたかもしれません。

## ≫ほかの子どもをお手本としてほめる

　どういう行動をしてほしいのかを見せるために（そしてその行動をすれば得をすることを見せるために）、ほかの子が好ましい行動をしたときにごほうびをあげましょう。家族みんなが参加して行うことができます。ほかの子が適切な行動をしてみせ、あなたは誇張した、はっきりわかるやり方でそれにごほうびをあげます。あるいはもっと自然にふるまってもかまいません。

　例えば、マークが手を洗うのをいやがっているときに、「パパ見て、ジミーは本当に良い子で手を洗うのよ」と言います。「ほかの人の良いモデルをほめる」という方法は、子どもの問題行動を無視すると同時に代わりとなる望ましい行動をうながしたいときに良い方法です。

## ≫トレーニング中に問題行動が起こりにくい状況を設定する

　子どもに新しいスキルを教えようとしてトレーニングしている間も問題行動は起きるかもしれません。この場合無視やタイムアウトはほとんど役に立ちません。子どもが求めているのは注目ではなく、やりたくないことから逃れる方法だからです。適切な行動をさせるためには、与えた課題が子どもの今のスキルに合っていることを確かめ、課題をもっと簡単にすべきであるという合図（視線が課題に集中していない、イスの上で身動きする、ぐずるなど）を見逃さないことが必要です。

　第5章で、スキルトレーニングをするときには成功しやすいよう環境を整

第18章 【問題行動対処プログラムの開始】その２：先行条件と代替行動

えることを強調しました。つまり、子どもが簡単に成功するようにお膳立てをするということです。子どもの発達やニーズにぴったり合ったトレーニングを行い、そのスキルを徐々に上げていきます。また扱いやすい教材を選び、理解しやすい指示を与え、気が散る刺激を取り除くことが重要であるということもお話ししました。これらはすべて先行条件を整える例です。

## ≫ 日常生活の中で問題行動が起こりにくい状況を設定する

　日常生活の中には、ほんの少し状況を変えただけで問題行動を減らせる場面が数え切れないほどあります。例えば子どもにもっと楽しいことを教えたり、壊れやすい物を取り除いたり、おもちゃをもう１つ与えたり、失敗する前にわずかな時間を割いて手を貸したり……。

　毎日の日課についても少し考えてみてください。あなたはこれまでにもすでに子どもがスムーズに１日を送れるように調整しているはずです。子どものおなかがすく時刻に合わせて、早めに食事をしているかもしれません。子どもの手が届くように、歯ブラシ入れを低い所に置いているかもしれません。子どもが席について食事を始める前に肉を切ってあげているかもしれません。子どもが問題行動を起こす可能性を低くするためにあなたがすでに変えているかもしれない先行条件は、数え切れないほど考えられます。

　これとは逆に子どもが怒ったり泣いたりすること、あるいはあなたが怒るかもしれないことが予想される場面もあります。また子どもがこわがることが前もってわかる状況もあるでしょう。お医者さんや歯医者さんだけでなく、床屋さんさえこわい子どももいるでしょうし、誕生パーティのような人の集まる場面がこわいという子どももいます。子どもが強い要求をする場面（おもちゃ屋さんなど）、うるさくする場面（教会や寺院など）、動き回りすぎる場面（レストランなど）も考えられますね。

　こういった場面に対しては、早めに予告する方法を使います。**特に絵や写真でスケジュール化して視覚的に伝えることは有効です**。子どもが感じたり行動したりしそうな内容を予想し、前もってその場面について話しておくのです。こわがりそうな場面では、何が起きるかを１つずつ、率直に説明します。痛むことがあるのに痛まないと言ってはいけません。子どもが復唱できるような、安心させる言葉を考えてみましょう。「みんなお医者さんに行く

セクションⅢ　問題行動への対処

のよ。大丈夫。お母さんが一緒にいるわ」といった言葉が考えられます。これらの言葉は音声だけでなく、絵や文章などで視覚的にわかりやすくして提示すると効果的です。また、こわい出来事のあとに一緒に楽しめるような活動を計画しておくこともできます。

社交的な場面で人見知りする子には、やはり前もって話をします。そこに誰がいるのか、子ども本人は何をすることになるのか、以前行ったパーティでどんな楽しいことがあったか。早めに行ってほかの子どもたちと顔を合わせ、遊び始めさせましょう。

あなたの言葉に従わないことが予想される場合、例えばそのパーティで帰りたがらない場合などは、やはりあらかじめ話をして、何が起きるのか、どういう行動が期待されているのかを伝えましょう。食料品の買い物は、少しの予測で大騒ぎを回避できる良い例です。「これからスーパーに行くのよ。買うのは、この紙に書いてある食べ物だけ。それをかごに入れるのを手伝ってね。これ以外の物を買ってって言わないで。これだけしか買わないから。わかった？」。

言うまでもなく、あなたが言う内容は子どもの理解力やあなた自身の話し方のスタイルによって変わってくるでしょう。しかしどんな言い方をするにせよ、早めの注意によってあとの惨劇を防ぐことができます。

●●●●●●●●●●●●●●●●●●●●●●●●●●●注　意●●●●●●●●●●●●●●●●●●●●●●●●●●

先行条件を変えることで、家族の生活のほかの側面がめちゃくちゃにならないように気をつけましょう。その子の好きな料理ばかりを作れば、その子を食卓にずっと着かせておくことはできるかもしれませんが、ほかの家族はどうなるでしょう？　先行条件を変えるときにはほかの家族のことも忘れずに考慮します。変更がほかの家族や周囲の人々にとって不快なものである場合、それは長続きせず、状態は徐々に元に戻ってしまうでしょう。

子どもの周囲の環境を変えるのは、その子に何かを教えるためであることをつねに念頭に置いておきましょう。その過程であなた自身の環境がひっくり返ってしまってはいけません。

●●●●●●●●●●●●●●●●●●●●●●●●●●●●●●●●●●●●●●●●●●●●●●●●●●●●●●●

第18章 【問題行動対処プログラムの開始】その2：先行条件と代替行動

## ◆ 行動の記録を続ける

　このセクションのはじめに、プログラムを始める前の約1週間、子どもの問題行動の記録をとる方法をお話ししました。プログラムを始めたあとに記録を続けることも、同じくらい重要です。この「プログラム後」の記録が、プログラムがうまくいっているかどうかを判断する材料になるからです。

　「プログラム後」の記録は、「プログラム前」の記録と同じ方法で（毎日同じ時間に）、プログラムを開始したその日につけ始めます。ボビーのお父さん（第16章でご紹介しました）は、こんな「プログラム前」の記録をつけていました。

| | 週<br>（日付を<br>記入） | 曜日 | | | | | | | 週平均 |
|---|---|---|---|---|---|---|---|---|---|
| | | 日 | 月 | 火 | 水 | 木 | 金 | 土 | |
| 前 | 第1週<br>3/21〜<br>3/27 | ✓✓✓<br>✓<br>4 | ✓✓✓<br>✓✓✓<br>✓✓<br>8 | ✓✓✓<br>✓✓✓<br>6 | ✓✓✓<br>✓<br>4 | ✓✓✓<br>3 | 不在 | ✓✓✓<br>✓✓<br>5 | 5 |
| | 第2週<br>3/28〜<br>4/3 | ✓✓✓<br>✓✓✓<br>✓<br>7 | ✓✓✓<br>✓<br>4 | ✓✓✓<br>✓✓✓<br>6 | ✓✓✓<br>✓✓<br>5 | ✓✓✓<br>✓✓✓<br>✓<br>7 | ✓✓✓<br>3 | ✓✓✓<br>✓✓✓<br>✓✓<br>8 | 6 |

　「プログラム後」の記録はこのようになりました。

| | | 日 | 月 | 火 | 水 | 木 | 金 | 土 | |
|---|---|---|---|---|---|---|---|---|---|
| 後 | 第3週 | ✓✓✓<br>✓✓✓<br>✓✓<br>8 | ✓✓✓<br>✓✓✓<br>✓✓✓<br>9 | ✓✓✓<br>✓✓✓<br>✓✓<br>8 | ✓✓✓<br>✓✓✓<br>6 | ✓✓✓<br>✓<br>4 | ✓✓✓<br>3 | ✓✓✓<br>✓<br>4 | 6 |
| | 第4週 | 不在 | ✓✓✓<br>✓✓<br>5 | ✓✓<br>2 | ✓<br>1 | ✓✓<br>2 | ✓✓✓<br>3 | ✓✓✓<br>3 | 3 |
| | 第5週 | ✓<br>1 | 0 | ✓✓<br>2 | ✓✓<br>2 | 0 | 不在 | ✓<br>1 | 1 |

257

セクションⅢ　問題行動への対処

ボビーの場合、たたいたり、けったり、押したりする行動の週平均はこのようになりました。
【プログラム前】
　　第1週の平均＝1日5回
　　第2週の平均＝1日6回
【プログラム開始後】
　　第3週の平均＝1日6回
　　第4週の平均＝1日3回
　　第5週の平均＝1日1回
平均を出すことによって、週ごとの比較がしやすくなります。見てわかるとおり、プログラムを始めてから3週目以降には、ボビーの問題行動は大きく減少しています。

プログラムを開始してから子どもの行動の記録を続けるときは、問題行動は一時的に悪化するかもしれないということを忘れないでください。この最初の大事な時期にプログラムを放り出さず、まもなく状態が良いほうに変わることを期待しましょう。筋が通っていると思われるプログラムを考えたら、それを何週間かは続けましょう。あせってプログラムを考え直す前に、少しチャンスを与えるのです。

◆まとめ

これで、子どもの問題行動を減らすプログラムを始める準備ができました。準備は次の6つのステップからできています。
1．問題行動を特定する。
2．「プログラム前」の行動を記録する。
3．ＡＢＣ分析を行う。
4．結果を変える。
　a．状態を改善するような結果とは何かを突きとめる。
　b．代替行動をうながす。
5．先行条件を変える。
6．「プログラム後」の行動の記録を続ける。
　トレーニングの中でも、問題行動への対処は最も難しいものです。ですか

第18章 【問題行動対処プログラムの開始】その2：先行条件と代替行動

ら、プログラムの開始直後にこのセクションの全部、または一部の章を読み返してみるのも役に立つかもしれません。また、自分がとろうとしている方法についてほかの家族と話し合うのは非常に良いことですし、学校の先生やセラピストに相談したいと思ったらそうしてみましょう。うまくいきそうなやり方を思いついたら、それを取り入れ、しばらく続けましょう。頑張って！

## ◆ レポート：デビッドの場合

「ママ……デビッドがまたあそこにのぼってる」
　本が床に落ちる音が聞こえ、お母さんは急いで居間に向かいます。そこではデビッドが、途中にある物を何もかもぐらぐらさせながら、楽しそうに本棚のてっぺんにのぼっていくところでした。デビッドは本棚の上が大好きで、その冒険がおよぼす被害にはほとんど気がついていないようでした。
　「今すぐそこから下りなさい」。お母さんはそう言いましたが、デビッドの返事を待たずに近づいて引っ張りおろしました。「ここにのぼってはいけませんと言ったはずよね？」。しかしデビッドはただニコニコしたまま部屋を出て行きました。次にまた本棚にのぼれる機会を心待ちにしているのは明らかです。
　その夜、デビッドがベッドに入ったあとで、お父さんとお母さん、姉のジュディの3人はデビッドの本棚のぼりをやめさせるための対処法を話し合いました。「あの子が本棚にのぼる回数はだんだん増えているような気がするわ」とお母さんが言います。「私の言うことは聞かないし、本棚にはのぼるし、その途中で物はこわすし……本当にいらいらしてしまうのよ。もちろん、お父さんとジュディは私ほど家にいないから、実際に見ることもそれほど多くないわけだけど。前は、あの子がただ私をいらいらさせるためにしているんだと思っていたんだけど（いらいらするのは本当よ！）、『これは私のせいなんかじゃない――あの子はただ、とても元気がいいというだけのことなのよ』と自分に言い聞かせるよ

うにしたら落ち着くことがわかってきたの。それでも、あれはやめさせなくてはいけないわ」。

「わかった。本棚にのぼるのをやめさせる、ということだよね？」とお父さん。「しばらくそのままやらせておこう。あの子が時々人の言うことを聞いていないという点は、今のところはおいておく。さて、本棚にのぼるのは何回くらいだと思う？」。

「この前の夜、私があの子の面倒を見ていたときは6回のぼったわ。数えていたの」とジュディは言いました。「本当に楽しそうだったわ」。

「だいたいそのくらいね」とお母さん。「あの子に背中を向けたと思ったら、すぐに始めることもあるのよ……1日中その調子……10回くらいかしら」。

「わかった。しかしはっきりさせるために、記録をつけようじゃないか。ジュディがこの前の夜にやったように。デビッドが本棚にのぼるたびに数えておくんだ。難しいことじゃないだろう。隠れてのぼろうとはしていないようだからね。あの子が本棚にのぼってもこれまでどおりに対応することにして、ただこれからは、その前にこの表に毎回印をつけるんだ」。お父さんは、「プログラム前」の記録表を作りました。

1週間後、みんながきちんとつけた表は次のようになりました。

| 週<br>（日付を<br>記入） | 曜日 | | | | | | | 週平均 |
|---|---|---|---|---|---|---|---|---|
| | 日 | 月 | 火 | 水 | 木 | 金 | 土 | |
| 第1週 | 5 | 9 | 6 | 8 | 7 | 4 | 不在 | 6½ |

「お母さんの言ったこともジュディの言ったことも正しいようだ」とお父さんが言いました。「この表によると、デビッドは実際には1週間で合計39回、本棚にのぼっている。おばあちゃんの家に行った土曜日は抜いてだ。39回を6日で割ると、1日6回半ということになる。本当にのぼるのが好きなんだな」。

「今度は何をするの？」とジュディがたずねました。「デビッドがのぼったら、罰を与えるとか？」。

「デビッドがあそこにのぼりたがるのは、私たちが自分のところに走って

## 第18章 【問題行動対処プログラムの開始】その2：先行条件と代替行動

くるのを見るのが楽しいからだと思うのよ」とお母さんが言いました。「きっと、そうやってみんなが注目するのがすごくうれしいんでしょうね」。

「そうかもしれないな」とお父さん。「それが本当なら、あの子がのぼったときに私たちが大騒ぎしなければ、すぐにのぼるのをやめてしまうはずだ」。

数分後、マッケイ家の人々はデビッドが本棚にのぼる行動を無視するという作戦を採用しました。「お父さんが言ったように、本棚からはほとんど物をどけてしまうことにするわ。でも、あの子がのぼったあとにかけつけないようにするのはそれほど簡単ではないわよ。これがうまくいくといいけど。でも、やってみればすぐにわかるわね」。

お母さんの言ったとおりでした。無視することはほとんど無理だと思われることも時々ありました。特にジュディは弟が本棚にのぼるといつもわくわくしてしまうのでなおさらです。

しかしみんなはやり通しました。プログラムを始めてから2週間後、「プログラム後」記録はこのようになりました。

|      | 日 | 月 | 火 | 水 | 木 | 金 | 土 | 週平均 |
|------|---|---|---|---|---|---|---|-------|
| 第1週 | 6 | 4 | 4 | 7 | — | 5 | 4 | 5     |
| 第2週 | 6 | 7 | 7 | 4 | 7 | 3 | 5 | 5     |

「どうしたらいいの？　この2週間、デビッドが本棚にのぼっても注意を向けないようにあんなに頑張ったのに、その結果といったら——のぼる回数は前とほとんど変わっていないわ。それにもちろん、のぼっている時間は長くなっているわ。だって誰も下ろそうとしないんですもの」。お母さんは今にもプログラムをあきらめてしまいそうな声で言いました。「本当のことを言うと、これだけでうまくいくとは最初から思っていなかったわ。でも少なくともそれをはっきりさせるために記録をつけたのはいいことだと思うの」。

「ママ、何をはっきりさせたの？」

「何って……そうね、デビッドみたいな子どもは、ただ、いつもああいうことをするんだということよ。というより、私たちがデビッドを止める方法

はないということかしら。とにかく、私たちはできるかぎり頑張ったわ」

「ちがうよ、私たちは確かに頑張ったがそのやり方が間違っていたというだけだよ」とお父さんは言いました。「ここでやめるんじゃなくて、別の方法を試してみればいいんだよ。こういう風に考えてみよう。私たちは、デビッドの本棚のぼりという行動に対してデビッドが一番ほしがっていると思った結果をなくした。それは私たちの注目だった。しかしデビッドはのぼることをやめない。この結果わかることは、こちらが間違っていたということだ。デビッドの行動には、何か別の理由があるに違いない」。

「私は、デビッドはただのぼるのが好きだからのぼるんだと思うわ」とジュディ。「前も言ったでしょ、のぼるところを見ていると、すごく楽しそうだって」。

「じゃあ、それが楽しくないようにするにはどうしたらいいの？」とお母さんがたずねます。

3人はしばらく話し合いましたが、やがてお母さんが自分の質問に対する答えを出しました。「本棚にのぼっているところを見つけたら、きっぱりした態度であの子の部屋に連れて行って、そこで5分間タイムアウトをするというのはどう？」。

「それはよさそうだ」とお父さんが賛成しました。「それから、庭に何かのぼる物を作ろう」。

みんなは今度こそ正しい方向に進んでいると感じたのですが、部屋に入るようにうながされたデビッドがそのことを全然気にしないという可能性を忘れていました。最初のタイムアウトのあと、お父さんが部屋に行くと、デビッドは楽しそうにおもちゃの兵隊で遊んでいました。「部屋を出るのもいやがったよ。本棚をのぼることに対してデビッドが喜ばない結果を与えようと思うなら、タイムアウトにはデビッドが楽しめない場所を選んだほうがいいな」。

マッケイ家の家族がデビッドの本棚のぼり行動をうまく減らせるプログラムを見つけるには、最初に予想していた2週間よりも長くかかりました。しかし、今この家にお邪魔すると、お母さんのキャンドルは元々あった本棚の上に戻っています。環境のさまざまな調整、絶えず練り直した作戦、そして家族のチームとしての協力活動が、ついに実を結んだのです。

# 巻末付録

# 付録A

# 基礎スキル

## 目　次

**基本の注目スキル**
1．呼ばれたら見る　265ページ
2．呼ばれたら来る　266ページ
3．物を見分ける　267ページ
4．簡単な指示に従う　269ページ
5．まねをする　270ページ

**基本の大まかな動作スキル**
6．座る　272ページ
7．イスから立ち上がる　274ページ
8．歩く　274ページ
9．階段を上り下りする　275ページ

**基本の細かい動作スキル**
10．押す、引く、もつ、回す　276ページ
11．物をつかむ、放す　278ページ
12．水遊びをする　278ページ
13．箱の穴に物を入れる　279ページ
14．つまむ　279ページ

付録A　基礎スキル

　付録のこの部分では、基礎スキルの教え方を扱います。中でも最も基本となるのは、人や物に注目するスキルです。最初の項は、第8章で述べた「注目スキルを教える方法」を土台にしています。その次に、物を見分ける、指示に従う、人のまねをするといった、注目スキルに関連するさらに高度なスキルに進んでいきます。ボールやバスケットが何かわかり（物を見分ける）、「この線の前に立ちなさい」と言われてそれができ（指示に従う）、「こういう風に投げなさい」と言われてできる（単純な動作をまねする）ようになれば、遊びやそのほかのスキルを学ぶ準備ができたことになります。

　2番目と3番目の項には、大まかな動作スキルと細かい動作スキルを上達させるためのアドバイスが書かれています。大まかな動作スキルは身の回りスキル、細かい動作スキルは遊びのスキルへと自然にステップアップすることができます。ここにあげたスキルは例にすぎません。子どもの先生やセラピストに聞けば、ほかにもたくさんのスキルを提案してもらえるでしょう。

　あせりは禁物です。これらのプログラムに沿って、根気よく子どもにつき合いましょう。1回のトレーニングは通常は短く、5分くらいで切り上げます。これらの基礎スキルを教えることは、とりわけ骨が折れることです。しかし、これらのスキルをマスターすれば、ほかのあらゆる種類のことを学ぶ可能性が開けるのです。

## ◆ 基本の注目スキル

### 1．呼ばれたら見る
#### ◆環境設定
　自分の真正面に置いたイスに、子どもを座らせます。イスは、ひざがほとんどふれ合うほど近くに置きましょう。子どもがじっと座っていそうにない場合は、子どものイスを部屋の隅に置きます。

　うまくできたら気持ちを込めてほめてあげましょう。ほめるときは、明確で具体的な言葉を使います（「よくできたわね！　ちゃんと座れたわね！」）。子どもが4回か5回のトレーニングを通していつもその動作を行えるようになるまで、それぞれのステップを練習します。早く先に進もうとあせらないように。

◆ プログラム
1．自分の顔の前にごほうびをもち、子どもの頭に手を添えてこちらを見るようにしながら、「ダニー、こっちを見て」と言います。そのあと、「よくできました！ ちゃんとお母さんのほうを見たわね！」とほめて、ごほうびをあげます。
2．自分の顔の前にごほうびをもち、「ダニー、こっちを見て」と言います。今度は、こちらを見せるときに添える手を前よりも軽くします。ほめて、ごほうびをあげます。
3．自分の顔の前にごほうびをもち、「ダニー、こっちを見て」と言います。今度は、子どものあごの下を軽くふれるだけにします。ほめて、ごほうびをあげます。
4．自分の顔の前にごほうびをもち、「ダニー、こっちを見て」と言います。今度は手を添えません。
5．子どもの注意を何秒か引きつけておいてから、ごほうびをあげます。「ダニー、こっちを見て」と言い、ごほうびは見えないところに用意しておきます。ほめて、ごほうびをあげます。

2．呼ばれたら来る
このプログラムを始めるためには、子どもが1人で歩ける必要があります。
◆ 環境設定
子どもを部屋の隅に立たせ、自分は子どもと向かい合う位置に1歩か2歩離れて立ちます。子どもがこちらに来るたびに、心を込めてほめてごほうびをあげます。4回か5回続けて来られるようになるまで、次のステップを繰り返し行います。
◆ プログラム
1．子どもの片方の肩に手をかけて引き寄せながら、「ニック、こっちに来て」と言います。
2．子どもの片方の肩に軽くふれながら、「ニック、こっちに来て」と言います。
3．両手で手招きしながら、「ニック、こっちに来て」と言います。
4．「ニック、こっちに来て」と言います。

付録A　基礎スキル

　2歩離れたところから呼んで子どもが来るようになったら、もう少し離れて立ちます。最初は1メートル、次は1.5メートル、それから3メートル、その次は部屋の入り口に立ちます（3〜5メートル）。距離を離すたびに、最初は呼びながら手招きもします。5回続けて来られるようになったら、ただ呼ぶだけにします。

　上達は非常に遅いこともあれば、かなり速いこともあるでしょう。これは、呼ばれたら行かないかぎりごほうびはもらえないのだということを、子どもがどのくらい速く理解できるかによります。

　途中までうまくいっているように思えたのに、突然壁に突き当たったからといって、がっかりしないようにしましょう。それは少し急ぎすぎただけかもしれないし、別のごほうびを試す必要があるということかもしれません。子どもに成功を経験させるために、その子がよく知っている段階まで戻ってみましょう。それから次のステップに進みます。このとき、それぞれのステップについて少し余分に時間をかけましょう。いつでも子どもがほしがる物を使えるように、ごほうびにバリエーションをもたせましょう。それぞれのトレーニング時間を成功で終わらせるのが大切だということを忘れないでください。

## 3．物を見分ける

　衣類、体の各部分、おもちゃなどの物を見分ける（名前がわかる）ようになると、子どもはもっと楽に指示に従えるようになります。ここではおもちゃと体の部分の名前を例にあげていますが、衣類や家の中のいろいろな物についても、同じ方法で教えることができます。

●おもちゃを見分ける

◆教材

　このあとそれで遊べるような、単純なおもちゃから始めましょう。ボール、人形、本、ぬいぐるみ、ブロック、スタッキングリングなどがいいでしょう。

◆ 環境設定

　子どもと、テーブルをはさんで向かい合って座ります。テーブルの上には名前を教えるおもちゃ以外には何も置きません。また、子どもがうろうろしないとわかっていれば、床に座ってもいいでしょう。一度に1つのおもちゃから始めます。ここではぬいぐるみのクマから始めてみましょう。

◆ プログラム

1．子どもによく見えるようにぬいぐるみをもち上げます。それからはっきりと、「これはクマよ。クマを見て」と言います。
2．次にクマをテーブルの上に置き、「クマをちょうだい」と言います。子どもが反応しない場合は、子どもの手をクマのところまでもってきて、それをもち上げて渡すのを手伝います。
3．子どもをほめ、お気に入りのおやつを一口食べさせます。

　【注意】子どもが反応しない場合は、誰かほかの人にクマを拾い上げてあなたに渡してもらいましょう。これを数回繰り返します。子どもがそれをちゃんと見て、あなたの指示に従った「ほかの誰か」がごほうびをもらっているとわかるようにしましょう。

　これで、「クマをちょうだい」がどういう意味なのか、子どもにはっきり見せていることになります。子どもにやりやすくするためには、次の点に注意しましょう。

・見分けやすい物を選ぶ。
・テーブルにはその物を1つだけ置く。
・何をしてほしいのか、子どもにはっきり伝える。
・何をしてほしいのか、子どもに見せる。
・子どもの手をあなたの手で誘導する。
・進歩を見せたらほめる。

◆ 次のステップ

　あなたに手伝ってもらいながらクマを渡せるようになったら、誘導を徐々になくし、最終的にはまったく手助けがなくても渡せるようにします。次に、別のおもちゃの名前を同じように教えます。最初のおもちゃとは見た目も名前の響きもまったく違う物を使いましょう。最初のおもちゃがクマのぬいぐるみであれば、コマやスタッキングリングがいいかもしれません。

２番目のおもちゃが手助けなしに渡せるようになったら、両方のおもちゃを子どもの前に並べ、どちらかの名前を告げて「○○をちょうだい」と言います。おそらく最初は難しいでしょう。その可能性をあらかじめ予想し、子どもができそうになくてがっかりしているのを見たら、おもちゃ１つの段階に戻りましょう。いろいろな順番でおもちゃを見せ、必要であれば手を貸し、ごほうびを忘れないようにします。

　【注意】体の各部の名前も、基本的に同じ方法で教えることができます。

## ≫日常の中で教える

　このスキルは、日常生活の中で適切な場面に遭遇したときに、いつでも練習することができます。そのときもあなたからの要求や誘いかけは単純にし、返す反応は明確で具体的なものにしましょう。次のような例が考えられます。

　ダニーのお父さんはダニーと目が合ったことに気がつくと、「よくできた！　ダニーがアイスクリームを見ているぞ！」と言います。ニックが夕食の前にお姉さんとテーブルまで来ると、お母さんは「すごいわ！　ニックがテーブルまで来たわね！」と言います。クリントンのお兄さんはティッシュペーパーをとって、クリントンに「鼻をかめよ」と言います。こういったやりとりを通して子どもの言葉に対する理解をうながし、言葉を使うように刺激していることにも注目しましょう。

## ４．簡単な指示に従う

　「飛行機を見て」「セーターを引き出しにしまって」「人形をお父さんのところにもって行って」など、さまざまな場面に及ぶ簡単な指示に従えるようになることは、子どもにとってもあなたにとっても非常に役に立ちます。

　いろいろなおもちゃ、衣類やその他の物の名前がわかるようになると、次はそれを当てはめた簡単な指示に従うことを学ぶことができます。

　いくつかの簡単な指示を理解させ、それぞれの違いを教えましょう。子どもに教えたい指示のほとんどは、それをこなすために簡単な動作が必要となります。例えば「置く」「渡す」「取る」「座る」「もつ」「立つ」「拾う」「見る」「投げる」などです。

　指示に従うことを教えるには、いつもと同じ方法を使います。これまでに

すっかりおなじみになっていますね。ガイドラインをあげておきましょう。
1．簡単な指示を1つ選びます。
2．子どもが名前を知っている見慣れた物を使います（クマ、ブロック、シャツなど）。
3．指示に従わせるために、最初は手を添えて誘導します。
4．手を添えることを徐々に減らし、代わりにその動作を示す身ぶりを使います。それによって、子どもはあなたがしてほしいことを目で見、耳でも聞くことになります。この2つの情報を統合することによって、子どもは耳で聞いた指示を理解するようになります。

簡単な指示を理解し、それに従えるようになったら、次はそれぞれの指示の違いを学びます。まず2つの指示の違いを教えることから始め、それができるようになったら、一度に1つずつ、指示を増やしていきます。

数通りの指示の違いがわかるようになったら、それらの指示をリストにして、順番に指示通りの行動をさせます。例えば、
・「ボールを見て」
・「ボールをお母さんに渡して」
・「ボールをお母さんに投げて」
・「ボールにさわって」
・「ボールをお父さんに渡して」

対象となる物を変えれば子どもは楽しんで練習を続けるかもしれません。最終的には、物も指示もいろいろ混ぜ合わせてみましょう。こんなふうに。
・「本を見て」
・「シャツをお母さんに渡して」
・「ボールをこちらに投げて」

## 5．まねをする

人の動作をまねられるようになると、ほかの人を見て新しい遊びを学ぶことが簡単になります。

●手をたたく

◆環境設定

子どもと向かい合って座ります。床の上でもイスでもかまいませんが、2

人がだいたい同じ高さになるようにします。

◆ **プログラム**
1. 「グレッグ、手をたたいて」と言いながら、あなたが手をたたく様子を見せます。
2. 子どもの手をとって、両手を打ち合わせます。
3. 「よくたたけました！」と言って、子どもにお気に入りのおやつを一口あげます（あなたが手をとって手をたたかせた以外、子どもはまだ何もしていないのですが、この動作をすればおやつがもらえることがこれでわかります）。子どもが何をすればいいのか理解するまで、つまり、自分で手を動かしてたたこうとするようになるまで、このステップを繰り返します。そこまでできたら、次のステップに進みます。

◆ **次のステップ**
1. 「グレッグ、手をたたいて」と言いながら、あなたが手をたたく様子を見せます。
2. 誘導は少なくします。子どもの手に少しふれて、手をたたくのだと思い出させる程度にしましょう。できたら必ずほめて（「よくできました！」）、ごほうびをあげます。

今度は、課題が難しくなっています。おやつをもらうために、グレッグはこれまでよりももっと自分の力を使って手をたたかなければなりません。手をたたく動作を連続して3回か4回まねられるようになったら、ほかの動作のまねを同じ方法で教えます。次のような動作が考えられます。

・立ち上がる。
・ジャンプする。
・頭にさわる。
・手をたたく（1回）。
・テーブルをたたく（1回）。
・頭の上で手をたたく。
・両手をテーブルの上に置く。
・つま先にさわる。

## ≫ここまでの課題を応用したゲーム

　物と体の各部を識別すること、指示に従うこと、いくつかの簡単な動作をまねることができるようになれば、動作をまねるゲームに進むことができます。これは「サイモン・セッズ」に似ていますが、もっと簡単です。このゲームを「お父さんの言うとおりゲーム」、または「お母さんの言うとおりゲーム」と呼ぶことにしましょう。「お姉さんの言うとおりゲーム」でもかまいません。誰でもいいのです。やがては、子どもがこのゲームのリーダーになれることもあるでしょう。

　ゲームは、子どもがまねることができる全部の動作に沿って遊びます。大切なことは、子どもが楽しめるようにすることと、ごほうびを使うことです。たくさん笑って、たくさんほめてあげましょう。

　「お父さんが言うとおり、『手をたたいて』」
　「お父さんが言うとおり、『頭にさわって』」
　「お父さんが言うとおり、『ジャンプして』」
　「お父さんが言うとおり、『座って』」などと続けます。

## ◆ 基本の大まかな動作スキル

### 6．座る

　イスに座る身体的能力があり、支持があれば立っていられる場合、イスに座ることと、「座って」という言葉にこたえることを教えることができます。

## 付録A　基礎スキル

◆ **教材**

　子どもが座ったときに足が床に着く高さのイスを使います。テーブルを支えに使うことができるように、テーブルのそばにイスを置きます（コーヒーテーブル、がんじょうな箱、スツールなど、支えにするのにちょうどよい高さの物であれば何でもかまいません）。

◆ **プログラム**

　この課題は、子どもが普段イスに座る時間に行います。食事の時間、おやつの時間、遊びの時間などです。

1. 子どもをイスのところに連れてきます。子どもの脚の裏側（ひざの裏）にイスが軽くふれる位置にイスを置きます。
2. あなたはイスの後ろに立ち、子どもの左手をテーブルの上に置きます。
3. あなたの片手をイスの背に置き、イスが動かないように支えます。もう片方の手を子どもの肩にのせます。
4. 「ヨーコ、座って」と言いながら、子どもの肩を下に向かってやさしく押し、イスに座らせます。
5. 心を込めてほめ（「よくできたわね、ヨーコ、ちゃんと座れたわね！」）、すぐにごほうびをあげます。

　誘導を徐々に減らします。まず、子どもの肩をわずかに押さえるだけにして、次に肩にただふれるだけにしながら「ヨーコ、座って」と言います。最終的には、イスのところに連れてきただけで自分で座るようにします。

## 7．イスから立ち上がる

　子どもに自力で立ち上がる身体的能力があれば、あなたが「立って」と言ったときに、それに正しくこたえて手助けなしでイスから立ち上がるように教えることができます。

### ◆ 教材
　子どもが座っているときに足が床に着く高さのイスを使います。

### ◆ プログラム
1．子どものイスの後ろに立ち、あなたの片手を子どもの腕の下に、もう片方の手を子どもの背中に置き、立つ姿勢まで誘導します。
2．子どもが立ち上がったら、すぐにほめ（「よくできました！　ちゃんと立てたわね！」）、ごほうびをあげます。子どもがこの動作を理解し、あなたがイスから立たせようとするときに自分の体重を支えて協力しようとする様子を見せるまで、このセッションを数回繰り返します。
3．「ディエゴ、立って」と言ったときに自分で立ち上がる度合いが大きくなるように、徐々に手助けを減らします。

### ≫ 誘導の減らし方
1．イスの背もたれを壁に当てて動かないようにします。子どもをイスに座らせ、正面に立ちます。
2．両腕を前方に差し出し、上に上げる動作をします。ただし子どもにはふれません。そうしながら、「ディエゴ、立って」と言います。
3．子どもが立ち上がったら、すぐにほめてごほうびをあげます。
　最終的にはその動作も必要なくなるでしょう。子どもは「ディエゴ、立って」という言葉だけで反応するようになります。これでまた、自立に一歩近づく新しい課題を身につけたことになります。

## 8．歩く

　子どもが自分で立ち、人と片手をつないで歩くことができれば、1人で歩くことを教えることができます。

### ◆ 教材
　お気に入りの物やおもちゃを用意します。または、抱き締めてあげるだけ

でもかまいません。
◆ プログラム
1．子どもをあなたと向かい合うように、部屋の隅に立たせます。あなたは子どものお気に入りのおもちゃかおやつをもって、一歩離れて立ちます。
2．子どもに、こちらに来るように身ぶりでうながします。来ようという様子を見せたら、心を込めてほめながらおもちゃまたはおやつをあげます。
3．次に、子どもの後ろにお父さんかお兄さんがいるという形で立たせ、あなたは一歩ともう少し離れたところにひざをつきます。
4．今度も子どもを身ぶりで呼び、ほめながらおもちゃまたはおやつをあげます。
5．徐々に距離を離して、子どもが自分で歩く距離を数歩ずつ増やします。

## 9．階段を上り下りする
このスキルを教える前に、子どもは1人で立ち、歩けなければなりません。
◆ プログラム
1．子どもに階段を1段だけ上がらせるところから始めましょう。子どもの体重を支え、子どもが安全と感じられるようにあなたにしっかりつかまらせます。あなたがまず子どもの片方の足をもち上げ、上の段にのせます。次にもう片方の足ものせます。段の上にしっかり立てるよう、子どもがぐらつかないように支えます。
2．支えがなくても段の上に立てるようになるまで、このステップを繰り返します。
3．子どもの足のもち上げ方を徐々に減らします。子どもが自力で足を上げる高さが増えることになります。
4．あなたの手助けがなくても子どもが自分で階段に足を上げられるようになったら、支えとして手すりをもたせましょう。子どもの背後に立ち、まっすぐ立つのを手助けします。最初は、1段上がっただけで心の込もったほめ言葉とごほうびをあげます。
5．ごほうびをあげるまでに上る段数を徐々に増やします。トレーニングを重ねるにつれて徐々に手助けを減らし、子どもが手すりか壁に手をついて完全に自分を支えられるようにします。階段の上がり方は、まず同じ段に

両足をそろえる方法を先に学ぶのだということに気をつけてください。片足ずつ交互に上がれるようになるのはそのあとです。

● 階段を下りる

階段を少なくとも10段以上スムーズに1人で上がれるようになったら、階段を下りることを教えることができます。一番下の段から始めましょう。必要な手助けはつねに行い、そのあと徐々に減らしていきます。

子どもは階段を上がるときよりもこわがるかもしれません。こちらのほうが難しいからです。平衡感覚も注意力も、より多く必要です。

この課題のマスターには大変な時間がかかるかもしれないことを覚えておいてください。速くマスターしてほしいとあせっても成功はおぼつきません。忍耐力と、一度に多くを期待しない気持ちが成功の鍵です。

## ◆ 基本の細かい動作スキル

### 10. 押す、引く、もつ、回す

日常的動作や遊びには、非常に多くの基本動作スキルが含まれています。こういった動作スキルは、おもちゃを使って教えることができます。例えばトラック、自動車、飛行機などの車輪のついたおもちゃは、押す動作を教えるのに最適です。床の上で、どのように自動車を押すかを見せてやればいいのです。

子どもに引っ張ることを教えるのに適したおもちゃはたくさん売っています（犬や猫のしっぽを引っ張るよりおもちゃのほうがいいことは言うまでもありません）。こういったおもちゃはたいてい木製かプラスチックで、引っ張るためのヒモがついています。よちよち歩いたりはずんだり飛び跳ねたりする動物のおもちゃや、乗れるような車のおもちゃでもかまいません。もちろん、車輪のついたおもちゃに家でヒモをつけたものでもかまいません。

子どものお気に入りのぬいぐるみにヒモをつけて、引っ張ることを教えるのも面白いでしょう。子どもと一緒にテーブルに着き、ぬいぐるみはテーブ

ルの端からたらしておきます。それからヒモを引くと、ぬいぐるみがぱっと現れます。次にヒモを子どもの手の届くところに置いて、子どもがそれを引っ張るかどうか見てみましょう。引っ張らないようであれば少し手伝います。

　手で物をもつことも、学ぶ必要がある基本的な動作スキルです。お気に入りのもちやすいおもちゃや物を使って動作を見せ、誘導するところから始めましょう。子どもによっては、実際に手にとってみるほどおもちゃに対する興味が持続しないことがあります。その場合は子どもが最初にさわったりつかんだりしたときに、すかさずごほうびをあげましょう。

　回すという基本動作スキルは、おもちゃでも、家の中にある普通の物でも教えることができます。回すことが必要になる市販のおもちゃとして、最も一般的な物はオルゴールつきびっくり箱とビジー・ボックスでしょう。オルゴールつきびっくり箱の場合、どのようにハンドルを回して中身をしまうかを子どもに見せます。最初は、中のピエロがほとんど飛び出てくる寸前まで、大部分の操作をあなたがしてやります。次に、子どもがハンドルを回すのを手伝って、ピエロが飛び出すのを見せます。しばらくすればあなたが手を貸さなくなっても、子どもは自分で何度も何度も回すようになるでしょう。ビジー・ボックスは、テーブルか床の上、または壁の前に水平に置きます。ほとんどのタイプには、回すことができるドアノブやハンドルがいくつかついています（押したり引いたりする部分もついているので、いくつかの基本動作スキルを教えるのに重宝します）。また、手回し型の泡立て器のような台所用品を使っても、回す動作を教えることができます。それに、ほとんどのドアには回すことのできるドアノブがありますね。

　次にあげるのは、子どもの協応運動の発達に役立つ簡単な練習です。簡単なものからより難しいものへの順番に並んでいます。どの練習についても、自分からやろうという様子を見せたら心を込めてほめ、ごほうびをあげましょう。必要があれば手を貸して誘導します。誘導した状態で4回か5回成功したら、徐々に手助けを減らし、子どもが1人でできるようにしましょう。

## 11. 物をつかむ、放す

◆ 教材

種類の違う物をいくつかと、空の靴箱。

◆ プログラム

1. 軽く、かなり小さく、もちやすい物から始めます（やわらかいスポンジ製や布製のボール、丸い入浴用スポンジなど）。
2. 物を子どもの手にもたせ、その手を靴箱に誘導し、あなたの手と子どもの手をその物から放して、箱の中に落とします。
3. これらの軽い物を手助けなしに保持して放せるようになったら、大きさや堅さの違う物（ブロック、おもちゃのカード、洗濯ばさみなど）で練習してみます。一度に1つずつ導入しましょう。
4. 物を保持して放せる（あなたが子どもの手にもたせ、子どもがそれを箱に入れることができる）ようになったら、物をテーブルの上に置き、子どもにもち上げさせましょう。最初に戻ってつかみやすい物から始めます。テーブルからもち上げるときには手を貸しますが、箱に入れるときは、ここまでで身につけたように自分でさせます。
5. 物をもち上げ、手の中に保持し、放すことをマスターしたら、箱に入った物を取り出すことを教えましょう。

## 12. 水遊びをする

水遊びは楽しい遊びですが、同時に、注意力と協応運動の練習にもなります。将来、コップに飲み物を注ぐスキルが必要になったときの基礎としても役に立ちます。

◆ 教材

プラスチックの容器をいくつか、計量カップ、プラスチックのコップ1個、じょうご、絞り出しチューブ容器、新聞紙、プラスチックの洗いおけ。

◆ プログラム

1. 空の洗いおけをイスかテーブルの上に置きます。子どもの身長に高さが

合っているほうにします。その下に新聞紙をしきます。
2．1つのプラスチック容器に水を半分入れます。もう1つの空のプラスチック容器と一緒に、洗いおけの中に置きます（食紅で水に色をつけてもよいでしょう）。
3．必要なら手を貸しながら、片方の容器の水をもう一方の容器に移します。
4．手助けを徐々に減らしながら、容器の中の水を増やします。また、いろいろな容器を使ってみましょう。

## 13．箱の穴に物を入れる
◆ **教材**
上側に7～8センチ角の穴を開けた靴箱、いろいろな小さい物体（洗濯ばさみ、大きなボタン、小さなブロック、糸のなくなった糸巻きなど）。
◆ **プログラム**
箱の上側の穴に、物を入れさせます。必要なら手を貸しましょう。これは、ただ箱の上に物をもっていって中に落とすよりも細かい手先のコントロールが必要になります。

## 14．つまむ
◆ **教材**
ピーナツバター、蜂蜜、ジャム、乾燥シリアル、クッキーなど。
◆ **プログラム**
1．ピーナツバター、ジャム、または蜂蜜を子どもの親指と人差し指にぬります。
2．親指と人差し指を2回ほどくっつけたあと、指をなめさせます。これを数回繰り返し、親指と人差し指が協力して動く様子に慣れさせます。
3．食事前、子どものおなかが空いているときに、小さめの一口サイズにした食べ物を子どもの親指と人差し指の間に入れます。実際の食事の前にそれを食べさせます。子どもがそれを口にもっていくときに、もし必要ならば食べ物が落ちないように手を貸します。最初は二口ほどから始め、徐々に子どもが食事の前に食べる量を増やしていきます。
4．渡された食べ物を落とさないようにもち、口まで運べるようになったら、

ハイチェアのトレイ、お皿、またはテーブルの上などに一度に一口ずつ食べ物を置き、子どもにそれをつまんでとらせます。必要なら手を貸しましょう。これは、ボタンや鍵、クレヨン、硬貨などの小さな物を拾い上げるときに使われる動作です。

## 付録B

# 身辺自立スキル一覧

　この付録Bに含まれるスキルは、第9章の「身辺自立スキル　チェックリスト」(76ページ)にあげた30のスキルと同じものです。それぞれのスキルはマスターした度合いによって段階分けされているので、子どもが今どこまでできるのかを正確に判断することができます。これを使えば、適切な指導プログラムを組むことができます。

　すべてのスキルのマスター度を一度にチェックすることもできます。しかし、これから教えようとするスキルについてだけチェックを行うほうが簡単です(ほかのスキルについては、それを教えるときにチェックします)。チェックしたいスキルについて、子どもができるステップのうち最も数字が大きなものに丸をつけます。丸は、子どもがそのステップとそれ以下のステップに書かれていることをすべてできるときにつけます。例えば、あるスキルのステップ1、2と4ができても3ができない場合は、ステップ2に丸をつけます。また、そのスキルを完全に1人で――あなたが一緒に部屋にいなくても――できる場合にのみ丸をつけます。付録Cに、これら30のスキルの指導プログラム案が書かれています。

　【注意】「自己管理スキル評価表」(148ページ)と「家事スキル評価表」(167ページ)には、これ以外のスキルも書かれています。

## 1．コップで飲む

| 0 | コップをもっていることがまったくできない。 |
|---|---|
| 1 | コップをもって飲めるが、全体を通して手助けが必要。 |
| 2 | 手を借りて飲んだあと、コップをテーブルに置くことができる。コップを下ろす動作は部分的にできる。 |
| 3 | 手を借りて飲んだあと、コップをテーブルに置くことができる。 |
| 4 | 部分的に手を借りてコップを口までもってきたあと、コップから飲める。テーブルの上に自分でコップを戻せる。 |
| 5 | 手を借りてコップをもち上げたあと、コップから飲める。テーブルの上に自分でコップを戻せる。 |
| 6 | コップから完全に自分で飲める。 |
| 7 | さまざまなコップや茶碗から、完全に自分で飲める。 |

## 2．スプーンで食べる

| 0 | スプーンで食べることがまったくできない。 |
|---|---|
| 1 | 手を借りれば、スプーンを口までもっていくことができる。 |
| 2 | スプーンに食べ物を入れてもらい、途中までもち上げてもらえば、口までもっていくことができる。 |
| 3 | スプーンに食べ物を入れてもらい、途中までもち上げてもらえば、口までもっていき、スプーンを食べ物のところに戻すことができる。 |
| 4 | スプーンに食べ物を入れてもらえば、自分で口までもっていき、スプーンを食べ物のところに戻すことができる。 |
| 5 | 食べ物をすくうときに手を借りれば、あとは自分で食べることができる。 |
| 6 | やわらかい固形物（マッシュポテト、カボチャ、オートミールなど）であれば、自分でスプーンを使って食べることができる。 |
| 7 | 自分でスプーンを使ってスープが飲める。 |

## 3．フォークで食べる

| 0 | フォークで食べることがまったくできない。 |
|---|---|
| 1 | スプーンのようにフォークを使う（フォークですくう）。 |
| 2 | 手を借りれば、フォークで突き刺すことができる。 |
| 3 | 指示があれば、フォークで突き刺すことができる。 |
| 4 | やわらかい食べ物であれば、フォークを使って完全に自分で食べることができる。 |
| 5 | さまざまな食べ物を、フォークを使って完全に自分で食べることができる。 |

## 4．補助具付きのはしを使って食べる

| 0 | 補助具付きのはしを使って食べることがまったくできない。 |
|---|---|
| 1 | 補助具付きのはしに指を入れてもつことができる。 |
| 2 | 補助具付きのはしを開いたり閉じたりできる。 |
| 3 | つまみやすい物であれば補助具付きのはしを使って食べることができる。 |
| 4 | 大豆くらいの物を補助具付きのはしを使って食べることができる。 |

## 5．はしを使って食べる

| 0 | はしを使って食べることがまったくできない。 |
|---|---|
| 1 | はしを正しくもつことができる。 |
| 2 | はしを開いたり閉じたりできる。 |
| 3 | つまみやすい物であればはしを使って食べることができる。 |
| 4 | 大豆くらいの物をはしを使って食べることができる。 |

## 6．ズボンを脱ぐ（とめ具ははずさなくてよい）

| 0 | ズボンを脱ぐことができない。 |
|---|---|
| 1 | 片脚を脱がせてもらったあと、もう片方の脚からズボンを脱ぐことができる。 |
| 2 | 座った状態で、足首からズボンの両脚を脱ぐことができる。 |
| 3 | 座った状態で、ひざの下からズボンの両脚を脱ぐことができる。 |
| 4 | ひざの上からズボンを下ろし、その後座って脱ぐことができる。 |
| 5 | 太ももの途中からズボンを下ろし、脱ぐことができる。 |
| 6 | 腰からズボンを下ろし、脱ぐことができる。 |
| 7 | 指示があれば、自分でズボンを脱ぐことができる。 |
| 8 | 自分だけでズボンを脱ぐことができる。 |

## 7．ズボンをはく（とめ具は閉めなくてよい）

| 0 | ズボンをはくことができない。 |
|---|---|
| 1 | 腰までズボンを上げてもらえば、ウエストまで引っ張り上げることができる。 |
| 2 | 太ももの途中までズボンを上げてもらえば、ウエストまで引っ張り上げることができる。 |
| 3 | 両方の足の部分にズボンをはかせてもらえば、ウエストまで引っ張り上げることができる。 |
| 4 | 両方の足の部分にズボンをはかせてもらえば、立ってウエストまで引っ張り上げることができる。 |
| 5 | ズボンを渡されたあと、片足をズボンに通してウエストまで引っ張り上げることができる。 |
| 6 | ズボンを渡されたあと、両足をズボンに通してウエストまで引っ張り上げることができる。 |
| 7 | 自分だけでズボンをはくことができる。 |

## 8．靴下をはく

| 0 | 靴下をはくことができない。 |
|---|---|
| 1 | 足首から靴下を上げることができる。 |
| 2 | かかとから靴下を上げることができる。 |
| 3 | つま先から靴下を上げることができる。 |
| 4 | 自分だけで靴下をはくことができ、かかとも正しい位置にある。 |

## 9．かぶるタイプのシャツを着る

| | |
|---|---|
| 0 | かぶるタイプのシャツを着ることができない。 |
| 1 | 服を頭の上にのせてもらえば、引っ張って首を通すことができる。 |
| 2 | 自分で首を通してから、両そでに腕を通してもらう。そのあと、自分ですそをウエストまで引っ張ることができる。 |
| 3 | 自分で首を通し、片手をそでに通すことができる。 |
| 4 | 自分で首を通し、両手をそでに通すことができる。 |
| 5 | 服を渡されたあと、自分で着ることができる。 |
| 6 | 自分で服を手にとり、着ることができる。 |

## 10．前ボタンのブラウスやシャツやコートを着る
　　（ボタンはとめなくてよい）

| | |
|---|---|
| 0 | 前ボタンのブラウスやシャツを着ることができない。 |
| 1 | 両そでに腕を通してもらったあと、両方の前身頃を手にもって合わせることができる。 |
| 2 | 片方のそでに腕を通してもらったあと、もう片方に腕を通すことができる。 |
| 3 | 服をもっていてもらえば、両そでに腕を通すことができる。 |
| 4 | 広げて置かれた服を手にとり、片方のそでに腕を通すことができる。 |
| 5 | 広げて置かれた服を手にとり、両方のそでに腕を通すことができる。 |
| 6 | 広げて置かれていれば、自分で着ることができる。 |
| 7 | 自分で引き出しやハンガーから服をとり、着ることができる。 |

## 11．靴をはく（ひもは結ばなくてよい）

| 0 | 靴をはくことができない。 |
|---|---|
| 1 | かかとまではかせてもらえば、足を靴の中にきちんと入れることができる。 |
| 2 | つま先まではかせてもらえば、靴をかかとまで引き上げることができる。 |
| 3 | 靴の向きを整えて手の上にのせてもらえば、つま先を靴の中に入れることができる。 |
| 4 | 靴を渡されたあと、自分ではくことができる。 |
| 5 | 靴をはくことができる。 |
| 6 | 自分で正しい側の靴をはくことができる。 |
| 7 | 靴をはき、ひもを引いて締めることができる。 |

## 12．ファスナーを上げる

| 0 | ファスナーを上げることができない。 |
|---|---|
| 1 | オープン式のファスナーを（下を押さえていてもらえば）、下端を合わせてもらったあとで胸まで上げてもらえば、残りは自分で上げることができる。 |
| 2 | オープン式ファスナーの下端を合わせておいてもらえば（下を押さえてもらえば）、ファスナー全体を上げることができる。 |
| 3 | オープン式ファスナーの下端を合わせておいてもらえば、下を押さえてもう片方の手でファスナーを上げることができる（339ページ「オープン式ファスナーの端を差し込んで合わせる」スキル参照）。 |

## 13．ボタンをとめる

| 0 | ボタンをとめることができない。 |
|---|---|
| 1 | ボタンを半分ボタン穴に通してもらえば、それを片手で引っ張り出すことができる。 |
| 2 | ボタン穴を開けておいてもらえば、そこにボタンを入れることができる。 |
| 3 | ボタン穴にボタンを半分入れ、両手を使ってそれを引っ張り出すことができる。 |
| 4 | 大きなボタンを、見ながらとめることができる。 |
| 5 | 小さなボタンを、見ながらとめることができる。 |
| 6 | 言葉で指示されただけで、シャツやブラウスのボタンを全部とめることができる。 |
| 7 | シャツやブラウスのボタンを、完全に自分で全部とめることができる。 |

## 14．衣服をハンガーにかける

| 0 | 衣服をハンガーにかけることができない。 |
|---|---|
| 1 | ハンガーを拾い上げて片手にもち、軽い上着をもう片方の手にもつことができる。 |
| 2 | 手助けがあれば、上着の両肩をハンガーにかけることができる。 |
| 3 | 手助けをされながら片方の肩をハンガーにかけることができ、もう片方は自分でかけることができる。 |
| 4 | 指示があれば、上着全体をハンガーにかけることができる。 |
| 5 | 自分だけで上着をハンガーにかけることができる。 |
| 6 | 軽い上着以外の服をハンガーにかけることができる（シャツ、ズボン、女の子の場合はワンピースなど）。 |
| 7 | 指示がなくても、必要があればどんな衣服もハンガーにかけることができる。 |

## 15．手をふく

| 0 | タオルで手をふくことができない。 |
|---|---|
| 1 | タオルをもっていてもらえば、手のひらをふくことができる。 |
| 2 | タオルをもっていてもらえば、手の甲をふくことができる。 |
| 3 | 自分でタオルをもって手のひらをふくことができる。 |
| 4 | 自分でタオルをもって手の甲をふくことができる。 |
| 5 | 自分で完全に手をふくことができる。 |

## 16．手を洗う

| 0 | 手を洗うことができない。 |
|---|---|
| 1 | 手から石けんをすすぎ落とすことができる。 |
| 2 | 手助けがあれば、石けんをつけて泡を立てることができる。 |
| 3 | 自分で、石けんをつけて泡を立てることができる。 |
| 4 | 蛇口をひねって水を出すことができる。 |
| 5 | 蛇口をひねって水を止めることができる。 |
| 6 | 自分で完全に手を洗うことができる。 |

## 17．歯をみがく

| 0 | 歯をみがくことができない。 |
|---|---|
| 1 | 手をもって誘導してもらえば、歯ブラシを使える。 |
| 2 | 前歯をみがくことができる。 |
| 3 | 奥歯をみがくことができる。 |
| 4 | 歯ブラシに歯みがきをつけてもらえば、歯をみがくことができる。 |
| 5 | 歯ブラシに歯みがきをつける部分を含め、完全に自分でみがくことができる。 |

## 18．顔を洗う

| 0 | 顔を洗うことができない。 |
|---|---|
| 1 | 手をもって誘導されれば、顔全体を洗うことができる。 |
| 2 | 身ぶりや言葉でどの部分を洗うか指示されれば、顔の一部を洗うことができる。 |
| 3 | 顔全体を洗うことができる。 |
| 4 | 完全に自分で顔を洗い、すすぐことができる。 |

## 19．お風呂のあと、体をふく

| 0 | 体をふくことができない。 |
|---|---|
| 1 | 手助けがあれば、上半身をふくことができる。 |
| 2 | 手助けがあれば、下半身と背中をふくことができる。 |
| 3 | どこをふくか言葉で指示されれば、上半身をふくことができる。 |
| 4 | どこをふくか言葉で指示されれば、下半身と背中をふくことができる。 |
| 5 | 自分で上半身をふくことができる。 |
| 6 | 自分で全身をふくことができる。 |

## 20．お風呂で体を洗う

| 0 | 体を洗うことができない。 |
|---|---|
| 1 | 手助けがあれば、石けんをすすぐことができる。 |
| 2 | 自分で石けんをすすぐことができる。 |
| 3 | 手助けがあれば、上半身を洗うことができる。 |
| 4 | 手助けがあれば、下半身と背中を洗うことができる。 |
| 5 | どこを洗うか言葉で指示されれば、上半身を洗うことができる。 |
| 6 | どこを洗うか言葉で指示されれば、下半身と背中を洗うことができる。 |
| 7 | 自分で上半身を洗うことができる。 |
| 8 | 自分で下半身を洗うことができる。 |

## 21．髪をとかす

| 0 | 髪をとかすことができない。 |
|---|---|
| 1 | 手助けがあれば、髪をとかすことができる。 |
| 2 | どこをとかすか言葉で指示されれば、髪をとかすことができる。 |
| 3 | 自分で完全に髪をとかすことができる。 |

## 22．髪を洗う

| 0 | 髪を洗うことができない。 |
|---|---|
| 1 | 手助けがあれば、髪を乾かすことができる。 |
| 2 | 手助けがあれば、髪をぬらすことと乾かすことができる。 |
| 3 | 手助けがあれば、シャンプーをすすぐことができる。 |
| 4 | 手助けがあれば、シャンプーを泡立てることができる。 |
| 5 | 自分でシャンプーをすすぐことができる。 |
| 6 | 自分でシャンプーを泡立てることができる。 |
| 7 | シャンプーを手に出して、髪につけることができる。 |
| 8 | 自分で髪を乾かすことができる。 |
| 9 | 自分で完全に髪を洗うことができる。 |

## 23．ふとんをしく／しまう（しまう場合は逆を応用します）

| 0 | ふとんをしくことができない。 |
|---|---|
| 1 | しきぶとんとかけぶとんがしいてある状態でまくらを置くことができる。 |
| 2 | しきぶとんがしいてあり、かけぶとんがたたまれた状態で、かけぶとんを広げてまくらを置くことができる。 |
| 3 | しきぶとんだけしいてある状態でかけぶとんとまくらを出して正しく置くことができる。 |
| 4 | 3つ折りにしたしきぶとんだけ出してある状態で、しきぶとんを広げ、かけぶとんとまくらを出して正しく置くことができる。 |
| 5 | 最初からしきぶとんとかけぶとんとまくらを正しく置くことができる。 |

## 24．食器を並べる

| 0 | 食器を並べることができない。 |
|---|---|
| 1 | テーブルがほとんど整った状態で、指示があればテーブルに全員のコップを置くことができる。 |
| 2 | テーブルがほとんど整った状態で、自分でテーブルにコップを置くことができる。 |
| 3 | テーブルがほとんど整った状態で、指示があればテーブルにスプーンを置くことができ、自分でコップを置くことができる。 |
| 4 | 自分でスプーンとコップをテーブルに置くことができる。 |
| 5 | 指示があればナイフとフォークをテーブルに置くことができ、自分でスプーンとコップを置くことができる。 |
| 6 | 自分でナイフ、フォーク、スプーン、コップをテーブルに置くことができる。 |
| 7 | 指示があればテーブルに皿を置くことができる。自分でナイフ、フォーク、スプーン、コップを置くことができる。 |
| 8 | 自分でテーブルに皿、ナイフ、フォーク、スプーン、コップを置くことができる。 |
| 9 | 指示があれば皿の隣にナプキンを置くことができる。自分でフォーク、ナイフ、スプーン、コップを置くことができる。 |
| 10 | 完全に自分で食器を並べることができる。 |

## 25．ほうきで掃く

| | |
|---|---|
| 0 | ほうきで掃くことができない。 |
| 1 | 手助けがあれば、ほうきをもって掃く動作をすることができる。 |
| 2 | 自分でほうきをもって掃く動作をすることができる。 |
| 3 | 手助けがあれば、目に見えやすいゴミ（食べ物の大きなかけら、大きな紙くずなど）を掃くことができる。 |
| 4 | 自分で目に見えやすいゴミを掃くことができる。 |
| 5 | どこを掃くか言葉で指示され、見せられれば、床を掃いてすべてのゴミを1カ所に集めることができる。 |
| 6 | ちりとりを支えてもらえば、ゴミをちりとりに入れることができる。 |
| 7 | 自分で床を掃き、すべてのゴミを1カ所に集めることができる。 |
| 8 | 自分でちりとりを支え、ゴミをちりとりに入れることができる。 |
| 9 | 自分だけで、床を掃き、ゴミをちりとりに集めることができる。 |
| 10 | 9に加え、床を掃く必要があることを見分けることができる。 |
| 11 | 10に加え、掃き掃除がきちんとできているかを自分で評価し、不十分であれば十分きれいにすることができる。 |

## 26．掃除機をかける

| | |
|---|---|
| 0 | 掃除機をかけることができない。 |
| 1 | スイッチを入れた状態で動かすことができる。 |
| 2 | 自分でスイッチを入れて動かすことができる。 |
| 3 | 自分でコンセントに入れ、スイッチを入れて動かすことができる。 |
| 4 | 床など大まかに全体的に掃除機を使える。 |
| 5 | 物をよけたりして掃除機を使える。 |
| 6 | 適切なアタッチメントを選択し物をよけて掃除機を使える。 |

## 27．オープン式ファスナーの端を差し込んで合わせる

| 0 | オープン式ファスナーの端を合わせることができない。 |
|---|---|
| 1 | 下端の金具を支えておいてもらえば、そこに反対側の金具を入れることができる。 |
| 2 | 指示があれば、金具を自分で支えて入れることができる。 |
| 3 | 指示があれば、金具を支えて入れ、ファスナーを上げることができる。 |
| 4 | ファスナーの端を完全に自分で合わせることができる。 |

## 28．靴ひもを結ぶ

| 0 | 靴ひもを結ぶことができない。 |
|---|---|
| 1 | 両方の靴ひもを引いて締めることができる。 |
| 2 | 最初の結び目を作ることができる。 |
| 3 | ちょう結びの最初の輪を作ることができる。 |
| 4 | ちょう結びの2番目の輪を作ることができる。 |
| 5 | 靴ひもを完全に結ぶことができる。 |
| 6 | 靴ひもを通し、締め、結ぶことが完全にできる。 |

## 29．ベルトをベルト通しに通す

| 0 | ベルトをベルト通しに通すことができない。 |
|---|---|
| 1 | ベルト通しに通してもらったあと、ベルトを引っ張ることができる。 |
| 2 | 1つか2つのベルト通しにベルトを通して引っ張ることができる。 |
| 3 | ズボンをはいていない状態で、すべてのベルト通しにベルトを通し、引っ張ることができる。 |
| 4 | ズボンをはいた状態で、すべてのベルト通しにベルトを通し、引っ張ることができる。 |

## 30．ベルトのバックルをとめる

| 0 | ベルトのバックルをとめることができない。 |
|---|---|
| 1 | ベルトをベルト通しに通し、剣先を金具に通すことができる。 |
| 2 | バックルのピンを穴に入れることができる。 |
| 3 | ベルトのバックルをとめ、剣先をベルトのベルト通しに通すことができる。 |

次のページは、白紙の進度表です（詳細は第9章に書かれています）。これを使って、教えるスキルのステップを表にすることができます。

付録B　身辺自立スキル一覧

## 進度表

プログラム：_____

| ステップ一覧 | 日付 | ステップ | 実行回数 | | | | | | | | | | | | 備考 |
|---|---|---|---|---|---|---|---|---|---|---|---|---|---|---|---|
| | | | 1 | 2 | 3 | 4 | 5 | 6 | 7 | 8 | 9 | 10 | 11 | 12 | |
| | | | | | | | | | | | | | | | |
| | | | | | | | | | | | | | | | |
| | | | | | | | | | | | | | | | |
| | | | | | | | | | | | | | | | |
| | | | | | | | | | | | | | | | |
| | | | | | | | | | | | | | | | |
| | | | | | | | | | | | | | | | |
| | | | | | | | | | | | | | | | |

# 付録C

# 身辺自立スキルの練習プログラム

## 目 次

1. コップで飲む　299ページ
2. スプーンで食べる　301ページ
3. フォークで食べる　303ページ
4. 補助具付きのはしを使って食べる　305ページ
5. はしを使って食べる　306ページ
6. ズボンを脱ぐ（とめ具ははずさなくてよい）　306ページ
7. ズボンをはく（とめ具は閉めなくてよい）　307ページ
8. 靴下をはく　308ページ
9. かぶるタイプのシャツを着る　309ページ
10. 前ボタンのブラウスやシャツやコートを着る　311ページ
    （ボタンはとめなくてよい）
11. 靴をはく（ひもは結ばなくてよい）　313ページ
12. ファスナーを上げる　315ページ
13. ボタンをとめる　316ページ
14. 衣服をハンガーにかける　318ページ
15. 手をふく　320ページ
16. 手を洗う　321ページ
17. 歯をみがく　323ページ
18. 顔を洗う　325ページ

19. 20. お風呂に入る（体を洗う、ふく）　327ページ
21. 髪をとかす　329ページ
22. 髪を洗う　331ページ
23. ふとんをしく／しまう　333ページ
24. 食器を並べる　334ページ
25. ほうきで掃く　336ページ
26. 掃除機をかける　339ページ
27. オープン式ファスナーの端を差し込んで合わせる　339ページ
28. 靴ひもを結ぶ　340ページ
29. ベルトをベルト通しに通す　343ページ
30. ベルトのバックルをとめる　345ページ

この付録Cには、第9章の身辺自立スキルチェックリストおよび付録Bの身辺自立スキル一覧に含まれる各スキルの練習プログラムが含まれています。それぞれのプログラムについてどのごほうびを使うかを決め、用意します。まずここに、いくつかのごほうびをリストアップしておきましょう。

|  |
| --- |
|  |
|  |

【注意】ほとんどのプログラムは、子どもが右利きでも左利きでも問題ありません。しかしいくつかのスキル（オープン式ファスナーの端を差し込んで合わせるなど）については、左利きの場合、左右を入れ替えることが必要になります。

## 1．コップで飲む

このスキルを教える前に、子どもは支えてもらっているコップから飲むことができる必要があります。

### ≫環境設定

脚のないプラスチックのコップ（取っ手のないもの）を使います。子ども

が手にもちやすい、小さな物にしましょう。

　子どもの好きな飲み物を、コップの4分の1注ぎます。

　最初は、子どもののどが渇いていてあなたに時間の余裕のある時間を選びましょう。食事と食事の中間ぐらいがいいでしょう。あなたと子どもの両方がプログラムに慣れてきたら、子どもが飲み物を飲もうとしているときにいつでも練習することができます。

　子どもはテーブルの前の、飲み物を飲みやすい高さのイスに座らせます。普段のイスを、電話帳を使って高くしてもいいでしょう。

　飲み物そのものが十分なごほうびになるように注意してください。もちろん、ほめてあげることも忘れずに。

## ≫ プログラム1

　子どもの後ろに立ち、子どもの手にコップをもたせます。あなたの手は、トレーニング時間全体を通じて子どもの手にかぶせておきます。次のステップをすべて行います。

1．コップを子どもの口元までもち上げます。
2．コップを傾けて子どもに少し飲ませます。
3．コップをテーブルに戻します。
4．子どもの手からコップを放し、あなたの手も子どもの手から放します。
　「よくできました！　コップで飲めたわね！」と言います。

　コップが空になるまで、このステップを繰り返します。

　このプログラムを4回か5回、または、手を添えていれば子どもがリラックスして行えるようだと感じられるまで繰り返します。

　手助けはできるだけ軽くし、子どもがある程度は自分で作業を行えるようにしましょう。プログラム2に進むためには、子どもがコップをしっかり保持できる必要があります。

　コップで飲むというスキルの流れを子どもが理解したら、プログラム2に進み、1ステップずつ指導しましょう。

## ≫ プログラム2

　子どもが1つのステップをマスターし、手助けなしに4回か5回のトレー

ニングを通して成功するようになったら、次のステップに進みます。ごほうびを手元に用意しておきましょう。

1. プログラム1と同じ動作を行い、コップがテーブルに着く直前まで手を貸します。ここで添えた手を放します。自分でテーブルにコップを置くことで、このプログラムをつねに子どもに完了させるようにします。これが1人で飲むことへの第一歩なのです！
2. テーブルまでの距離が全体の4分の1になったところで、添えた手を放します。
3. テーブルまでの距離が全体の半分になったところで、添えた手を放します。
4. テーブルまでの距離が全体の4分の3になったところで、添えた手を放します。
5. 子どもが一口飲んだら添えた手を放し、テーブルまで自分で戻させます。これで、コップから飲むということの後半をマスターしたことになります！　今度は、口元までコップを運ぶときの手助けを減らしていきましょう。
6. 手を添えながら、コップを子どもの口元まで運びます。ここで添えた手を放します。コップを傾けて一口飲むところは自分でさせます。コップをテーブルに戻すところは、手助けなしにできるはずです。
7. コップがもうすぐ口元に届くというところまで手を貸します。ここで手を放し、コップを口につけ、一口飲むところは自分でさせます。ここでも、コップをテーブルに戻すところは手助けなしにできるはずです。
8. 動作全体をマスターできるまで、手助けを減らしていきます。

## 2．スプーンで食べる

### ≫環境設定

　プラスチックのボウルを使います。底に吸盤のついたボウルを使ったり、ぬらしたペーパータオルをしいたりすると、滑るのを防ぐことができます。

　3食すべてに、スプーンで食べやすい食事を出します（マッシュポテト、カボチャ、一口サイズに切ったハンバーグ、ホットシリアル、とろみのあるシチュー、アップルソースなど）。

子どもはテーブルの前の、物を食べやすい高さのイスに座らせます。電話帳を使って普段のイスを高くしてもいいでしょう。

## ≫プログラム1

子どもの後ろに立ちます。子どもの片手にスプーンをもたせ、もう片方の手はボウルの横に置かせます。あなたの手は、食事の間を通して子どもの手にかぶせておきます。

1. 右から左にすくうようにして、スプーンに食べ物を入れます（子どもが左利きの場合は、左から右にすくいます）。
2. スプーンを口元までもち上げ、そこから食べさせます。「よくできました！　スプーンから食べられたわね！」と言います。
3. スプーンをボウルに戻します。子どもが食べ物を飲み込む間、少し待ちます。
4. スプーン4杯か5杯分食べたら、スプーンをテーブルに置いて少し休憩します。
5. 食事が終わるまで、この1から4を繰り返します。4食か5食、またはあなたの手助けがあればリラックスして食べているようだと感じられるようになるまで、このプログラム1を行います。スプーンで食べるというスキルの流れ全体を子どもが理解したら、プログラム2に進み、1ステップずつ教えます。

プログラム2では、さかのぼり連鎖を使いながら3つのスキルを教えることに注目してください。（1）スプーンを口までもっていく、（2）スプーンをボウルに戻す、（3）食べ物をすくう、の3つです。

## ≫プログラム2

子どもが1つのステップをマスターし、手助けなしに4回か5回のトレーニングを通して成功するようになったら、次のステップに進みます。ごほうびを手元に用意しておきましょう。

1. 子どもの手に手を添えて、スプーンを口まで誘導します。ここで添えた手を放します。スプーンから食べる動作と口からスプーンを放す動作は自分でさせます。もう一度手を添え、スプーンをボウルまで誘導して戻しま

す。「よくできました！ スプーンで食べられたわね！」と言います。

2．もう少しでスプーンが口まで届くというところで、添えた手を放します。スプーンを口に入れ、食べ、スプーンを口からもう少し放すところを自分でさせます。もう一度手を添え、スプーンをボウルまで誘導して戻します。「よくできました！ スプーンで食べられたわね！」と言います。

3．スプーンが口までの距離の半分くらいまで来たら、添えた手を放します。スプーンを口まで運び、食べ、スプーンをボウルまで半分の距離に下ろすところを自分でさせます。もう一度手を添え、スプーンをボウルまで誘導して戻します。「よくできました！ スプーンで食べられたわね！」と言います。

4．誘導してスプーンに食べ物をすくったあと、添えた手を放します。スプーンを口まで運び、食べ、スプーンをボウルに下ろすところを自分でさせます。もう一度手を添え、誘導して食べ物をすくいます。「よくできました！ スプーンで食べられたわね！」と言います。

これで、スプーンに食べ物をすくう動作以外はすべてマスターできたことになります。スプーンですくうのは、最も難しいステップです。スプーンですくうときに手助けを減らす場合は、手を放すのではなく、添えた手をだんだんゆるくしていって、最後にはすくう動作をただうながす程度にします。それからその手を子どもの手首に、次にひじに置き、必要ならば動作をうながします。最終的に手を放すと、子どもが自分でこの作業をできたということになるのです。

【注意】子どもの手首に手を添えて動作をうながすときは、子どもの隣に座るといいでしょう。

## 3．フォークで食べる

フォークで食べることを教える前に、スプーンで食べる方法を知っている必要があります。

### ≫環境設定

最初はお皿ではなく、プラスチックのボウルを使います。そのほうが突き刺しやすいからです。底に吸盤のついたボウルを使ったり、ぬらしたペー

パータオルをしいたりすると、滑るのを防ぐことができます。

突き刺すことができる大きさに切れる食べ物を使います（鶏肉、ニンジン、ワッフルなど）。ゆでたジャガイモやハンバーグのように、突き刺すとくずれてしまう物は避けましょう。

子どもはテーブルの前の、物を食べやすい高さのイスに座らせます。普段のイスを、電話帳を使って高くしてもいいでしょう。

## ≫プログラム１

子どもの後ろに立ち、子どもの手にフォークをもたせます。下のイラストをよく見てください。これが正しいもち方です。このもち方が難しかったり、もちにくかったりする場合は、別のもち方でフォークで食べる方法を習得することもできます。ボウルが動かないように、子どものもう片方の手はボウルをもたせます。

1．子どもの手を包むようにもって、フォークで食べ物を突き刺すように誘導します。
2．フォークを口にもっていくときは、添えた手を放します。
3．子どもがフォークを食器に戻したら、また手を添えて、食べ物を突き刺すのを手伝います。「よくできました！　フォークで食べられたわね！」と言います。

食事が終わるまで、これを続けます。

手を借りてフォークで食べ物を突き刺せるようになったら、手助けを徐々に減らし始めます。プログラム２に進んでください。

## ≫プログラム２

子どもが１つのステップをマスターし、手助けなしに４回か５回のトレーニングを通して成功するようになったら、次のステップに進みます。ごほうびを手元に用意しておきましょう。

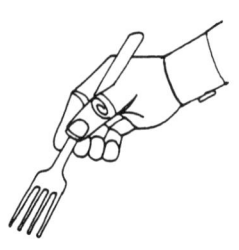

付録C　身辺自立スキルの練習プログラム

1．子どもの手首に手を添え、誘導して食べ物を突き刺します。
2．子どもの前腕部に手を添えて誘導します。
3．子どものひじに手を添えて誘導します。
4．完全に手を放し、子どもが自分だけでフォークを使えるようになるまで、必要に応じて手を貸します。子どもが1人でフォークを使えるようになったら、スキルが身についたということなのです！

　これで、ボウルに入った食べ物を突き刺せるようになりました。次は必要に応じて手を貸しながら、お皿を使った練習を始めましょう。

## 4．補助具付きのはしを使って食べる

　フォークやスプーンで食べることができるようになってから取り組みます。

### ≫環境設定
　子どもの指にあった補助具付きのはしを選びます。
　最初から食べ物を使うと、早く食べたい気持ちでできない気持ちで落ち着いて練習できない場合があります。この場合は、タッパーなどのケースに適当な大きさに丸めたアルミホイルを複数入れておきます。口を開けた子どもの好むキャラクターの絵を用意し、口の部分をくりぬいて箱に貼りつけます。タッパーからアルミホイルを補助具付きのはしでつまんでキャラクターに食べさせるようにするのです。

### ≫プログラム1
　スプーン、フォークと同様に子どもの後ろに立ち、同じ要領で補助具付きのはしを正しくもたせ介助して誘導します。キャラクターに食べさせることができたら、おやつなどのごほうびをあげてほめます。徐々にアルミホイルの大きさを小さくし、誘導も減らしていきます。

### ≫プログラム2
　実際の食事場面で練習します。

## 5．はしを使って食べる

補助具付きのはしで食べることができるようになってから取り組みます。

### ≫環境設定とプログラム

補助具付きのはしと同様に進めます。

## 6．ズボンを脱ぐ（とめ具ははずさなくてよい）

### ≫環境設定

ウエストがゴムになったショートパンツと下着から始めます。これが一番脱ぎやすいからです。

まず立った姿勢から始め（ズボンを下ろすのは、立っていたほうが簡単です）、その後、座った姿勢で行います。座るのは床の上でも、ベッドやイスの上でも、子どもにとってやりやすい場所ならどこでもかまいません。

### ≫プログラム

1つのステップをマスターし、手を貸さなくても4回か5回のトレーニングを通して成功するようになったら、次のステップに進みます。ごほうびを用意しておきましょう。

1．子どもを立たせ、足首までズボンを下ろします。子どもを座らせて、片方の足からズボンを抜きます。「ズボンを脱いで」と言います。子どもの手でズボンをつかませ、手を添えて誘導しながら、もう片方の足からズボンを抜き、子どもからあなたに手渡させます。「よくできました！　ズボンが脱げたわね！」と言って、ごほうびをあげます。

　【注意】最初は、毎回同じほうの足からズボンを脱がせるようにします。子どもにとっては、まったく同じことを繰り返すほうが覚えやすいのです。

2．子どもを立たせ、足首までズボンを下ろしてから座らせます。「ズボンを脱いで」と言います。子どもにズボンをつかませ、誘導しながら

片足のズボンを抜きます。もう片方を自分で足から抜かせ、あなたに手渡させます。「よくできました！ ズボンが脱げたわね！」と言って、ごほうびをあげます。

3．子どもを立たせ、ズボンをひざまで下ろします。子どもの手は親指をウエストの内側に入れて、ズボンの両側をもたせます。「ズボンを脱いで」と言い、子どもの手に手を添えて、ズボンを足首まで下ろします。子どもを座らせます。子どもは自分でズボンを脱ぎ、あなたに手渡せるはずです。「よくできました！ ズボンが脱げたわね！」と言って、ごほうびをあげます。

4．手を貸さなくてもひざからズボンを脱げるようになったら、次は太ももの途中から脱ぐのに手を貸します。その次は腰から、そしてウエストから、と進みます。

5．あなたがボタンやファスナーをはずしたあとは、まったく手助けがなくても子どもが自分で全部下ろし、脱げるようになるまで、徐々に手助けを減らしていきます。これでズボンを脱ぐことがマスターできました！

## 7．ズボンをはく（とめ具は閉めなくてよい）

### ≫環境設定

ウエストがゴムになったショートパンツか下着のパンツから始めます。長ズボンよりもこれらのほうが簡単です。子どもを座らせて足をズボンに通させ、次に立ち上がって引っ張り上げさせます。ボタン、スナップ、ファスナーなどがついている場合は、子どもの代わりに閉めます。

### ≫プログラム

1つのステップをマスターし、手助けなしに4回か5回のトレーニングを通して成功するようになったら、次のステップに進みます。ごほうびを用意しておきましょう。

1．子どもを座らせ、両足にズボンを通してから立ち上がらせます。子どもの腰までズボンを引っ張り上げます。次に、子どもの親指をウエストの内側に入れるようにして、ズボンの両側をもたせます。「ズボンをはいて」と言い、子どもの手に手を添えてズボンをウエストまで上げます。「よく

できました！　ズボンがはけたわね！」と言ってごほうびをあげます。
2．ズボンを太ももの途中まで上げます。子どもの親指がウエストの内側に入るようにして、ズボンの両側をもたせます。「ズボンをはいて」と言います。手を添えて、ズボンを腰まで上げます。子どもにウエストまで上げさせます。「よくできました！　ズボンをはけたわね！」と言って、ごほうびをあげます。
3．1や2と同じ方法で、ひざまでズボンを上げてやったあと、子どもに手を貸しながらズボンをはかせます。それができたら、あなたがはかせるのは足首までにします。
4．子どもの隣に座り、片足をズボンに通します。子どもの手でズボンをもたせ、それに手を添えながら、「ズボンをはいて」と言います。手を貸しながらもう片方の足をズボンに通させます。子どもを立たせ、手を貸さずにズボンを上げさせます。ほめて、ごほうびをあげます。
5．子どもを座らせ、ズボンをもたせて、「ズボンをはいて」と言います。手を貸して、片方の足をズボンに通させます。添えた手を放します。子どもは自分でズボンがはけるはずです。このステップができるようになったら、このスキルをマスターしたということです。あなたがズボンを渡したら、子どもは手助けがなくてもズボンがはけるようになっているでしょう。

## 8．靴下をはく

### ≫環境設定

少しゆるめの靴下を使います。

ベッド、床、イスなど、子どもにとってやりやすい場所に座らせ、あなたはその隣に座ります。

1回の練習の間に、少なくとも一度は両方の靴下をはかせるようにしましょう。

手助けをしなくても4回か5回、1つのステップをうまくできるようになるまで、そのステップを繰り返し行い、徐々に手助けを減らしていきます。

### ≫プログラム

1つのステップをマスターし、手助けがなくても4回か5回のトレーニン

グを通して成功するようになったら、次のステップに進みます。ごほうびを用意しておきましょう。

1．子どもを座らせ、片方の靴下を足首まで上げます。次に、必要に応じて手を貸しながら、子どもの両手の親指を靴下の内側に入れ、靴下を上まで上げさせます。「よくできました！　靴下がはけたわね！」と言い、ごほうびをあげます。

2．あなたが靴下を上げるのはかかとまでにします。「靴下をはいて」と言い、ここでも、必要なら手を貸します。「よくできました！　靴下がはけたわね！」と言い、ごほうびをあげます。

3．靴下をつま先にかぶせるだけにします。「靴下をはいて」と言い、必要なら手を貸します。「よくできました！　靴下がはけたわね！」と言い、ごほうびをあげます。

4．靴下を渡し、子どもの両手を足のほうに誘導しながら、「靴下をはいて」と言います。必要があれば手を貸します。靴下がはけたら、「よくできました！　靴下がはけたわね！」と言い、ごほうびをあげます。

一気に上達するものではないことを忘れないでください。どのスキルにも共通するのは、徐々に手助けを減らしながら、言葉による指示とほめ言葉を与え続けることです。

## 9．かぶるタイプのシャツを着る

### ≫環境設定

半そでのシャツまたはアンダーシャツから始めましょう。そのほうが、長そでよりも簡単です。

最初はゆるめのシャツを使います。普段着ている服より1サイズ大きな物がいいかもしれません。はじめはタートルネックの服は避けます。

シャツを広げて前面を下にして置き、すそをそでぐりの方向に半分ほど巻き上げておきます。

【注意】これは、ほとんどの人が服の着方を習う方法とは違います。そのため、最初はわかりにくく、へんな方法に思えるかもしれません。子どもに教える前に自分でやってみたりほかの家族に試してもらったりして、このプログラムが使う方法に慣れておきましょう。かぶる服を子どもがすでにほと

んど自分で着られる場合は、このプログラムの方法に切り替える必要はありません。

　手助けがなくても4回か5回成功できるようになるまで、1つのステップを繰り返し、徐々に手助けを減らしていきます。

## ≫プログラム

　子どもが1つのステップをマスターし、手助けがなくても4回か5回のトレーニングを通して成功するようになったら、次のステップに進みます。ごほうびを用意しておきましょう。

1．子どもの前に立ち、子どもの両腕にシャツをそでまで通します。次に腕を頭の上に上げさせ、シャツのえりぐりが頭上にくるようにします。腕をやさしく誘導して下げ、脇につけさせます。これで、頭がシャツのえりを通るはずです。「シャツを着て」と言って、子どもの両手で、すそを巻き上げた部分に親指が入るようにしながらすそをもたせます。必要なら手を貸しながら、シャツをウエストまで下ろします。「よくできました！　シャツが着られたわね！」と言って、ごほうびをあげます。

2．子どもの両腕をシャツのそでに通し、腕を上げさせてから、「シャツを着て」と言います。必要なら手を貸しながら、腕を脇に揃えて下ろさせます。シャツのすそを下ろして着終えるように、言葉で指示します。それができたら、「よくできました！　シャツが着られたわね！」と言って、ごほうびをあげます。

3．子どもの両腕をシャツのそでに通します。次に「シャツを着て」と言って、必要なら手を貸しながら、両腕を上げさせます。子どもが腕を下ろしてシャツのすそをウエストまで下ろせたら、「よくできました！　シャツが着られたわね！」と言って、ごほうびをあげます。

4．片方の腕だけシャツに通します。手を貸して、すでにそでに通してあるほうの手で巻き上がったすそをつかませ、「シャツを着て」と言います。必要なら手を貸しながら、もう片方の腕をそでに通させます。自分でシャツを着終えたら、「よくできました！　シャツが着られたわね！」と言って、ごほうびをあげます。

5．すそを巻き上げたシャツを子どもに渡し、手を貸してすそをもたせてか

ら、「シャツを着て」と言います。必要なら手を貸しながら、もう片方の腕をそでに通させます。自分でシャツを着終えたら、「よくできました！シャツが着られたわね！」と言って、ごほうびをあげます。

6．すそを巻き上げたシャツを子どもに渡し、手を貸してすそをもたせてから、「シャツを着て」と言います。必要なら手を貸しながら、片腕をそでに通させます。次に手を貸してシャツのすそをもった手を放させ、すでにそでで通したほうの手であらためてすそをもたせます。ここからは、もう自分でできるはずです。「よくできました！　シャツが着られたわね！」と言って、ごほうびをあげます。これは一番難しいステップなので、ほかのステップよりも多く練習することになるでしょう。

7．シャツの前面を下にしてベッドの上に広げ、「シャツを着て」と言います。子どもの手でシャツの後ろ身頃のすそをもたせ、手を貸しながらすそをそでぐりまで寄せさせます。ここからは自分でできるはずです。「よくできました！　シャツが着られたわね！」と言って、ごほうびをあげます。このステップをマスターしたらシャツを着る作業は完全にできることになります。シャツを広げてあげたら、手助けがなくてもシャツを着られるでしょう。

## 10．前ボタンのブラウスやシャツやコートを着る
　　（ボタンはとめなくてよい）

### ≫環境設定

　最初は、半そでのブラウスやシャツを使います。そのほうが扱いやすいからです。はじめのうちは、かなり大きめの余裕があるサイズの物にしましょう。

　手を貸すときは、子どもの後ろに立ちます。

　このプログラムで使う方法は多くの人がブラウスやシャツを着る方法とは違うため、最初に自分で試したり、ほかの家族と試したりすることをおすすめします。ブラウスまたはシャツをベッドの上に置き、それぞれのステップを通して進めます。ややこしく見える部分もありますが、最初に自分で試してみれば、非常に簡単だということがわかります。

　前身頃を上にして、ベッドの上にブラウスを広げます（えりが自分の側に

くるようにします)。ベッドの上に置いたまま、前身頃を開きます。

　子どもへのごほうびを用意しておきましょう。

　最初にこのプログラムを練習するときは、下記の順番に従ってすべてのステップを行いながら子どもにブラウスを着せます。これを、4回か5回の練習が終わるか、あなたも子どももこの方法に慣れてやりやすくなったと感じるまで繰り返します。子どもがやる気を見せたら、ほめてごほうびをあげることを忘れないように。その後、プログラムに沿ってステップごとに練習しましょう。

## ≫プログラム

1. ベッドの上にイラストのように広げてあるブラウスのえり側と向かい合うように、子どもを立たせます。子どもがブラウスのほうに身をかがめるように誘導しながら、「手を通して」と言います。手を貸して、子どもの両腕をそでぐりとそでに完全に通します。通ったら、子どもをまっすぐ立たせます。
2. このとき、子どもの腕はブラウスの背中の側に出ています。子どもの両手にブラウスのすそをもたせます。
3. 「ブラウスを頭の上に上げて」と言いながら、手を添えて子どもの手を頭の上まで上げさせます。
4. あなたの手と子どもの手をブラウスから放し、手を貸しながら子どもの腕を脇に沿って下ろさせます。ブラウスは自然に着た位置におさまるはずです。
5. 子どもの手に手を添えて背中に回させ、ブラウスをもたせて、すそを下ろして仕上げさせます。「ブラウスを下ろして」と言います。
6. 子どもの両手で前身頃の左右の端をそれぞれもたせ、誘導して正面で合わさせます。「よくできました！　ブラウスが着られたわね！」と言って、ごほうびをあげます。ブラウスまたはシャツのボタンはあなたがとめます。1つのステップをマスターし、手助けがなくても4回か5回のトレーニン

グを通して成功するようになったら、次のステップに進みます。ごほうびを用意しておきましょう。はじめは手を貸して、ステップ1から5を行います。そこで手を放し、必要なら手伝いながらステップ6（ブラウスの前身頃を引っ張って合わせる）をします。「よくできました！　ブラウスが着られたわね！」と言って、ごほうびをあげます。

　次は、ステップ4の後で添えた手を放します。「ブラウスを引っ張って下ろして」と言い、必要なら手を貸しながらステップ5（ブラウスの後ろ身頃を下ろす）を行います。その後、子どもが前身頃を引っ張って合わせることができたら、ほめてごほうびをあげましょう。

　この調子で、ステップを1つマスターするたびにその1つ前のステップで手助けをやめていき、最終的にはあなたがベッドにブラウスを広げて置いたら手助けがなくても1人で着られるようにします。

　次には、必要なら手を貸しながらベッドの上にブラウスを広げさせます。できたらほめて、ごほうびをあげましょう。

　違うやり方で子どもがすでにブラウスを着る方法を部分的にマスターしていて、身についた方法で教えたいと思われる場合はそうしてかまいません。どのようなステップに分ければいいか、自分で書き出してみましょう。

## 11．靴をはく（ひもは結ばなくてよい）

### ≫環境設定

　ローファーか、浅いひも靴を使います（スニーカーは足にぴったり合いすぎて扱いが難しく、最初に教えるのに向きません）。

　ひも靴を使うときは、ひもを十分にゆるめ、舌革を引っ張って口を広げておきます。

　子どもを、ベッド、床、イスなど座りやすいところに座らせ、あなたはその隣に座ります。

　1回の練習の間に、少なくとも一度は両方の靴についてプログラムを行います。

　ごほうびを用意しておきましょう。

## ≫プログラム1

子どもの手に手を添え、誘導しながら次のステップを通して行います。

1. 靴底を下にして、はこうとする足の反対の子どもの手のひらに靴をのせます（左の靴をはこうとするときは右手、右の靴をはこうとするときは左手）。「靴をはいて」と言います。
2. つま先を靴に入れます。
3. もう片方の手（左の靴をはこうとしている場合は左手）の人差し指を靴のかかとに入れ、手を貸しながら靴を引っ張ってかかとにかぶせます。
4. 子どもの足を床につけ、手を貸しながら足を踏ん張って足全体が靴に入っていることを確かめます。立ち上がらせたほうがいいかもしれません。できたら、「よくできました！　靴がはけたわね！」と言って、やる気を見せたことに対してごほうびをあげます。靴ひもを結びます。

手助けがあれば靴がはけるようになったら、ステップごとの練習を始めます。プログラム2に進みましょう。

## ≫プログラム2

まず、手を添えてプログラム1のステップ1、2、3を行います。

添えた手を放し、子どもにステップ4（靴に足を押し込む）をさせます。「靴をはいて」と言います。必要なら手を貸します。

靴がはけたら、「よくできました！　靴がはけたわね！」と言って、ちゃんとできたことに対してごほうびをあげます。

ステップ4が（4回か5回）できるようになったら、ステップ2のあとで添えた手を放します。

必要なら手を貸しながらステップ3（人差し指を使って靴をかかとにかぶせる）を行います。ここは一番難しいステップなので、次のステップに進めるようになるまでに何度も練習しなくてはならないかもしれません。

これを繰り返して、ステップを1つマスターするたびに、手を放すステップを1つずつ減らしていき、最後には手助けがなくても靴がはけるようにし

ます。
　この時点ではまだ、ステップごとに「靴をはいて」とうながすことが必要かもしれません。この指示も徐々になくして、手助けなしに全部のステップができるようにしましょう。

## 12．ファスナーを上げる

### ≫環境設定
　前面にファスナーがついている服から始めます（上着やセーターなど）。これらのほうが、脇にファスナーがついているもの（スカートなど）や手の届きにくいところにファスナーがあるもの（ズボンやワンピースなど）よりも簡単です。
　子どもにとってファスナーの引き手がもちにくい場合は、ひもをつけた小さな物（根付けなど）やキーホルダーをつけましょう。

### ≫プログラム
　1つのステップをマスターし、手助けがなくても4回か5回のトレーニングを通して成功するようになったら、次のステップに進みます。ごほうびを用意しておきましょう。
1．ファスナーがオープン式の場合はあなたが端を合わせ、胸部の中ほどまで上げます。子どもの左手でファスナーの下端をもたせ、下方に引かせておきます。子どもの右手でファスナーの引き手をもたせます。「ファスナーを上げて」と言います。子どもの手に手を添え、誘導しながら残りの部分を閉め、「見て！　ファスナーが上げられたわね！」と言って、ごほうびをあげます。
2．子どもの胸部の中ほどまでファスナーを上げます。次に「ファスナーを上げて」と言いながら、ファスナーの下端を子どもの左手でもたせます。子どもの手に添えた右手を放し、必要なら誘導しながらファスナーを上げます。「よくできました！　ファスナーが上げられたわね！」と言って、ごほうびをあげます。
3．子どもがその長さをマスターするたびに、子どもがファスナーを閉め始める位置を5～6センチずつ下げていきます。ファスナーの下端は、引き

続き手を貸して支えます。子どもがファスナーを閉めるたびにほめます。ファスナーの最初だけ合わせれば残りを全部閉められるようになったら、下端を支える手助けを徐々に減らします（ステップ４）。

４．子どもに、右手でファスナーを全部閉めさせますが、上端から５〜６センチのところで下端を支えている左手に添えた手を放し、「ここをしっかりもって」と言います。手助けなしにファスナーを閉めさせます。できたら、ほめてごほうびをあげます。

５．回を重ねるごとに、ファスナーの下端を支えている子どもの手に添えた手を放す位置を、５センチずつ下げていきます。これを繰り返して、最終的には下端を合わせるところだけすれば、手助けなしにファスナーをすべて閉められるようにします。これでこのスキルが完全にマスターできました！

前面のファスナーを問題なく閉められるようになったら、ズボンやスカートのファスナーの練習を始めます。ファスナーが小さいと固定することや閉めることが難しいので、またステップ１から始める必要があるかもしれません。どのステップから始めるかにかかわらず、はっきりした言葉で指示を与え、１つのステップをマスターするごとに、たくさんほめてごほうびをあげましょう。

## 13．ボタンをとめる

### ≫環境設定

ボタンが大きく、また、ボタンホールを通りやすいものほど作業は簡単です。中央のボタンだけを残して、それ以外のボタンは全部とめておきます。

中央のボタンが子どもにとって一番見やすいので、最初はそこから始めましょう。説明と指示は女の子のブラウスに対するものです。男の子の場合、ボタンは反対側にあるので、プログラムの左と右の指示はすべて逆にします（そしてもちろん、「ブラウス」という言葉の代わりに「シャツ」を使います）。お母さんが女の子に教える場合、お母さんはお父さんのシャツを着ましょう。男の子に教えるときは自分のシャツを着ます。子どもの正面に立つことによって、お母さんは子どもが鏡に映ったような状態になり、子どもはお母さんの動作をまねることができます。お父さんが男の子に教える場合は、子ど

ものの隣に立ちます。手を貸す場合には、子どもの隣か後ろに立ちます。
　練習の間にそれぞれのステップの手本を見せることができるように、自分もブラウスかシャツを着ておきます。ごほうびを用意しておきましょう。ボタンをとめる動作には、4つの主要なステップがあります。
1．ボタンホールを広げて固定する。
2．ボタンを入れる。
3．ボタンホールに通すためにボタンをつまむ。
4．ボタンホールの縁を引っ張って、ボタンにかぶせる。
　次のプログラムでは、さかのぼり連鎖を使ってこれらのステップを練習します。

## ≫プログラム

　1つのステップをマスターし、手助けがなくても4回か5回のトレーニングを通して成功するようになったら、次のステップに進みます。ごほうびを用意しておきましょう。
1．ボタンをボタンホールに半分通し、そのボタンを支えます。「ブラウスのボタンをとめて」と言って、手を貸しながら、子どもの左手の親指と人差し指で服のボタンホールの縁をつままませ、次にそれを引っ張ってボタンにかぶさせます。「よくできました！　ブラウスのボタンがとめられたわね！」と言い、ごほうびをあげます。
2．ボタンをボタンホールに半分入れたあと、子どもの右手の親指と人差し指でボタンをつままませます。次にボタンホールの縁を引っ張ってボタンをくぐらせるところを子どもにさせ、仕上げさせます。「よくできました！　ブラウスのボタンがとめられたわね！」と言って、ごほうびをあげます。
3．あなたがボタンホールを広げて固定し、子どもには左手の親指と人差し指でボタンの縁をつままませます。「ボタンを押して」と言って、手を貸しながらボタンをボタンホールに入れさせます。右手でボタンの反対側をつまむことを子どもが忘れていたら、そうするようにうながします。ここまでできたら、仕上げにボタンホールの縁を引っ張ってボタンをくぐらせるところは自分でできるはずです。できたら、ほめてごほうびをあげます。
4．手を貸しながら、子どもの右手の親指と人差し指でボタンホールをもた

せます。このとき、親指の先がボタンホールの中に入るようにします。子どもが左手でボタンをボタンホールに入れるときに、ボタンホールをくぐったボタンを右手の親指と人差し指でつかめるように、手を貸して子どもの右の人差し指を移動させます。仕上げは自分でできるはずです。できたら、ほめてごほうびをあげます。

　**【注意】**ステップ4には、2種類の動作が含まれています。ボタンホールを開いて固定する動作と、人差し指を移動してボタンをつかむ動作です。普通はこの2つをひとつながりの動作として行うため、両方を一緒に練習します。

5．手助けがなくても中央のボタンがとめられるようになったら、あなたが最初にとめるボタンを1つ減らし、必要に応じて手を貸しながら、子どもがすべてのボタンをとめられるようになるまでこれらのステップを繰り返します。

　次は、前面についた小さめのボタンや、脇についたボタンをとめる練習を始めます。これらのボタンをとめることは最初に練習したボタンよりも難しいので、はじめのほうのステップに戻る必要があるかもしれません。はっきりとした言葉で指示すること、たくさんほめること、その時々に応じてごほうびをあげることを忘れないようにしましょう。

## 14．衣服をハンガーにかける

　このプログラムにとりかかる前に、子どもは服のボタンがとめられ、ファスナーを上げられる必要があります。

### ≫環境設定

　木製の大きめのハンガーを使います。それをベッドの上に置きます。

　最初は、子どもにとって扱いやすい衣服で練習します。シャツ、ブラウス、軽い上着などがいいでしょう。服は、前面を上にし、すそが手前になるようにベッドの上に置きます。

　子どもの手がクローゼットのハンガーレールに届かない場合は、スツールを用意します。ごほうびを用意しておきましょう。

付録C　身辺自立スキルの練習プログラム

## ≫プログラム

1．ハンガーを手にとり、右手にもちます。「ハンガーをもって」と言います。
2．ここではベッドの上に平らに置かれた上着で練習します。左手で上着の左肩をもち上げ、「上着をこうやってもって」と言います。
3．右手にハンガーをもって上着の左そでに滑らせて入れ、上着とハンガーをそのままベッドの上に置いて、両手を放します。「ハンガーをここに入れて」と言います。
4．左手でハンガーを軽く押して、ハンガーをきちんと押し込みます。「ハンガーをここまで押して」と言います。
5．右手で上着の右肩をもち上げます。「上着のここを上げて」と言います。
6．ハンガーの服がかかっていない部分に、服の右肩をかけます。「上着をハンガーにかけて」と言います。
7．上着のえりに近いボタンをとめます。これで、上着はハンガーから落ちなくなります。「上着のボタンをとめて」と言います。
8．ハンガーのフックのあたりをもち、ベッドからもち上げて、クローゼットにかけます。「上着をクローゼットにかけて」と言います。

　【注意】フックをもってハンガーをもち上げないようにします。そうしてしまうと、クローゼットのレールにかけるときに手の位置を動かさなければならないからです。

　1つのステップをマスターし、手助けがなくても4回か5回のトレーニングを通して成功するようになったら、次のステップに進みます。ごほうびを用意しておきましょう。

　子どもの手に手を添えながら、ステップ1から7まで通して行います。誘導しながら、今何をしているところなのかを子どもに教えます。ここで手を放し、「上着をクローゼットにかけましょう」と言います。必要なら手を貸しましょう。できたら「よくできました！　上着がかけられたわね！」と言って、ごほうびをあげます。

　次は手を添えながらステップ1から6を行います。ここで手を放し、「上

着のボタンをとめて」(または「ファスナーを上げて」) と言います。この部分で必要なら手を貸します。それができたら「上着をクローゼットにかけて」と言います。この部分は、もう1人でできるはずです。

　この方法を繰り返し、子どもが1つのステップをマスターするたびに1ステップずつ早く手を放して、最終的には手助けがなくてもハンガーに衣服をかけるという動作のすべてのステップを1人でできるようにします。

　言葉で指示しただけで衣服をハンガーにかけられるようになったら、今度は一度に1つずつ指示を減らしていきます。最後の「上着をクローゼットにかけて」からなくし、最終的にはまったく指示がなくてもすべてのステップが1人でできるようにします。

## 15．手をふく

### ≫環境設定

　大きなタオルを使います。タオルを二つ折りにしてタオル掛けにかけ、滑り落ちないように、タオル掛けのすぐ下で両端を合わせて安全ピンを使ってとめます。

　タオル掛けが子どもにとって手の届きやすい高さであることを確認しましょう。高すぎる場合は幅の広いスツールを用意し、その上に子どもを立たせます。

　ごほうびを用意しておきましょう。

### ≫プログラム1

　子どもの手に手を添え、次のステップを通して行います。
1．子どもの片手をタオルの向こう側に入れます。
2．こちら側の手のひらをふきます。
3．その手をひっくり返し、手の甲をふきます。
4．乾いたほうの手を、タオルの向こう側に入れます。
5．こちら側の手のひらをふきます。
6．その手をひっくり返し、手の甲をふきます。「よくできました！　手がふけたわね！」と言い、やる気を見せたことに対してごほうびをあげます。
　手助けがあれば手がふけるようになったら、手助けを徐々に減らしていき

ます。プログラム2に進みましょう。

## ≫プログラム2

　まず、手を添えてプログラム1のステップ1～5を行います。添えた手を放し、必要があれば子どものひじに手をかけて誘導し、ステップ6をさせます。「よくできました！　手がふけたわね！」と言います。きちんとできたことに対してごほうびをあげます。

　4回か5回のトレーニングを通してステップ6ができるようになったら、ステップ4のあとで添えた手を放し、必要に応じて誘導しながらステップ5と6をさせます。

　このやり方を繰り返して、子どもが1つのステップをマスターするたびに1ステップずつ早く手を放し、最終的には子どもが1人でこの動作をできるようにします。

## 16．手を洗う

　このプログラムを始める前に、手をふくことができる必要があります。

## ≫水遊びをする

　実際に手を洗う練習を始める前に、水遊びをして、手の上を水が流れる感覚に慣れさせるといいでしょう。少し水を入れたプラスチックの洗いおけに、小さなプラスチックの容器をいくつか入れます。手を貸しながら小さな容器に水をくみ、それを子どもの手に注ぎます。冷たい水で手を洗うことを習得するために、ここでは冷たい水を使いましょう。

　固形石けんを子どものもちやすい大きさに切り、洗いおけに入れます。手を貸しながら石けんを水から取り出し、小さな容器に入れます。こうすることで、水にぬれて滑りやすい石けんをつかんだり、手の中にもっておいたり、放したりする練習ができます。この遊びで身につくスキルのおかげで、手を洗う練習が、あなたにとっても子どもにとっても簡単になるでしょう。

　また、手を洗う練習を始める何週間か、または何カ月か前から、子どもの手を洗うときにはプログラムに書かれたステップをたどって行うようにしましょう。実際の練習がもっと簡単になります。

## ≫ 環境設定

　普段手を洗うたびに練習しましょう。ここでは固形石けんの例を取り上げますが、液体石けんを利用してもいいと思います。その場合は、子どもが石けんを出しすぎてしまわないように、押し手の所に「1かい」とか「1」など押すべき回数を示しておきます。

　洗面台が高すぎる場合は、土台の広い、低いスツールを使います。

　子どもの手のひらにのる大きさに固形石けんを切ります。こうすれば子どもが扱いやすいからです。また、新しい石けんのほうがもちやすいです。

　石けんが洗面台の外に滑り落ちないように、石けん台かぬれタオル、またはぬれたペーパータオルなどを置きます。

　冷水の蛇口に、明るい色のテープかマニキュアで印をつけます（1つの蛇口から温水と冷水の両方が出る場合は、練習の前に水温を調節しておきます）。

　ごほうびを用意しておきましょう。

## ≫ プログラム1

　子どもの後ろに立ち、子どもの手に手を添えて、次のステップを通して誘導します。

1. 蛇口をひねって冷水を出します。
2. 子どもの両手を蛇口の下にもっていきます。「手を洗って」と言います。
3. 石けんを、片手か両手のうち子どもがしやすいほうでとらせます。
4. 子どもの両方の手のひらの間で、石けんをこすります。まず片手に石けんをもたせてもう片方の手をそれでこすり、次に石けんをもち替えるという方法がやりやすいかもしれません。
5. 石けんを洗面台に戻します。
6. 片手の甲を、もう片方の手の石けんのついた手のひらでこすります。
7. もう片方の手の甲を同じようにこすります。
8. 両手を蛇口から出る水の中に入れて、石けん分がなくなるまで両手をこすり合わせ、洗い流します。

　「よくできました！　手が洗えたわね！　水道を止めましょう」と言います。手を貸して、水道を止めます。

　【注意】ステップ4、6、7を行うときは、いつも同じ側の手から始めるよ

うにします。決まったやり方のほうが、子どもにとって覚えやすいからです。
　子どもによっては、水道を止めることそのものがごほうびとなる場合もあります。子どもがこれを楽しいと感じるなら、それで問題ありません。しかし、別のごほうびを与えたほうがやる気が出ると思われる場合は、きちんとできたことに対してごほうびをあげましょう。
　手を貸せば手が洗えるようになったら、ステップごとの練習を始めます。プログラム2に進みましょう。

### ≫プログラム2

　1つのステップをマスターし、手助けなしにそのステップを4回か5回のトレーニングを通して成功するようになったら、前のステップに戻ります（さかのぼり連鎖）。
　手を貸して、プログラム1のステップ1～7を行います。添えた手を放し、必要に応じて手を貸しながら子どもの手の石けんを洗い流します（ステップ8）（子どものひじに手を添えて、流れる水の中に手が入るよう誘導します）。「よくできました！　手が洗えたわね！」と言います。必要なら手を貸して水道を止めてから、ごほうびをあげます。
　ステップ8をマスターしたら、ステップ6のあとで添えた手を放します。「手を洗って」と言いながら、必要に応じて（子どものひじに手を添えて）誘導しつつ、片方の手の甲をもう片方の手の石けんのついた手のひらでこすります。石けんを洗い流す部分は、もう自分でできるはずです。必要なら手を貸して、水道を止めます。「よくできました！　手が洗えたわね！」と言って、ごほうびをあげます。このやり方を繰り返し、1ステップずつ順番にあと戻りして練習しましょう。

## 17．歯をみがく

### ≫環境設定

　毛のやわらかい、子ども用サイズの歯ブラシを使います。毛が硬い場合は蛇口から出るお湯の中に入れ、やわらかくします。歯みがき粉は味の良いものにします（刺激の強いものや、からいものは避けます）。子ども向けの商品があるので、それを使うとよいでしょう。事前に、歯ブラシに歯みがきをつけ

ておきます。

　トレーニングの時間は、朝起きたとき、食後、寝る前がいいでしょう。手を貸すときは子どもの後ろか隣に立ちます。子どもが鏡を見られるように、必要なら土台の広いスツールか箱を使います。

　1つのルールを覚えておきましょう。歯ブラシは、歯が生えている方向に動かします。上の歯は下向けに、下の歯は上向けに動かしましょう。ごほうびを用意しておきます。

　子どもの手に歯ブラシをもたせ、4回か5回のトレーニングの間、手を貸して下記のステップを通して行います。子どもが協力できたことをほめ、ごほうびをあげるのを忘れずに。その後、プログラムに書かれたステップに沿って練習していきます。

　**【注意】** 子どもに電動歯ブラシを使わせたい場合は、プログラムの中の指示を場合に応じて変更する必要があります。

## ≫プログラム

1. 「歯を見てみましょう」と言います。子どもに鏡を見せ、あなたの歯を映します（唇を開き、歯を合わせて笑顔を作ります）。「よくできました！歯が見られたわね！」と言います。
2. 歯ブラシを子どもの前歯に当てます。歯ブラシを上下に動かしながら、「歯ブラシを上と下に動かしましょう」と言います。引き続き、口の中の左側の歯の表面で歯ブラシを上下に動かし、また前歯に戻ります。
3. 歯ブラシを子どもの口から出し、歯ブラシが口の右側に向くように子どもの手首の向きを変えさせます。歯ブラシを子どもの歯に当て、右側の歯を上下にみがきます。歯ブラシを口から出し、子どもに水を一口飲ませて口の中をゆすがせます。「水をはいて」と言います。どうすればいいのか子どもがわからない場合は、手本を見せます。
4. 「口を大きく開けて」と言います。このステップは、鏡を見ながら行います。「歯ブラシを前と後ろに動かして」と言い、上の左側の歯の根元と内側を前後の動きでみがきます。次に、右側の歯にも同じ

ことをします。歯ブラシを口から出し、子どもに水を一口飲ませて口の中をゆすがせます。

5．「もう一度、口を大きく開けましょう」と言います。「歯ブラシを前と後ろに動かして」と言って、まず下の左の奥歯を、次に右の奥歯をみがきます。歯ブラシを口から出し、水を一口飲ませて口の中をゆすがせます。「よくできました！　歯がみがけたわね！」と言ってほめ、協力できたことに対してごほうびをあげます。

　子どもの手に手を添え、ステップ1〜4を子どもと一緒にしてから、ステップ5を次のように誘導します。

1．4回か5回のトレーニングを、子どもの手首に手を添えて行います。
2．4回か5回のトレーニングを、子どもの手首とひじの間に手を添えて行います。
3．4回か5回のトレーニングを、子どものひじに手を添えて行います。
4．手を添えず、みがく部分を指さしながら、言葉で指示を与えてそのステップの動作をさせます。

　子どもの手に手を添え、ステップ1〜3を子どもと一緒にしてから、ステップ4を上の手順で行います。ステップ5以降は言葉で指示しただけでできるはずです。このやり方を1ステップごとに繰り返し、最終的には手助けがなくても子どもが歯をみがけるようにします。しかし、ステップごとに言葉による指示は与えます。

　言葉による指示だけで歯がみがけるようになったら、指示を一度に1つずつ減らし、最終的には「歯をみがいて」という1つの指示だけで歯がみがけるようにします。その後、歯ブラシに歯みがきをつけることと、歯をみがいたあとに歯ブラシを洗うことを教えます。

## 18．顔を洗う

### ≫環境設定

　子どもを鏡の前に立たせます。そうすることで子どもは自分の動作を見ることができ、子どもが気が散るのが防げます。また、練習がより楽しくなります。洗面台が高すぎる場合は土台の広いスツールを使いましょう。

　トレーニングは食事のあとに行います。顔が汚れていたほうが、洗ったあ

とできれいになるということがより理解しやすいからです。あなたと子どもの両方がプログラムに慣れてきたら、あなたが子どもの顔を洗おうと思うときにいつトレーニングをしてもかまいません。

　子どもがぬれタオルだけできちんと顔を洗えるようになるまで、石けんは使わないようにします。あらかじめタオルをぬらし、二つ折りにして、子どもの手の回りにミトンのように巻きつけます。ごほうびを用意しておきましょう。

## ≫プログラム1

　子どもの後ろに立ちます。子どもの手に手を添え、1ステップごとに言葉による指示を与えながら、次のすべてのステップを通して行います。

1．ぬれタオルで片方のほおをこすります。「ほっぺたを洗って」と言います。
2．あごをこすります。「あごを洗って」と言います。
3．もう片方のほおをこすります。「ほっぺたを洗って」と言います。
4．上唇と口をこすります。「口を洗って」と言います。
5．鼻をこすります。「鼻を洗って」と言います。
6．額をこすります。「おでこを洗って」と言います。

　「よくできました、顔が洗えたわね」と言い、協力できたことに対してごほうびをあげます。

　手助けがあれば顔を洗えるようになったら、ステップごとの練習を始めます。プログラム2に進みましょう。

## ≫プログラム2

　1つのステップをマスターし、手助けなしに4回か5回のトレーニングを通して成功するようになったら、次のステップに進みます。ごほうびを用意しておきましょう。

1．子どもの手に手を添えて、プログラム1のステップ1～5を行います。ここで添えた手を放し、「おでこを洗って」と言います。このとき、子どもの額を指さします。必要に応じて手を貸します。手助けは徐々になくしていかなければなりません。まず手首に手を添えて誘導し、その後はひじ

に手を添える、というようにします。子どもが額を洗い終わったら、「よくできました！　顔が洗えたわね！」と言って、ごほうびをあげます。
2．ステップ4のあとで添えた手を放し、「鼻を洗って」と言います。このとき、子どもの鼻を指さします。必要に応じて手を貸します。子どもが鼻を洗い終わったら、額を指さして「おでこを洗って」と言います。それが終わったら、「よくできました！　顔が洗えたわね！」と言って、ごほうびをあげます。
3．この方法を繰り返し、子どもが1つのステップをマスターするたびに1ステップずつ早く手を放して、最終的には手助けがなくても顔が洗えるようにします。この段階ではまだ、顔のそれぞれの部分を指さし、言葉で指示を与えています。
4．顔の部分を指さすことを徐々になくしていきますが、言葉による指示は与えます。言葉で指示するだけで顔が洗えるようになったら、その指示を一度に1つずつ減らし、最終的には自分だけで顔を洗うすべてのステップができるようにします。

## 19．20．お風呂に入る（体を洗う、ふく）

### ≫環境設定

　滑らないように、体を洗う場所にはゴムのマットか大きなバスタオルをしきます。

　手の届きやすい場所に、小さな固形石けんとタオルを置きます。体をふくために子どもが使いやすい大きさのタオルを用意しておきます。

　絵などで洗う手順を書いてラミネーターでとじると浴室に貼りつけることができます。体を洗うときには道具も工夫しましょう。大好きなキャラクターのスポンジにすると本人の動機づけもあがります。背中を洗うときには手が届かないので、タオルを2枚つなげてタスキ状にするような工夫も考えられます。

　楽しいお風呂の時間にしましょう。お風呂用のおもちゃを近くに置いておき、体を洗い終わったら少し遊ばせます。

## ≫体を洗うステップ

1. タオル（スポンジ）に石けんをつける。
2. 泡立てる。
3. 片手を洗う（腕・手・手のひら）。
4. 反対の手を洗う。
5. 片足をこする（裏側、足の裏も忘れずに）。
6. 反対の足もこする。
7. 胸を洗う。
8. おなかを洗う。
9. 背中を洗う。
10. わきを洗う。
11. 股間とお尻を洗う。
12. シャワーや洗面器のお湯で体の石けんを洗い流す。
13. タオルの石けんを洗い流す。

**【もう１つの方法】シャワーを浴びる**　お風呂よりもシャワーを浴びる方法を教えるほうが難しいです。この場合、男の子はお父さんと、女の子はお母さんと一緒に入るのが最も簡単でしょう。それぞれのステップの手本を見せ、徐々に手助けを減らします。この過程をこなすには非常に時間がかかりますが、最終的にはシャワーの外から見ていればいいようになります。シャワーをきちんと浴びられるようになったら、髪を洗うことを教えることができます（331ページ参照）。

## ≫体をふくことに要するステップ

体をふくステップは体を洗うステップと同じです。この２つのスキルは同時に教えたほうがいいでしょう。

子どもの体を洗ったりふいたりするときに、「腕」「お尻」といったように、体の名称を教えながら行うといいでしょう。

## ≫プログラム

さかのぼり連鎖を使い、子どもが手助けなしに３回か４回のトレーニングを通してそのステップができるようになるまで１つのステップを繰り返しま

す。そのステップをマスターしたら次のステップに進みましょう。

　最初は、体を洗うこととふくことのそれぞれについて、最後のステップ以外のすべてのステップをあなたが行います。

　練習中のステップについては、必要に応じて言葉による指示と実際の手助けをします。

　はっきりとした言葉で指示を与えることを忘れないように。「足を洗いましょう」「腕を洗いましょう」「足をふきましょう」「腕をふきましょう」などと指示します。

　子どもが1つの課題をこなすたびに、ほめてごほうびをあげます。

　【注意】ほとんどの子どもにとって、体を洗ったあと、お風呂の中で遊ぶこと自体がごほうびとなります。しかし、体をふいたあとにもごほうびをあげることを忘れないようにしましょう。

　言葉で指示しただけで体を洗うこととふくことができるようになったら、これらの指示を一度に1つずつ減らし、最終的には自分で判断して体を洗い、ふくことができるようにします。

　その後、浴室からも徐々に姿を消し、あなたがそこにいなくても子どもが自分でできる動作を1つずつ増やしていきます。最終的には、浴槽にお湯が入っていれば1人で浴室に入り、入浴できるようにします。

## 21．髪をとかす

### ≫環境設定

　あらかじめ、子どもの髪をいくつかに分けておきます。子どもの手に、もって動かしやすい形でブラシをもたせます。

　髪をとかすことは鏡を見ながら教えます。そうすることで動作に対する興味がわきますし、誘導するときに手本を見せることができます。あなたは子どもの後ろに立ち、2人ともが鏡を見ます。

　髪をとかす練習は、なるべく髪がもつれていないときにしましょう（例えば、髪を洗った後などは最適とは言えません）。

　ごほうびを用意しておきましょう。

　最初は、子どもと一緒に子どもの髪をとかします。4回か5回のトレーニングの間、以下のプログラムのステップを通して行います。子どもが協力的

であったら忘れずにほめ、ごほうびをあげます（例：「鏡がきちんと見られたわね！」「きちんと座れたわね！」）。次に、プログラムのステップに沿って、手助けを減らしていきます。

## ≫ プログラム

1. 子どもが右手にブラシをもっている場合は、最初に左側をとかします。一部分にブラシを入れ、子どもの頭の左側に沿って下までブラシを動かします。「ブラシを下に動かして」と言います。最初のほうのトレーニングでは、ゆっくりとやさしく誘導します。髪の毛のもつれを強く引っ張ったりすることは避けます。痛い思いをすると、髪をとかしたいという気持ちがなくなってしまうおそれがあるからです。
2. 子どものブラシをもっていないほうの手で、ブラシのあとについて髪の毛をなで下ろさせます。「髪の毛をなでて」と言います。
3. ブラシをもった手を頭の上に上げさせます。「ブラシを下に動かして」と言います。後ろの髪を、ブラシを上から下まで3回動かしてとかします。ブラシを動かすごとに、「髪の毛をなでて」と言いながら、あいたほうの手でブラシのあとをなで下ろさせます。
4. 右側の髪をとかします。ブラシでとかすたびに、そのあとをあいたほうの手でなで下ろさせます。毎回、「ブラシを下に動かして」と言い、次に「髪の毛をなでて」と言います。終わったらほめます。「きれいになったわね！　髪の毛がとかせたわね！」と言いましょう。とてもかわいらしくなったことを伝えます。女の子の場合は、かわいいリボンや髪どめをつけることが特別なごほうびになるかもしれません。

手助けをなくすステップは5つあります。手助けがなくても子どもが簡単にでき、もっとできるという様子を見せるまで、1つのステップを繰り返します。子どもが身につけた最大限のスキルを発揮できるようにしましょう。すべてのステップを通して、次のように誘導します。
1. 子どもの手首に手を添えます。
2. 子どもの手首とひじの間に手を添えます。

3．子どものひじに手を添えます。
4．手は添えず、言葉の指示だけを与えます。最初は、とかす必要がある場所を指さして教えなければならないかもしれません。
5．子どもにブラシを渡し、「髪の毛をとかして」という指示だけを与えます。

　一度に上達することはないということを忘れないようにしましょう。トレーニングのプログラムを通して、手助けをだんだん減らしていきます（このとき、ほめ言葉とごほうびはいつも与えます）。

　完全に自分で髪がとかせるようになっても、ほめることは続けましょう。それによって、髪をとかすことが子どもの日課の一部になっていくからです。ブラシの使い方をマスターしたら、同じ方法でくしを使う方法を練習します。

　もつれた髪の毛はどうしたらいいのでしょうか。手を貸して、もつれた部分を引っ張らないようにしながら髪の毛のその部分を頭の上にもち上げさせます。ブラシのほうがくしよりも使いやすく、引っ張りも少ないので、もつれはくしでとかす前にブラシでほどきましょう。

## 22．髪を洗う

　シャワーで髪を洗う練習をする場合は、シャワーを浴びることに慣れている必要があります。

### ≫環境設定

　「目にしみない」シャンプーを使いましょう。しかし万一のときのために、手近にタオルを置いておきます。また子どもによってはシャンプーハットのような器具を使ってもいいでしょう。

　シャワーで髪を洗うことを教えたいと思う人も、洗面台で教えたいと思う人もあるでしょう。それぞれの家庭の状況に応じて選んでください。

　シャワーで教える場合は、シャワーを浴びた最後に髪を洗います。シャワーの外に立って子どもに手を貸すことになることが多いでしょうが、ぬれてもかまわない服装をしておきましょう。

　洗面台で教える場合は、髪をぬらしたりシャンプーを流したりするのに洗面器を使うと便利です。特に、お湯と水が別々の蛇口から出る洗面台では役

に立ちます。

　このプログラムはシャワーで教えることを想定しています。しかし洗面台を使う場合のステップも基本的には同じです。

　【注意】子どもによっては、手鏡を見せることがごほうびになります。頭が泡だらけになったところを見せてみましょう。また、シャンプーを流して泡がなくなったところも見せましょう。

## ≫プログラム

1．髪の毛をよくぬらします。
2．まず手の上にシャンプーを出し、髪の毛につけます。
3．シャンプーを頭皮にこすりつけ、泡立てます。
4．頭にシャワーを何度か流し、シャンプーを洗い流します。きゅっきゅっという音がするまで、髪の間を手で流します。
5．髪をタオルで乾かします。

　子どもが1つのステップをマスターし、手助けなしに3回か4回のトレーニングを通して成功するようになったら、次のステップに進みます。ごほうびを用意しておきましょう。

　手を貸して、子どもの髪をぬらします。ステップ2〜4はあなたが行い、「髪の毛を乾かしましょう」と言って、必要に応じて手を貸します。乾かし終えたらほめます。

　手を貸して、子どもの髪をぬらします。ステップ2と3をあなたが行い、「シャンプーを流しましょう」と言います。必要に応じて手を貸し、シャンプーが完全に洗い流されたときのきゅっきゅっという音を、子どもに認識させます。子どもに髪を乾かさせ、できたらごほうびをあげます。

　手を貸して、子どもの髪をぬらします。ステップ2をあなたが行い、泡を立て始めます。「シャンプーを髪の毛全体に広げましょう」と言います。徐々に手助けを減らし、最終的には子どもが自分だけでシャンプーを泡立てられるようにします。その後、髪を乾かすところまでを子どもにさせます。忘れずにほめ、ごほうびをあげます。

　手を貸して、子どもの髪をぬらします。子どもに、まず手にシャンプーを出し、次に頭につけるように指示します。必要に応じて手を貸します。髪を

洗い、乾かすところは自分でさせ、忘れずにほめます。
　言葉で指示するだけで髪が洗えるようになったら、その指示を一度に1つずつ減らしていきます。まず「髪の毛を乾かしましょう」という指示からなくし、最終的には指示がまったくなくても自分で髪が洗えるようにします。

## 23．ふとんをしく／しまう（しまう場合は逆を応用します）

　しまうことから練習し、ふとんをしくスキルに移行します。しまうスキルはまくらをしまう、まくらとたたまれたかけぶとんをしまう、かけぶとんをたたみ、かけぶとんとまくらをしまう、というようにステップ化して教えましょう。

### ≫環境設定
　ふとんをしく位置がわからない場合は、最初は畳の上にビニールテープなどでマーキングしておきます。慣れてきたら取り除いても大丈夫です。押し入れからしきぶとん、かけぶとん、まくらをあらかじめ部屋の隅に並べて出しておきます。

### ≫ふとんをしくステップ
　ふとんをしくための細かなステップを示しておきます。「さかのぼり連鎖」で教えていくと取り組みやすいでしょう。
1．まくら、かけぶとん、しきぶとんを押し入れから出す。
2．しきぶとんを開く。
3．しぶとんを枠の中にしく。
4．かけぶとんを広げる。
5．しきぶとんの上にかけぶとんを重ねる。
6．頭の位置にまくらを置く。

### ≫プログラム
　さかのぼり連鎖で教える場合の例を示します。まず最初に、しきぶとんとかけぶとんがしいてある状態で、まず「見ておいてね」と注目を促し、適切な位置にまくらを置くモデルをしてみせます。そして次に「まくら、置いて

ね」と言って子どもにまくらを渡します。しばらくしてもできない場合は軽く誘導して適切な位置に置かせてほめます。

これが十分に定着した後、今度はしきぶとんがしいてあり、かけぶとんがたたんである状態から始めます。先ほどと同様に「見ておいてね」と注目を促し、かけぶとんを広げて適切な位置にまくらを置くモデルをしてみせます。そして次に「かけぶとんとまくら、置いてね」と指示して、うながします。場合によってはポインティングや誘導を行い、成功させてほめます。徐々に手助けを減らしていきこの状態で1人でできるようにします。

次の段階は、子どもさんの今までの指導の状況に応じて、進め方を変えてみます。丁寧に進んだほうがいいと思われる場合は、広げれば枠にセットされるような状態にしきぶとんをしておいて同様に進めます。少しステップを飛ばしてできそうであれば、しきぶとんのセットから始めてもいいでしょう。いずれにせよ、子どもがつまずいたらステップを簡単にするか、手助けを増やすか、ごほうびを変えるような工夫をしてみてください。

## 24．食器を並べる

食器を並べるときの指示に使う言葉（「隣に」「手前に」など）を子どもが理解しているかどうか、また、並べる食器類の名前を知っているかどうかを確認しておきます。

### ≫環境設定

トレーニングを始める前に、テーブルにランチョンマットを並べておきます。こうすることで食器を並べる範囲がわかりやすくなり、また、何組の食器が必要かがわかります。紙やペーパータオルで「お手製の」ランチョンマットを作ることもできます。これにはトレーニングの前に食器の輪郭を描くことができるので、このプログラムに使うにはさらに便利です。

子どもがテーブルに近づきやすいように、イスはテーブルから離しておきます。

お茶わん、お皿、コップ、はしの数をそろえてテーブルに出しておきます。

トレーニングは食事の前に行いましょう。子どもがトレーニングとして並べた食器を使って食事をします。しかし、食事の前以外にトレーニングをし

て、食器を並べたあとにおやつを食べたり、「ごちそうごっこ」をしたりするのも楽しいごほうびになるでしょう。いずれにせよ、ごほうびは用意しておきましょう。

　2回か3回のトレーニングの間は、次のステップに従ってあなたが食器を並べ、子どもにそれを見せます。きちんと見ていたら、それに対してごほうびをあげます。その後、プログラムに書かれたステップに沿って、1ステップずつ練習します。

## ≫プログラム

1.「お皿を並べましょう」と言って、お皿をそれぞれのマットの上に置きます。
2.「お茶わんを並べて」と言って、お茶わんをそれぞれのマットの上に置きます。
3.「お皿を並べて」と言って、お皿をそれぞれのマットの上に置きます。
4.「コップを並べて」と言って、コップをそれぞれのマットの上に置きます。
5.「はしを並べて」と言って、はしをそれぞれのマットの上に置きます。

　1つのステップをマスターし、3回の4回のトレーニングを通して言葉による指示だけでできるようになったら、次のステップに進みます。

　子どもに見せながら、1～4のステップを行います。次に、「はしを並べて」と言います。マットに描かれた輪郭を見せ、どこに置くかを示します。一度に1つずつ、はしを子どもに渡します。できたら、「よくできました！食器を並べるお手伝いができたわね！」とほめます。

　今度は、マットの上に食器の輪郭を描きますが、はしの輪郭は描かずにおきます。子どもに見せながら、1～4のステップを行います。「はしを並べて」と言います。最初の1つはあなたが並べ、次に、一度に1つずつ子どもに渡して並べさせます。「よくできました！　食器を並べるお手伝いができたわね！」とほめます。

　子どもに見せながら、1～3のステップを行います。「コップを並べて」と言います。マットに描かれた輪郭を見せ、どこに置くかを示します。一度に1つずつコップを渡し、必要に応じて誘導しながら並べさせます。次に「よくできました！　今度ははしを並べて！」と言って、子どもにはしを並

べさせます。

　次は、マットの上に食器の輪郭を描きますが、はしとコップの輪郭は描かずにおきます。子どもに見せながら1～3のステップを行い、「お皿を並べて」と言います。最初の1皿はあなたが並べ、その後、一度に1皿ずつ子どもに渡します。必要に応じて誘導しながら、コップを並べさせます。「よくできました！　今度ははしを並べて！」と言います。

　この方法を繰り返して、子どもがマットに輪郭が描かれていなくても1つのステップができるようになったら、あなたがするステップを1つずつ減らしていきます。最終的には、言葉による指示があれば何も描かれていないマットにすべての食器を並べることができるようにします。

　言葉による指示だけで食器が並べられるようになったら、今度はその指示を減らすようにします。まず、最後のはしに関する指示をなくしましょう。「食器を全部並べて」と言います。コップが並べられたら、忘れずにほめます。次はコップに関する指示をなくします。この方法を繰り返し、最終的には「食器を並べて」という1つだけの指示で全部の食器が並べられるようにします。

　食器棚から食器を出し、それをテーブルに置く手伝いもさせましょう。また、イスをテーブルから離し、元の位置に戻す手伝いもさせましょう。

## 25．ほうきで掃く

　このプログラムにはたくさんのスキルが含まれています（ほうきをもつ、大きな紙くずを掃く、家具を動かすなど）。いくつかのスキルはすでに知っているかもしれませんが、学ぶ必要のあるスキルもあるでしょう。最初にプログラムを読み、どの部分が子どもにとって必要かを決めましょう。

### ≫道具

　古新聞紙、マスキングテープ、ちりとり、ダストブラシ、ごみ箱、子どもが扱いやすい大きさのほうき。

### ≫環境設定

　カーペットがしかれておらず、あまり家具の多くない小さな部屋で練習し

ます。台所はたいていこの条件を満たしているでしょう。

　床の中央に、マスキングテープで一辺が1.2〜1.5メートルの大きな正方形を描きます。ごほうびを用意しておきましょう。

## ≫プログラム1

　1つのステップをマスターし、手助けなしに3回か4回のトレーニングを通して成功するようになったら、次のステップに進みます。ごほうびを用意しておきましょう。

1．ほうきのもち方を教えます。手本を見せましょう。「ほうきをもって」と言い、必要なら手を貸して子どもの手の位置を整えます。ほうきの柄の手を置くべき位置にテープで印をつけておくと、役に立つかもしれません。「よくできました！　ほうきがもてたわね！」とほめます。

2．新聞紙を1枚くしゃくしゃに丸め、床に描いた正方形の辺に近い外側に置きます（スタイロフォームのカップをつぶしたものも使えます）。ゆっくりと誇張した動きでこれを正方形の内側に掃いてみせます。新聞紙を正方形の外側に戻し、「床をほうきで掃いて」と言います。

　最初の2、3回は、ほうきで掃く動作に手助けが必要かもしれません。「よくできました！　ほうきで掃けたわね！」と言い、ごほうびをあげます。

3．6〜12個の紙くずを正方形の中に掃き寄せられるようになるまで、新聞紙を丸めたものを一度に1つずつ増やします。

4．正方形から紙くずまでの距離を徐々に増やし、最終的には紙くずを壁際や部屋の隅に置きます。この方法で、部屋の隅々から中央にごみを掃き集めることを学びます。忘れずにほめ、ごほうびをあげます。

5．マスキングテープで描いた正方形を徐々に小さくしていき、最終的には50センチ角にします。このステップでは、子どもはごみ（紙）を床の中央に掃き集めることを学びます。

丸めた新聞紙を部屋の隅々から中央の小さな正方形の中に掃き集めることができるようになったら、ごみを掃く練習を始めます。プログラム2に進みましょう。

## ≫プログラム2
　新聞紙を丸めたものと細かいごみには大きなへだたりがあります。そこで、新聞紙をちぎって丸めることで、紙くずをだんだん小さくしていきます。
　子どもの進度に合わせて紙くずを小さくしていき、最終的にはかなり小さな紙くずでも正方形の中に掃き集められるようにします。
　ここで、丸めた紙くずを掃くことから、床のごみを掃くことに切り替えます。これは子どもには大変なことかもしれません。そのときはまず、手本を見せます（また、たくさんのごみがあり、掃いているものが簡単に目に見える状況のほうがやりやすいでしょう。食後などがいいかもしれません）。
　「床をほうきで掃いて」と言い、ごみを正方形の中に掃き集めさせます。
　ほとんどのごみを掃き集められたかどうかを確認します。必要なら、いくらかのごみをあらかじめ掃き集め、子どもに仕上げをさせる方法でもいいでしょう。子どもが掃くごみの量を徐々に増やしていきます。よくできたらほめ、ごほうびをあげます。
　床のごみを正方形の中に掃き集めることができるようになったら、ちりとりを使う練習を始めます。子どもがごみを掃き集めたあと、あなたがちりとりを支え、子どもにダストブラシでごみをちりとりに入れさせます。必要に応じて手を貸し、できたら忘れずにほめます。「ごみをごみ箱に入れて」と言って、ごほうびをあげます。
　ちりとりを支えながらダストブラシでごみを入れる方法の手本を見せます。次にダストブラシとちりとりを子どもに渡し、必要に応じて手を貸します。「ごみをごみ箱に入れて」と指示し、必要なら手を貸します。「よくできました！」と言って、ごほうびをあげます。
　次は、イスを動かして、家具の下を掃く練習を始めることができます。台所のイスを動かし、テーブルの下を掃き、イスを戻すやり方を見せます。必要に応じて手を貸しながら、子どもにこの作業をさせます。必要なら、テープを小さく切って、それぞれのイスの位置に印をつけましょう。

## 26. 掃除機をかける

コンセントに入れたり、スイッチを入れたりする以外は、ほうきで掃くことと指導方法はほぼ同様です。どちらから取り組んでもいいでしょう。

## 27. オープン式ファスナーの端を差し込んで合わせる

このスキルの練習を始める前に、手助けなしにファスナーを上げられる必要があります。

### ≫環境設定

大きなファスナーを使います。そのほうが子どもにとって扱いやすいためです。ファスナーの下端が手の届きやすい位置にある、重めのジャンパーまたは重めのニットジャケットから始めましょう。軽い上着は後回しにしたほうがいいでしょう。

練習するときに1つひとつのステップの手本を見せられるよう、自分でも前がファスナーになった上着を着ておきましょう。子どもに手を貸すときは、子どもの隣か後ろに立ちます。

### ≫プログラム

1つのステップをマスターし、手助けがなくても4回か5回のトレーニングを通して成功するようになったら、次のステップに進みます。ごほうびを用意しておきましょう。

1. 子どもがファスナーを見ていることを確認しながら、子どもの左手の指をファスナーの蝶棒の周囲に置きます。子どもの右手はチェーンのあたりに置きます。子どもの手に手を添えながら、「ファスナーを合わせて」と言い、蝶棒をもち上げてそれ全体を箱の中に入れます。「よくできました！　ファスナーが合わせられたわね！」と言います。次に、子どもの左手に手を添え、ファスナーの箱をもたせます。添えた右

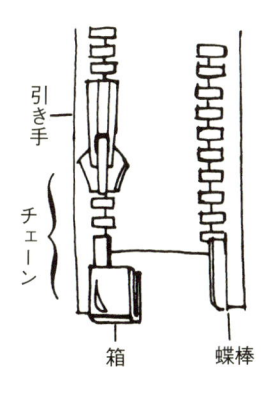

手を子どもの手から放します。右手で引き手をもち、それを引き上げるように指示します。

2. 子どもの手に手を添え、蝶棒を箱に入れる途中まで手を貸します。「ファスナーを合わせて」と言います。添えた左手を放し、子どもに蝶棒を箱の奥まで押し込ませます。子どもが右手でファスナーを上げ始めるとき、子どもの左手が箱をもつのを補助します。

3. これまでのステップと同じように、手を貸しながら右手でチェーンを固定させます。次に「ファスナーを合わせて」と言い、蝶棒を箱の中に、すべて自分で入れさせます。「よくできました、ファスナーが合わせられたわね」と言います。ファスナーを閉め始めるときに下端を固定しておかなければならないことを子どもが忘れた場合は、そうするようにうながします。忘れずにごほうびをあげます。これで、子どもは左手でファスナーの蝶棒を全部自分で入れられるようになりました。次は、子どもがファスナーを固定している右手から、徐々に手助けを減らしましょう。

4. 子どもが蝶棒を箱に入れるたびに、少しずつ早く添えた右手を放すようにします。最終的にはまったく手を貸さなくても子どもがこの動作をできるようにしましょう。このステップは難しいので、ほかのステップよりも習得に時間がかかるかもしれません。

大きなファスナーを合わせることがマスターできたら、もっと小さなファスナー（軽い上着）での練習を始めましょう。必要があれば手を貸します。もう一度、ステップ1から始める必要があるかもしれません。

## 28．靴ひもを結ぶ

### ≫環境設定

白と黒、2組の靴ひもを使います。それぞれのひもの4分の1は切り落とします。

黒いひもの切り口と白いひもの切り口を結び合わせ、1本のひもにします。次に残り2本のひもを結び合わせ、もう片方の靴のひもにします。

ひもの黒い側が子どもの左側（靴をはいた状態で）、白い側が右側に出るように、靴にひもを通します。

子どもが動作をしやすい姿勢を選びます（イスに座る、片足をスツールまた

付録C　身辺自立スキルの練習プログラム

はイスに置いて立つ、イスに座って身をかがめる、など)。

　練習は、子どもが普段靴をはく時間に行います。また、靴をテーブルの上に置き、子どもがはいているのと同じ向きにして（かかとを手前に、つま先を向こう側にして）、何度も練習しましょう。必ず、練習用の靴に白と黒のひもを通しておきます。これは難しいプログラムなので、子どもに教える前に、自分ですらすらできるまで自分で練習したり、ほかの家族と練習したりしましょう。ごほうびを用意しておきます。

　**【注意】**この難しい練習をやり遂げたときには、子どもに何か特別なごほうびをあげるのもいいでしょう（ずっとほしがっていたおもちゃなど）。また、毎回の練習のときには、いつものごほうびもあげましょう。

## ≫プログラム
### ◆最初の結び目を作る

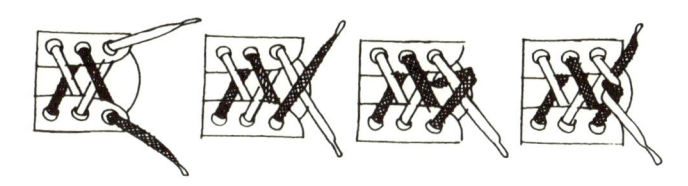

1. 右手に白のひも、左手に黒のひもを、それぞれ親指と人差し指ではさんでもち、引っ張って締めます。締めたら、ひもを放します。
2. 白いひもをかかとの左側の方向に向けて斜めに置き、放します。黒いひもを白いひもの上に交差するように置き、放します。
3. 黒いひもの先を右手でもちます。黒いひもの先を白いひもの下にくぐらせ、靴のつま先の方向に引いてから、放します。
4. 白いひもの先を左手で、黒いひもの先を右手でもちます。両方を引いて締め、手を放します。

　子どもが1つのステップをマスターし、手助けがなくても4回か5回のトレーニングを通して成功するようになったら、次のステップに進みます。

　まず、ステップ1〜3を子どもの代わりにしてみせます。手を貸しながら子どもの右手に黒いひもの先を、左手に白いひもの先をもたせて、「ぎゅっと引っ張って」と言います。必要があれば手を貸します。できたら、「よく

できました！　結び目ができたわね！」と言って、ごほうびをあげます。

次は、ステップ1と2をしてみせます。手を貸しながら子どもの右手に黒いひもの先をもたせ、それを白いひもの下にくぐらせて靴のつま先の方向に引かせます。「両方のひもをぎゅっと引っ張って」と言葉で指示します。子どもが結び目を作れたら、ほめてごほうびをあげます。

この方法を繰り返し、ステップを1つマスターするたびに、最初にしてみせるステップを1つずつ減らして、最終的には手助けがなくても子どもが最初の結び目を作れるようにします。次に、ちょう結びを作るプログラムに進みましょう。

◆ ちょう結びを作る

1．左手の親指と人差し指で、黒いひもの結び目から3分の1のところをもちます。

　右手の親指と人差し指で、同じひもの結び目から3分の2のところをもちます。

　右手を黒いひもの結び目のところにもってきて、輪を作ります。

　子どもの右手の親指と人差し指で輪になった黒いひもの根元をしっかりともたせ、左手を放します。

　輪になっている黒いひもを、輪のてっぺんが靴の左側にくるように横向けにして、白いひもの上に置きます。

2．右手で白いひもをもち、ひもの先がつま先を向くように、黒いひもの輪の上に置きます。ひもを放します。

3．左手の親指と人差し指で、黒いひもの輪の結び目に近い部分をしっかりと押さえます。

4．右手の人差し指を、白いひもの結び目から3分の1のところに置きます（白いひもの先は、まだつま先に向いています）。

　白いひもを、靴のかかとのほうに向け、黒いひもの輪の裏側から輪の中に通します。右手の人差し指を放します。

　できた白いひもの輪を右手の親指と人差し指でもち、引いて両方の輪を締めます。

1つのステップをマスターし、手助けがなくても4回か5回のトレーニングを通して成功するようになったら、次のステップに進みます。ごほうびを

用意しておきましょう。最初の結び目の作り方を教えるときに、同じ方法でちょう結びを作ることを教えます。

　最初は、最後のステップだけを残して、すべて子どもの代わりにしてみせます。子どもがあるステップを練習しているときは、必要があれば言葉で指示をし、手も貸します。場面に応じて、はっきりとした言葉で指示をします。「ひもを引っ張って」「輪を押さえて」「ここを押さえて」「両方の輪をぎゅっと引っ張って」などの指示を与えます。

　子どもがこの難しくてなじみのない動作をマスターするまで、それぞれのステップについてほめ、ごほうびをあげることを忘れないでください。

　黒と白のひもを使って靴ひもが結べるようになったら、必要に応じて手を貸しながら普通の靴ひもで練習しましょう。

## 29．ベルトをベルト通しに通す

### ≫環境設定

　子どもが扱いやすいベルトを使います。子どもの手が小さい場合はそれほど幅の広くないもの、また、子どもが小さいものを上手に扱えない場合はそれほど幅のせまくないものがいいでしょう。

　ズボンは、ベルトを通しやすい、大きめのベルト通しがついているものを選びます。練習の時間は、普段ズボンをはくことになっている時間にしましょう。

　作業を簡単にするために、ズボンを脱いだ状態で練習します。こうすれば子どもには自分がしていることが全部見え、ベルトを通すために背中に手を回す必要がありません。

　ごほうびを用意しておきましょう。

　ベルトを通すことは、服を着るときのほかの多くのスキルとは違います。体に直接身につけるものを扱うわけではないからです。ですから、1回の練習の間に数回、今したことを元に戻してまた練習するということも、それほど不自然ではないでしょう（小さな子の場合は、これを遊びにしてしまうことができます。「電車がトンネルをくぐるよ」「ヘビが穴をくぐるよ」などという遊びが考えられますね）。その日の練習時間の最後にベルトが通せたら、子どもにズボンをはかせ、手を貸してベルトをとめるステップをさせましょう。ベ

ルトを通すスキルが身についたら、次はベルトをとめるスキルを教えることになるからです。

## ≫プログラム

　子どもが1つのステップをマスターし、手助けがなくても4回か5回のトレーニングを通して成功するようになったら、次のステップに進みます。ごほうびを用意しておきましょう。手助けなしに4回か5回成功するようになるまで、徐々に手助けを減らしながら1つのステップを繰り返し行います。それから次のステップに進みましょう。

1．あなたがベルトを全部通します。そうしながら、何をしているのか子どもに説明します。「ベルトを通しているのよ」と言いながら、どのように「ベルトをベルト通しに入れ」、「それを通すか」を見せます。
2．ベルトをベルト通しに通し、最後の輪だけ残します。最後の輪にベルトの剣先を入れかけた状態で「ベルトを通して」と言います。子どもにそれを通させて、できたら、「よくできました！　ベルトが通せたわね！」と言い、ごほうびをあげます。
3．ステップ2と同じようにしますが、ベルトを通しかけて子どもに仕上げさせる輪を、一度に1つずつ増やしていきます。全部の輪に対してこれができるまで続けます。
4．最後の輪以外について、ベルト通しの輪に剣先を入れ、子どもにそれを通させます。最後の輪では、「ベルトを入れて」と言って、子どもにベルトを入れるところもさせます。最初の2、3回は、必要ならベルトを輪に入れるところには手を貸して誘導しましょう。
5．最後の輪にベルトを入れ、引っ張って通すということがマスターできたら、同じことを最後の2つの輪についてさせ、次に最後の3つの輪に……という風に繰り返し、最終的にはベルト全体を自分で通させます。

　言葉で指示するだけでベルトを通せるようになったら、指示を一度に1つずつ減らし、最終的には「ズボンにベルトを通して」という1つの指示だけで自分でベルトが通せるようにします。このスキルが身についたら、ズボンをはいた状態でベルトを通させる練習をすることもできます。その場合、背中側については手助けが必要になるでしょう。そしてまた徐々に手助けを減

らして、自分だけでこの作業ができるようにしていきます。

## 30．ベルトのバックルをとめる

### ≫環境設定

このプログラムを始める前に、ベルトをベルト通しに通せる必要があります（「ベルトをベルト通しに通す」プログラム参照）。

使うベルトは、子どもが扱いやすい大きさのバックルがついたものにします。ベルトの剣先がバックルの先のベルト通しに通る程度の長さのベルトを使います。ベルトはやや長めのほうがバックルをとめやすいからです。

子どもがズボンをはき、ベルトがベルト通しに通っている状態で始めます。あなた自身もベルトを身につけておきましょう。そうすれば、ステップの手本を見せることができます。子どものそばの、手本を見せることも誘導することもしやすい位置に立ちます。ごほうびを用意しておきましょう。

まず、子どものベルトを一緒にとめることから始めます。下記のステップを、子どもの手に手を添え、言葉の指示を与えながら、4回か5回のトレーニング時間を通して行います。子どもがやる気を見せたら忘れずにほめ、ごほうびをあげましょう。その後、プログラムの概要に沿って手助けを減らしていきます。

### ≫プログラム

1．片手にバックルをもちます。「バックルをもって」と言います。
2．もう片方の手で、ベルトの剣先をバックルに入れます。「ベルトをバックルに通して」と言います。
3．片手で剣先をゆるく引っ張り、もう片方の手でバックルを体に押しつけます。「引っ張って」と言います。
4．片手で剣先を引っ張ったまま、もう片方の手でピンの先を一番近い穴に入れます。「これを穴に入れて」と言います。
5．片手でバックルのピンのついていない側（もしあれば）を浮かせ、もう片方の手でその下に剣先を入れます（このステップが必要ない種類のベルトもあります）。「これを通して」と言います。
6．片手で剣先をベルト通しに入れます。「これをベルト通しに通して」と

言います。
7．もう片方の手で、剣先を引っ張りかけます。「ベルトを引っ張って」と言います。

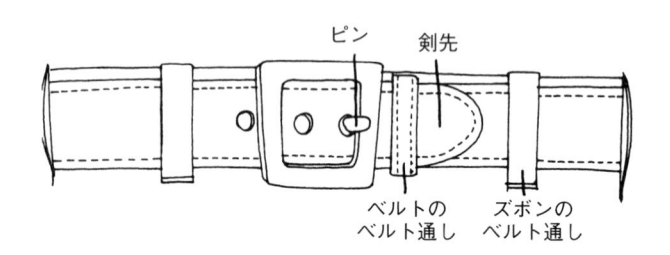

（図：ピン、剣先、ベルトのベルト通し、ズボンのベルト通し）

　子どもが1つのステップをマスターし、手助けがなくても4回か5回のトレーニング時間を通して成功するようになったら、次のステップに進みます。
　まず、子どもと一緒にステップ1～6を行います。その後、あなたが自分のベルトの先をどのようにベルト通しに通すかを子どもに見せます。「ベルトをベルト通しに通しなさい」と言葉で指示してから、必要なら手を貸しながら子どものベルトを通させます。できたら、「よくできました！　ベルトがとめられたわね！」と言ってほめ、ごほうびをあげます。
　次は、子どもと一緒にステップ1～5を行います。ステップ6（ズボンのベルト通しにベルトの先を入れる）を手本として見せます。「ズボンのベルト通しにベルトを通して」と言い、必要なら手を貸します。ステップ7は、子どもが自分でできるはずです。できたら忘れずにほめてごほうびをあげましょう。
　この方法を繰り返して進めます。まず新しいステップをやって見せ、次に言葉で指示を与え、必要なら手を貸しながら子どもにさせます。それぞれのステップを教わるにつれて、子どもができる作業はだんだん増えていき、最後には自分だけで全部できるようになるでしょう。ステップを1つマスターするたびに忘れずにほめてあげましょう。
　言葉で指示するだけでベルトのバックルがとめられるようになったら、その指示を一度に1つずつ減らし、最終的には「ベルトをとめて」という1つの指示を与えれば子どもが1人でベルトをとめられるようにします。

# 付録D
# 遊びスキルの練習プログラム

**目　次**

**ひとり遊びのスキル**
スタッキングリング　348ページ
ビーズ遊び　350ページ
パズル　352ページ
絵合わせ　353ページ

**みんなと遊ぶスキル**
玉入れ　356ページ
ボール遊び　357ページ
展覧会　358ページ
お芝居遊び　360ページ

　この付録Dでは、遊びのスキルを学ぶプログラムを紹介します。1人で遊ぶスキルと、大勢で遊ぶスキルが含まれています。

## ◆ ひとり遊びのスキル

　この項では、4つの遊びを学ぶ短いプログラムを紹介します。それぞれのスキルの到達目標は、あなたが一緒にいなくても、子どもが1人で楽しんで遊べるようになることです。
　スタッキングリングは、教えやすく、学びやすいスキルの1つです。ビー

ズ遊びは、店でおもちゃを買う必要がありません。パズルにはやや難しい点があります。店に並んでいるパズルのうち、子どもにとってどれが最適かを判断しなくてはなりません。絵合わせはより上級の、学校の勉強に似た遊びです。

これらの遊びを選んだ理由は、幼い子どものほとんどはこれらのおもちゃで遊ぶからです。子どもがやや年長の場合は、ここにあげたものと同じ種類の遊びや学習ができるおもちゃのうち、より年齢にあったものを探しましょう。

こういった遊びの中で子どもの身につくものは何でしょう。まず、どの遊びにも、座ることと、注意を向けることが含まれています。また、どの遊びも目と手を同時に使います。これによって子どもの協応運動能力が発達し、スプーンをもったり字を書いたりするというほかの活動の役に立つことになります。さらに、1人で遊ぶことが身につくことによって、周囲の世界に対して、一部であっても自分がコントロールしているという感覚を得ることができます。そして最後に、といっても重要度は決して低くないのですが、遊ぶことは楽しいのです。

## ≫ スタッキングリング

### ◆ 道具
支柱と6つのリングがあるスタッキングリング。

### ◆ 環境設定
まず、1番目に大きなリングと2番目に大きなリングを使います。残りのリングは見えないところに置きます。トレーニング時間は短くしましょう(10分以内が適当です)。ごほうびを用意しておきましょう。

### ◆ プログラム:リングを取りはずす
1. 2つのリングを支柱に通します。
2. 片手で支柱の土台をしっかり支えます。もう片方の手を子どもの手に添え、上側のリングに誘導します。
3. 支柱を子どものほうに傾けて、「リサ、リングをはずしましょうね」と言います。必要に応じて誘導します。
4. 時間をかけて手助けをなくしていき、最終的には言葉による指示と、次

にはずすリングを指さす動作でうながすだけにします。
- ◆ **プログラム：リングを通す**
1．大きなほうから２つのリングを使います。まず、そのうちの大きなほうから始めます。
2．片手で支柱の土台をしっかり支えます。もう片方の手を子どもの手に添え、リングをもって支柱の先まで誘導します。「リサ、リングを入れましょうね」と言います。
3．添えた手も子どもの手もリングから放し、リングをそのまま土台まで落とします。
4．徐々に手助けをなくし、最終的には言葉による指示とうながす（指さす）動作だけで子どもがこの２つのリングを支柱に通せるようにします。
- ◆ **次のステップ**

一度に１つずつ、時間をかけてリングを増やします。増やすときは、子どもの手の届く位置に新しいリングを置きます。また、片手で支柱の土台を支えることを教えます（最初は手を貸します）。

- ◆ **上級のステップ**

子どもが全部のリングを支柱に通せるようになったら、正しいリングを選ぶことを教えます。１番大きなリングと１番小さなリングから始めましょう。これらのリングを子どもの前に置き、大きなほうを指さして、「大きいほうをとりましょう」と言います。次は２番目に大きなリングと２番目に小さなリングを使って同じことをします。どのような組み合わせの２つのリングからも大きいほうを選べるようになったら、一度に１つずつ、時間をかけてリングの数を増やし、最終的には全部のリングを子どもの前に置いても正しいものを選べるようにします。

- ◆ **最終ステップ**

子どもに遊びを始めさせ、子どもがリングを通している間は一緒に座りますが、うながす言葉や動作はできるだけ少なくします。時間をかけて、徐々に遠くにいるようにします。ただし時々そばに戻り、忘れずにほめてごほうびをあげましょう。

## ≫ビーズ遊び

### ◆ 道具

　短い靴ひもと、大きな穴が開いた木製またはプラスチック製のビーズを使います（または、ビーズに似たほかの物でもかまいません）。たいていの場合、子どもは明るい色のついたものを好みます。ほかの家族も参加させたいと思うなら、子どもの兄弟姉妹、お父さん、おばあちゃんなどに声をかけ、一緒に糸のなくなった糸巻きやマカロニに色をつけて、それでビーズ遊びを教えることもできます。

### ◆ 環境設定

　ビーズ遊びに使うテーブルや床の上に、必要以外の物がないことを確認します。ビーズが抜けないように、靴ひもの一方の端に大きな結び目を作っておきます。ごほうびを用意しておきましょう。

### ◆ プログラム：ビーズを抜く

　あらかじめ靴ひもに通した5個か6個のビーズまたは糸巻きで始めます。

1. 子どもの手に手を添え、最後に通したビーズに誘導します。「ピート、ビーズをはずしましょうね」と言います。
2. 必要なら手を貸して、ビーズを抜かせます。
3. 手助けを徐々になくし、最終的には子どもが自分でビーズを1つずつ抜き取れるようにします。

### ◆ プログラム：ビーズを通す

1. 何も通っていない靴ひもで始めます。子どもに見せながら、1つのビーズを通します。
2. 次のビーズを通し始めます。「ピート、ビーズを通しましょうね」と言います。靴ひもの端をもち、あいたほうの手を子どもの手に添えて、そのビーズを靴ひもの結び目を作った端まで通させます。子どもが自分で通せるようになるまで、これを繰り返します。
3. ビーズを通し始めるときに、子どもが手に靴ひもの端をもつように靴ひもを渡します。必要なら手を貸します。

### ◆ 次のステップ

1. ビーズの通し始めを教えます。靴ひもの端をもち、子どもにビーズを渡しながら「ピート、ビーズを通しましょうね」と言います。もう片方の手

で手を貸しながら、靴ひもの先とビーズの穴を一直線にします。
2．子どもが自分で靴ひもの先にビーズを入れられるように、徐々に手助けを減らします。
3．片手で靴ひもをもち、その先をビーズの穴に自分で入れるやり方を教えます。最初は手を添えて誘導する必要があるかもしれません。

◆ さらに進んだステップ

　子どもが自分でビーズを通せるようになったら、この遊びを使って色を教えることができます。違う色のビーズ（または糸巻きかマカロニ）を子どもの前に置き、ある色のビーズを通すように言います。「赤を通しましょう」「青を通しましょう」などと言い、そのつど正しい色のビーズを指さします。しばらくしたら、指さしをなくします。また、色を交互に通させるのもいいでしょう。最初は2色（赤、青、赤、青）、次は3色（赤、青、黄、赤、青、黄）で通し、そのあとでもっと色を増やすことができます。色を使う代わりに、大きさの違うもの（大きい、小さい）で同じステップを練習することもできます。

◆ ほかの遊びへの応用

　ビーズ遊びを応用したものに、ソーイングカードがあります。ソーイングカードはビーズ遊びと同じく目と手の協応運動を使いますが、少し難しくなります。子どもがビーズや糸巻きをひもに通すことをマスターしたら、これを試してみましょう。

　お気に入りのぬり絵の本から好きな絵を選ばせ、色をぬらせます。次に、その絵を切り抜いて厚紙に貼りつけます。そして、絵の輪郭に沿っていくつもの穴を開けます。靴ひもの一方の端に結び目を作ります。最初は、あなたがひもを穴に入れ、手を貸しながら子どもにひもを通させる必要があるかもしれません。1つの穴から次の穴へ移動するやり方を子どもに教えます。手助けを徐々になくしていくうちに、最後には子どもが自分で絵全体の周囲にひもが通せるようになるでしょう。

　【注意】おもちゃ屋さんには、たくさんの種類の楽しそうで安いソーイン

グカードが並んでいます。頑丈で、大きな穴の開いたものを選びましょう。

## ≫パズル
### ◆道具
紙製のパズルより木製のもののほうが高価ですが、木製をおすすめします。大きなピースがいくつかあるだけの、簡単なものを選びましょう。このイラストの型はめパズルはそれぞれのピースがそれぞれの穴の形に作られているので、簡単に穴に入れることができ、はじめてのパズルに最適です。うまくできるようになってもっと難しいパズルを使いたくなった場合は、20ピース以上の木製パズルを使うといいでしょう。

### ◆プログラム
1つのピースを入れるところから始めます。ほかのピースは、すべて穴に入れたままにしておきます。ごほうびを用意しておきましょう。

1．ピースを少しだけ穴から出します。「チャールズ、パズルを入れましょうね」と言います。必要なら、少し手を貸して誘導します。
2．同じピースを、今度は半分ほど出します。「チャールズ、パズルを入れましょうね」と言い、必要に応じて誘導します。
3．子どもにそのピースを渡します。正しい穴を指さし、「チャールズ、パズルを入れましょうね」と言います（必要に応じて手を貸しますが、あまり早く手を出さないようにします。最初は、子どもに少し自分で試行錯誤させましょう）。
4．ほかのピースのそれぞれについて、これを繰り返します。ただし、一度にはずすピースは1つだけにします。徐々に手助けをなくし、最終的にはあなたがテーブルに置いたピースを子どもが自分で入れられるようにします。

### ◆次のステップ
今度は、2つのピースをはずします。

1．1つのピースを渡して、「チャールズ、パズルを入れましょうね」と言い

ます。そのピースが入れられたら、もう1つのピースを渡します。
2．ピースを2つともテーブルの上に置き、「チャールズ、パズルを入れましょうね」または「パズルをしましょうね」と言います。

　子どもが1つのピースに手間取り、いらいらしているようなら、ステップを戻って少し手助けします。

### ◆ さらに進んだステップ

　最終的にはあなたが全部パズルをはずしても、全部入れられるようになるでしょう。しかしこれは最終目標であることを忘れないようにし、少しずつ進めましょう。

### ◆ 最後のステップ

　子どもがパズルを始めたら、あなたはその場から少しずつ遠ざかります。いくつかのパズルができるようになったら、全部のパズルのピースを混ぜ合わせて、新しいゲームにすることができます。そうすると当然、子どもはそれぞれのピースをより分けてパズルを完成させるのにこれまでよりも長い時間を必要とするでしょう。こういった遊びは、子どもがそれぞれのパズルを十分にマスターしたあとでのみ行いましょう。

### ◆ ほかの遊びへの応用

　パズルには、非常に簡単なものから非常に難しいものまでいろいろあります（何年かかっても仕上げられないものまで！）。パズルに似たものとして、ブロック遊びがあります。これもまた、難しさに幅があります。ブロックは小さい子に大変人気のあるおもちゃです。その理由の1つは、それを使って非常にいろいろなことができるからです。積み上げたり、くずしたり、並べたり、数えたり、色を合わせたり、文字を作ったりということが考えられます。お城も作れるし、トンネルや、ガレージや、宇宙ステーションまで作れるのです。ブロック遊びを教えるときは、パズルと同じように、子どもに合ったレベルから始めましょう。

## ≫ 絵合わせ

### ◆ 道具

　絵合わせゲーム（おもちゃ屋さんに売っています）。絵合わせには、いくつもの絵が描かれた大きなボードと、それぞれに1つずつの絵が描かれた1組

の小さなカードが入っています。絵が単純で違いがわかりやすいものを使って、ゲームを始めましょう。

◆ **プログラム**

最初は、子どもに1つの絵を合わせさせます。ごほうびを用意しておきましょう。

1. 大きなボードの絵を、1つだけ残してあとは白い紙で隠します。
2. 隠さなかった絵と同じ絵が描かれたカードを子どもに渡します。
3. 「ニーナ、この絵を見つけましょうね」と言います。
4. ボードに描かれた絵の上に、同じ絵の描かれたカードを置くことを教えます。
5. 違う絵について、ボードのほかの絵を隠して、同じことを繰り返します。

【注意】市販のゲームが難しそうな場合は、色や簡単な形を描いただけのセットを手作りしましょう。「絵を合わせる」ことの意味を子どもが理解するまで、そのセットで練習します。

◆ **次のステップ**

1. 隠さない絵を2つにします。まず、1枚のカードを渡します。「ニーナ、この絵を見つけましょうね」と言います。その絵を合わせられたら、もう1枚のカードを渡します。
2. 徐々に隠さない絵を増やし、最後にはボード全体が見えているようにします。子どもには一度に1枚ずつカードを渡して合わせさせます。

◆ **さらに進んだステップ**

絵合わせがどういうものかを子どもが理解したら、もっと選択肢が多かったり、違う種類のものが描かれている絵合わせゲームを買い求めることができます。または、数字や文字を書いたセットを手作りしてもいいでしょう。

◆ **最終ステップ**

一度に1枚ずつ渡したカードを完全に合わせられるようになったら、次のステップを練習します。

1. 2枚のカードを渡して合わせさせます。「2枚とも置けてから、合っている

かどうか見るわね」と言います（必要があれば、言葉などで少しだけ手助けします）。
2．子どもに渡すカードを徐々に増やします。手助けがなくても1組のカードを全部合わせられるようになったら、子どもが遊んでいるときに少し部屋を離れます。部屋に戻ったときには必ず、1人で遊べたことをほめ、ごほうびをあげましょう。

◆ ほかの遊びへの応用

　ビーズ遊びと絵合わせをマスターしたら、ビーズ合わせを教えてみましょう。違う色のビーズをいくつもひもに通し、そのひもを子どもの前に置きます。それと同じものを子どもに作らせます。ここまでに紹介したひとり遊びスキルと同じように、この遊びも次のように進めます。
1．簡単な課題から始めます（例えば、3つのビーズから）。
2．徐々に難しくします。
3．徐々に手助けを減らし、子どもが1人でできるようにします。

## ◆ みんなと遊ぶスキル

　この項では、ほかの人と遊ぶ4つの遊びについて、短いプログラムを紹介します。玉入れとボール遊びはどちらも、ほかの人と遊べ、また、たくさんの応用ができる活動的な遊びです。展覧会は、もっと静かな図画工作プロジェクトです。子どもはほかの子たちと一緒にプロジェクトにとりかかることができます。ほかの子とまったく同じことができる必要はありません。お芝居遊びはさらに上級の遊びで、子どもの想像力を最大限に使って遊びます。ここにあげた遊びは、家族や近所の子どもたちと一緒に楽しむことができ、さらに、どれにも高価な道具などは必要ありません。

　ほかの人たちと遊ぶことから、子どもは何を学ぶでしょうか。ひとり遊びの項で述べたのと同じ面を発達させることができます。注意力、手と目の協応運動、そして自信です。また、自分の番を待つこと、ルールに従うこと、物を人と共有して使うことも学ぶでしょう。つまり、ほかの人たちとつき合う方法をもう少し学べるということです。

## ≫玉入れ

### ◆道具
お手玉。市販品も手作りの物も使えます。手作りする場合は、靴下に生米とポップライスを混ぜたものか、硬い乾燥豆を入れます。的にするためにボール紙の箱に穴を開けたものが使えます。また、かごにお手玉を投げ入れてもいいでしょう。子どもたちや家族を何人か集めて、大きな箱にピエロの顔を描き、目と鼻と口を切り抜いて的にすることもできます。

### ◆環境設定
散らかった物やこわれやすい物のない、戸外か室内の平らな場所で行います。室内で遊ぶときは、ルールを決めておいたほうがいいでしょう（「お手玉は的に向かって投げます。金魚鉢に投げてはいけません」など）。ごほうびを用意しておきます。

### ◆プログラム
1. 子どもを、的から50センチから1メートル離れたところに立たせます。あなたがお手玉を投げます。「お手玉を投げましょう」と言って、子どもにお手玉を渡し、手を貸して投げさせます。
2. うまくできるようになってきたら、手助けを徐々に減らし、的からだんだん遠くに立たせるようにします。

### ◆次のステップ
1. 的から、いくつかの距離に線を引きます。戸外で遊んでいる場合はチョークで、50センチ、1メートル、2メートル、2.5メートル、3メートルのところに引きましょう。室内の場合はマスキングテープで床かカーペットに線を引きます。最初は一番近い線から投げさせ、的に入るたびに後ろに下がらせます。
2. よその子どもたちや家族と一緒に、グループでゲームをします。お手玉が的に当たったり、かごに入ったりしたときにもらえる点数を、距離に応じて決めておきます。チーム分けをし、点数をつけましょう。

付録D　遊びスキルの練習プログラム

◆ ほかの遊びへの応用

　この遊びは、工夫次第でいくらでも難しくすることができます。子どもたちに、いろいろな姿勢でお手玉を投げさせてみましょう（ひざをつく、寝そべる、小さなオットマンの上に立つ、など）。4人以上の子どもがいる場合は、チームを作り、順番が来るたびに違った姿勢で投げさせます。

　また、カップを倒すゲームをすることもできます。3〜6個のスタイロフォームまたは紙のコップを、低いテーブルかイスの上に積み重ねます。お手玉（または小さなゴムのボール）を使って、積み上がったコップを順番に倒しましょう。

　ほかには、ボウリングにも応用できます。プラスチックのボウリングのピンか、洗った空き缶を使いましょう。

≫ ボール遊び

◆ 道具

　子どもの大きさに応じて、大きくて軽いボール（バスケットボールはよい大きさですが、重すぎます）か、小さなゴムのボールを使います。やわらかいフォームボールも多くの子どもに向きます。特に、ボールが飛んでくるのをこわがってよけてしまう子どもにはいいでしょう。

◆ プログラム

　まず、ボールを投げることと受けることの基本を教えます。次に、キャッチボールができるように練習しましょう。

1．子どもの正面に立ちます。子どもの両手を「受ける」形にします（両手を広げてボールをつかむような形です）。ボールを子どもの両手にしっかりともたせ、「ボールを受けましょう」と言います。

2．次に、あなたの手を子どもの手から10数センチ下に差し出します。子どもに、ボールをあなたの手の中に落とすようにという仕草をします（必要なら手を添えて誘導します）。「ボールを投げましょう」と言います。忘れずに「よくできました！　ボールが受けられたわね！」または「ボールが投げられたわね！」と言ってほめます。手助けなしに子どもがあなたの手にボールを落とせるようになるまで、この単純なステップを繰り返します。

3．今度は、30センチほど子どもと離れて立ちます。子どもの手を受ける形

にします。「ボールを受けましょう」と言います。子どもの手にまっすぐ入っていくように、ボールを軽く投げます。「よくできました！ ボールが受けられたわね！」と言います。
4．徐々に子どもとの距離を長くし、必要なら毎回「ボールを受ける手にしましょう」とうながして、子どもの手の中にボールを投げます。

◆ 次のステップ

多くの子どもは、投げるよりも前に受けることを学びます。次のステップのどちらかを使って、投げることを教えましょう。
1．子どもの後ろに誰かに立ってもらいます。子どもがボールを投げる正しい動きを感じられるように、その人が子どもの腕を誘導します。あなたは子どもの前、1メートルほど離れたところに立ちます。
  または次のステップを使います。
2．的に向かって、または的の中に、誘導しながら子どもにボールを投げさせます。あるいは子どもをイスの上に立たせて最初はかごにボールを落とし、やがてかごの中に投げることを教えます。

◆ ほかの遊びへの応用

4人か5人でするキャッチボールの中に、子どもを参加させましょう。キャッチボールができると、ボールを使ったたくさんの簡単な遊びに加われるようになります。


## ≫ 展覧会

ほかの子どもたちや家族たちと一緒にできる図画工作の活動はたくさんあります。それぞれは1人でもできるものですが、ここにこれを加えたのは、このような「みんながそれぞれに自分の割り当てをこなす」というグループ活動には、協力と譲り合いが要求されるものの、厳密なルールや順番に縛られる必要がないからです。また、それぞれの子どもが自分のレベルとペースに従って作業をすることができます。

ここでは、いくつかの基本の図画工作ス

付録D　遊びスキルの練習プログラム

キルを教える方法を紹介します。これらを基礎に、子どもの図工作品を作る能力に応じて内容を調整しましょう。みんなが作品を見てほめることができるように、作品は必ず展示しましょう。

◆ **道具**

家の中には、あなたの子どもやその兄弟姉妹、あるいは近所の子どもたちが工作に興味をもつような材料がたくさんあります。下記に述べるものは、その例です。

◆ **色ぬり**

【初級】輪郭の中をぬる練習をするには、型紙を使います（ステンシル用の型紙を買うこともできますし、自分で作ることもできます。自分で作るときはボール紙のまんなかに単純な図形を切り抜き、そのボール紙を紙にテープでとめます）。型紙の切り抜かれた部分に色をぬる方法を教え、ぬったあと、それが自動的に形になっているのを見せましょう。これはとてもおもしろく、それ自体がごほうびのように感じられるでしょう。ほかの子どもたちの手を借りていくつかの型紙を作り、それを使って色をぬりましょう。

【中級】太い輪郭で絵を描くか、そういう絵をぬり絵の本から選びます。子どもに輪郭の内側をぬらせ、進むにつれてほめることによってごほうびとしましょう。もっと進んだ色ぬりができる子どもを一緒に座らせてやや複雑な絵をぬらせたり、自分で絵を描かせたりすることもできます。

【上級】子どもたちに、形や景色、物などの絵をぬらせます。一緒に壁画を描かせてもいいでしょう。長いクラフト紙を使えば、子どもたちが場所を分け合ってそれぞれに作業をすることができます。スキルの高い子どもが絵を描き、ほかの子がそれをぬることもできるでしょう。

◆ **絵を描く**

【初級】かなり太い絵筆と、大きな絵を描くスペースから始めます。3人か4人の子どもが一緒に作業をするなら、大きな段ボール箱のそれぞれの側面に絵を描くことができます（絵の具が乾いたら、その箱は遊びの台にしたり、切り抜いて玉入れの的や、人形劇の舞台や、おもちゃの家などに使うことができます）。

【中級】マカロニや糸巻きなど、もっと小さな物に絵を描かせます。

【上級】自分で考えたデザインや、形や、景色などを描かせましょう。子

どもたち自身がテーマを選びます。例えば、スポーツ、動物、食べ物、好きな遊びなどが考えられます。

◆ ねんどで遊ぶ

【初級】ねんどがどういうものかを理解させるために、押したり、たたいたり、指をつっこんだり、転がしたりさせましょう。

【中級】子どもに手を貸してねんどを転がし、ソーセージの形を作って鋭くないナイフでいくつかに切ります。また、ねんどをめん棒で延ばし、クッキー型で切り抜いたりもしてみましょう。

【上級】みんなでねんどを使って、動物（ヘビ、ネコ、アヒルなど）や簡単なおもちゃ（トラック、家、自動車など）を作りましょう。

◆ いろいろな図工制作

色をぬること、切ること、貼ること、絵を描くことなどの基本スキルが身につけば、ほかの子たちと一緒にできる活動はたくさんあります。簡単なものの1つは、子どもたちに色紙を細かく切らせ、それを大きな紙に貼りつけてきれいな模様にすることです。より難しい活動には、テーマを決めて（船、動物、スポーツなど）それに関連した写真を雑誌から集め、選んだ写真を展示するといったものがあります。

## ≫ お芝居遊び

最後に紹介するお芝居遊びは、この付録の中でも最も上級といえる活動です。

◆ 道具

静かな場所と数分の時間があれば、ほかには何もいりません。ここにあげたもののいくつかは、車の中でさえすることができます（運転手は参加できませんが）。何人かの子どもたちを集めて遊ぶのも楽しいですが、あなたと子どもの2人だけでも十分楽しめます。

◆ 鏡ごっこ

子どもと向かい合って立ちます。1人は「鏡」、もう1人は「鏡を見る人」です。「鏡」になった人は、もう1人がすることを正確にまねします。最初はあなたが鏡に

なって、その後子どもに鏡をさせましょう。鏡の人がまねをしやすいように、ゆっくりとした動作を繰り返して行いましょう。

◆ パントマイム

子どもがよく知っている単純な動作を、体の動きで表現しましょう。動作の例として、バナナをむく、顔を洗う、歯をみがく、窓を開けるなどが考えられます。子どもに見せながら、ゆっくりと動作を行います。そして、あなたが何をしたのかを子どもにたずねます。子どもにパントマイムをさせるときは、ゆっくりとした動きで行い、細かい動作を忘れないことを教えます。例えば、「バナナをむくときはどうするのかな？」「レモンを食べるとき、口はどんな風になる？」などと質問しながらさせましょう。

◆ うれしい国、悲しい国

うれしい、悲しい、怒った、こわい、驚いたなどの基本的な感情をいくつか選びます。最初は、あなたがある感情を表現し、それを子どもにまねさせます。次に、ある感情を言葉で言い、それを表現することを子どもに教えます。その次は部屋の中の3つの場所（ソファ、部屋の隅、イスなど）を選び、それぞれに「○○の国」という感情の名前をつけます（ソファは「うれしい国」、部屋の隅は「怒った国」、イスは「悲しい国」というように）。例えばあなたが「うれしい国」と言うと、子どもはそこに行き、次の国の名前が呼ばれるまでうれしさを表現しなければなりません。ところどころで場合に応じて、子どもに助言したり励ましたりしましょう。

◆ 彫刻

あなたの頭と両腕をだらんと垂らします。子どもは「彫刻家」です。子どもはあなたの腕、頭、手、目、口などを好きなように動かし、「彫刻」を完

成させます。完成したら、あなたは彫刻のようにじっとしています。

◆ ごっこ遊び

ごっこ遊びは、お芝居遊びの中でも最も上級の遊びと言えるでしょう。ごっこ遊びの1つは、自分以外の人、例えばお母さん、スーパーマン、大きな船の船長などのふりをすることです。もう1つは、ある物を別の物として使う遊びです。例えば、小石がお金であるとか、人形が赤ちゃんであるといったふりをします。ごっこ遊びは子ども1人でも楽しめる遊びですが、大勢の遊びに加わる形のほうが簡単です。次にいくつかの例をあげてみましょう。

1．子どもに、スーパーマンやお父さんなど、よく知っている人やお話の中の人になるようにと言います。この種類のごっこ遊びがうまくできるようになったら、次は「誰かになってみなさい」と言い、子どもが演じているのが誰かを当てます。子どもたちは、この「誰だか当ててごらん」ゲームを子ども同士でよく遊びます。
2．子どもに、バスに乗っているふり、飛行機で飛んでいるふり、ヨットで航海しているふりなどをさせます。家の中にあるものを小道具に使わせてみましょう。
3．子どもがここまでの遊びをうまくでき、さらに難しいことをしても大丈夫と感じたら、2～3人の子どもたちと一緒に、短い簡単な劇をさせてみましょう（「赤ずきんちゃん」「3びきのクマ」やテレビ番組など、子どもの好きなお話で）。

◆ 最後に

おつかれさまでした！　この長い付録を読んで、いろいろなアイディアを思いつき、おそらくは読みながら実際にいくつか試してみたことでしょう。これらの遊びのスキルを教えたり、また、ここにあげたものに自分のアイディアをつけ加えたりしてみてください。

## 付録 E

# 実用学習スキルの練習プログラム

**目　次**

身の回りの文字を読む　363ページ
時計を読む　372ページ
お金を使う　377ページ

### ◆ 身の回りの文字を読む

　ここでは、最低限の身の回りの文字を読む練習をするプログラムを紹介します。このスキルが身につくと、子どもが身近な地域を1人で歩き回れる能力が飛躍的に高まります。このプログラムでは、標識や簡単な指示、店のメニューなどを読むことを教えます。これらのほとんどは一言で書かれていま

すが(「止まれ」「男」「入口」など)、文になっているものもあります(「入ってはいけません」など)。このプログラムは子どもにいくつもの長い文章を読むこと(今あなたがしていることです)を教えるものではありませんし、すでにある程度読むことができる子どもに対しては、適切なプログラムではありません。このプログラムに書かれているのは、その言葉まるごとを見分けるようになる方法です。つまり、このプログラムを練習するにあたって、文字を見分けたり読めたりする必要はありません。

　子どもと一緒に練習する前に、プログラム全体を読んでよく理解しておきましょう。

---

〈訳注〉ここでは文字を主に取り上げていますが、「トイレ」や「男性」「女性」「非常口」「エスカレーター」「エレベーター」など多くはシンボルマークで書かれています。これらを先に学ぶほうがより実用的です。

---

## ≫プログラムの前に

　このプログラムを始める前に必要なスキルの多くは、プログラムの途中で教えることができるものです。しかし事前に必要なスキルの1つに、図形の違いを見分けるスキルがあります。特に次のスキルは必要です。

1．ある形やデザインの絵と同じものを、3つ以上並んだ絵の中から選べる。

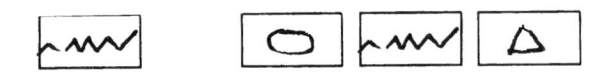

2．ある言葉と同じものを、3つ以上並んだ言葉の中から選べる。

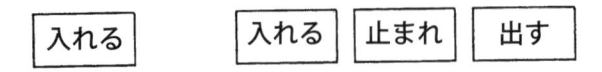

3．いくつかの言葉の意味がわかる。あなたが言った言葉の意味を、口頭または態度で教えることができる(「進め」「止まれ」「出口」など)。

　これらの基礎スキルが身についていない場合は、このプログラムを始める前に身につけておきましょう。最初の2つについては、同じ絵やカード2つ

付録E　実用学習スキルの練習プログラム

## 身の回りの文字の識別評価

| 言葉 | 識別 | 理解 | 言葉 | 識別 | 理解 |
| --- | --- | --- | --- | --- | --- |
| 進め〈訳注：信号〉 |  |  | 禁煙 |  |  |
| 止まれ〈訳注：信号〉 |  |  | 進入禁止 |  |  |
| 止まれ |  |  | 入場禁止 |  |  |
| 非常口 |  |  | 入るな |  |  |
| 危険 |  |  | お手洗い |  |  |
| 可燃物 |  |  | 男性 |  |  |
| 猛犬注意 |  |  | 男子 |  |  |
| 踏切 |  |  | 女性 |  |  |
| 有毒 |  |  | 女子 |  |  |
| 注意 |  |  | 警察 |  |  |
| 立入禁止 |  |  | 消防署 |  |  |
| 営業中、開 |  |  | 病院 |  |  |
| 閉 |  |  | 郵便局 |  |  |
| 準備中 |  |  | コインランドリー |  |  |
| 止まれ |  |  | バス |  |  |
| 進め |  |  | タクシー |  |  |
| オン |  |  | 家族の名前 |  |  |
| オフ |  |  |  |  |  |
| 入れる |  |  |  |  |  |
| 出す |  |  |  |  |  |
| 上 |  |  | 数字 |  |  |
| 下 |  |  | 0 |  |  |
| 押す |  |  | 1 |  |  |
| 引く |  |  | 2 |  |  |
| 左 |  |  | 3 |  |  |
| 右 |  |  | 4 |  |  |
| 下 |  |  | 5 |  |  |
| 曲がれ |  |  | 6 |  |  |
| 前 |  |  | 7 |  |  |
| 後ろ |  |  | 8 |  |  |
| 入口 |  |  | 9 |  |  |
| 出口 |  |  | その他の言葉 |  |  |
| 電話 |  |  |  |  |  |
| 食べ物ではありません |  |  |  |  |  |

（2枚）から始めます。子どもに、あなたが「同じものを見つけましょう」と言ったら片方をもう片方の上に重ねることを教えます。徐々にカードを増やしてテーブルに並べ、子どもが実際に正しい絵や文字を見分けることができるようにします。ときどき、並べたカードの順番を変えましょう。

### ≫ 評価

まずはじめにすべきことは、どの言葉を最初に教えるかを決めることです。子どもが自分の名字と名前を読めないのなら、それを最初に教えなくてはなりません。その他の言葉を選ぶ場合、前ページの「身の回りの文字の識別評価」が参考になるでしょう。このリストに、例えばよく利用するバス路線の名前など、子どもが頻繁に目にする言葉をつけ加えます。また、子どもがまだ理解できない言葉には線を引いて消しましょう。例えば、「危険」という言葉の意味がよく理解できない場合、それはもっとあとで教えます。つまり、子どもがはっきりと認識できる物体、動作、性質を表し、なおかつ頻繁に目にするような言葉を教えればいいのです。また、学校で見かける言葉を先生にたずねて、それをつけ加えるのもいいでしょう。

数字も、時間を知ったり、お金をやりとりしたり、電話を使ったり、住所を探したり、その他のさまざまな日常活動にとって大切なので、このリストに入っています。ほとんどの子どもには、いくつかの言葉を学んだあとで数字にとりかかったほうがいいでしょう。

### ≫ 道具

12×8センチの情報カードに、最初に教える言葉を1つずつ書き込みます。文字はそれぞれ太く、濃く、だいたい2～3センチ角の大きさになるように書きます。どの文字も、なるべく同じ濃さと大きさになるようにしましょう。識別のしやすさからいうと、ひらがなの文字列よりも漢字のほうがすぐれています。ここでは一般的な五十音の「読み」を学習するわけではありませんので、ひらがなにこだわらず、一般社会で使われているほうを選びます。

・・・・・・・・・・・・・・・・・・・・・・・・・ 例　外 ・・・・・・・・・・・・・・・・・・・・・・・・・

ひらがなで書かれているのを頻繁に目にするような言葉は、ひらがな

で書きます。また、自分の名字と名前は漢字でもひらがなでも読めるように教えましょう。

## ≫試行錯誤をしない

このプログラムは、試行錯誤をしないように作られています。教え方に間違いがなければ、子どもはほとんど間違えなくなるはずです。推測をさせてはいけません。推測して当てさせるのではなく、時間をかけて考えてわからなければ「わかりません」と言わせましょう。また、必要なときは助けを求めるように教えましょう。練習を重ねるにつれて手助けを徐々に減らし、最終的には子どもが自分で、少なくとも5回連続して正しい答えを出せるようにします。正しい答えが言えたら必ずごほうびをあげましょう。もしも間違えたときには、ごほうびを出さずに次の問題に進みます。推測させないようにするための方法をいくつか、あとで説明します。

## ≫予備テスト

子どもをゲームに誘いましょう。言葉を書いたカードを山にし、一度に1枚ずつ見せながら、「何と書いてあるでしょう」とたずねます。正しく読めたカードは山の下に重ね、読めなかったカードは別の山にして積みます。全部のカードを見せ、つねに正しく読める言葉がどれかを把握します。この予備テストは必ず行いましょう。子どもがすでにどれだけのことを知っているかに驚かされるかもしれません。子どもが読めなかったカードを使って、練習を始めましょう。

## ≫手順1：言葉を見分ける

この最初の手順では、あなたが見せる言葉を見分けて確認することを子どもに教えます。また、子どもに言葉を読み上げさせますが、これはその言葉を確認しやすくするためだけのものです。

まず、一度に3枚のカードを並べます。子どもがこの手順に慣れるにつれて、このカードは4枚から5枚に増やすことができます。しかし、カードを増やしたことで子どもが間違えやすくなった場合は、少しステップを戻してしばらくカードを減らしましょう。3枚のカードで練習を始めるのが子ども

にとって非常に難しい場合は、2枚に減らします。しかし、なるべく早く3枚で練習を行えるようにします。そのほうがプログラムがずっと進めやすいからです。

3枚のカードを選びます。子どもがすでに見分けられる言葉を2つ、まだ見分けられない言葉を1つ選びましょう（リストにある言葉を子どもが1つも見分けられない場合は、言葉を書いたカード1枚と白紙のカード2枚から始めます）。似ている言葉を選ぶのは避けます。悪い例と良い例は次のようになります。

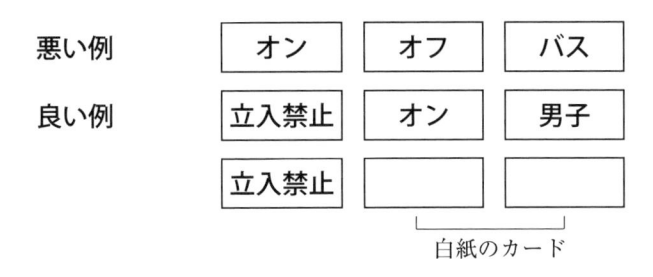

| | | | |
|---|---|---|---|
| 悪い例 | オン | オフ | バス |
| 良い例 | 立入禁止 | オン | 男子 |
| | 立入禁止 | | |

白紙のカード

1．最初の3枚のカードを、子どもの前に左から右へと1列に並べます。つねに左から右へ並べるようにします（横書きの文字は左から右へと読むからです。この方法で、子どもに左から右へと目を動かすことを教えます）。

2．カードを置きながら、それぞれのカードを読み上げます。子どもがそれぞれのカードを左から右へという順序で見ていることを確認しましょう。

3．正しいカードを指さしながら、もう一度言葉を読み上げ、それを子どもに復唱させます。言葉をゆっくりと「発音させる」のではありません。すばやく繰り返させます。そうすることで、子どもは言葉全体をひとまとまりのものとして認識します。するべきことを子どもが理解し、考えて推測する様子を見せなくなったら、徐々に指さしと読み上げをなくします（これには何日か、ひょっとすると何週間かかかるかもしれません）。

4．子どもが最初に読みを覚えるカードを選びます。「○○（その言葉）を見つけましょう！」と言います。そのカードを指さコさせるか、それをとってあなたに渡させます。推測させないことを忘れないようにし、必要なら手助けをします。

5．手助けがあってもなくても、子どもが正しいカードを選んだら「よくで

きました！　○○を見つけたわね！　これは何と読むでしょう？」と言います。必要ならヒントを出し、次のように言って答えを確認します。「そのとおり、○○ね！」。

6．カードの順番を変えて繰り返します。子どもが最初の言葉をつねに見つけ、読めるようになったら、カードを並べるときに読み上げないようにします（回を重ねるごとに読み上げる声をだんだん小さくすることもできます。手助けを一気になくすのではなく、こうやって徐々になくすと、子どもにとってはやりやすくなります）。子どもの前に、左から右へと黙ってカードを並べ、「○○を見つけましょう」と言い、見つけたら言葉を繰り返させます。

7．この方法でも子どもがつねに最初のカードを見つけ、読めるようになったら、同じカードの組み合わせのまま、同じ方法で２番目のカードを、次に３番目のカードを教えます。ここまで来たら、カードの順番や見つけるように言うカードをときによって変えましょう。最初の３枚のカードをつねに見分けられるようになるまでに、数回のトレーニング時間が必要かもしれないことを忘れないようにしましょう。根気よく教え、また、試行錯誤しない練習を守ります。毎回手助けなしに必ず正しいカードを選べるようになるまで、この課題を繰り返します。

　ここで、新しい言葉を教えるときに使う基本的な手順をまとめておきましょう。子どもがすでに知っている何枚かのカードに、新しいカードを選んで混ぜます。そして次のステップを行います。

1．最初は、あなたがカードを並べるときに読み上げるという方法で、何度か練習をします。たずねるたびに必ず子どもがその新しいカードを見つけ、読めるようになるまで、その新しい言葉の練習を続けます。

2．次に、その新しい言葉を見つけるように言うまで、言葉を読み上げないという方法で何度か練習します。ここでも、手助けなしに正しくカードを見つけ、読めるようになるまで繰り返します。

3．最後に、新しい言葉を探させたり、これまでに練習した言葉を探させたりするという練習をします。子どもがすんなりとこなせるようになるまで、これも繰り返します。

【忘れずに】子どもがマスターするまで、列に加える新しいカードは１枚だけにします。

毎回カードの並びを変え、子どもにはカードを見つけたら読ませるようにします。ある程度の数の言葉を教えたら、使っていないマスターした（「古い」）言葉のカードを山の中に入れます。この山を時々混ぜ、新しい言葉と一緒にその時々で違った「古い」言葉を使います。こうすることで、子どもが新しい言葉を習っている間に古い言葉を忘れるのを防ぎます。

## ≫手順2：言葉を読む

　基本練習手順（手順1）によって言葉を見分けることを学んだら、次はそれを自分で読むことを学びます。これは関連したスキルですが、やや難しくなります。基本のステップは同じですが、1カ所違うところがあります。カードを並べたあと、新しいカードを指さして、「これは何でしょう？」とたずねるのです。あなたがこれまでに言っていない言葉を言うのが、ここでの課題です。新しいカードを入れるときは、手順1のステップ（一度に1枚ずつ）を使います。

　ここでも、推測をさせてはいけません。考えてもわからなかったら、当てずっぽうに言わずに「わかりません」と言わせます。必要なら「教えてください」と頼むことを教えましょう。答えを言う前に数秒待たせるという方法が役に立ちます（子どもが正しい答えを知っていても知らなくても待たせます）。例えば、並んだカードの中の新しい言葉を指さし、「これは何でしょう？」とたずねて、3〜4秒待ちます。これによってとっさに当てずっぽうを言うのを防ぎ、子どもはこの短い待ち時間のあとで、正しい答えか、「わかりません」を言うことができます。

---

**例　外**

　子どもが人にわかるようにはっきりと言葉を発音したり、手話を操ったりすることができない場合は、あなたが言葉を指さしたときに、さまざまな絵の中から言葉に合うものを選ばせることができます。この方法で、子どもは自分がその言葉を知っていることを示せます。

---

## ≫手順3：フラッシュカードで練習する

　並んだ3〜5枚のカードの中から指示された言葉を簡単に読むことができ

るようになったら、フラッシュカード方式の練習を行うと、言葉がより身につくでしょう。言葉のカードを山にし、一度に1枚だけを子どもに見せます。「これを読みましょう」と言います。一番上のカードが読めたら、それを一番下に回し、次のカードを見せます。子どもが読む速さに応じて、ぎりぎりの時間だけ見せます。読めなかったカードは、あとで復習するために別の山にしておきます。言葉はひとまとまりのものとして読ませなくてはならないことを忘れないようにしましょう。1文字ずつ発音させてはいけません。

　ここまで、正しい答えを言うたびにごほうびを与えていた場合は、いくつかの言葉を連続して読めた場合にだけごほうびをあげることにしましょう。ごほうびは徐々に、より多くの言葉を答えられたあとか、または課題により長くとりかかっていたあとにしていきます。子どもが新しい言葉を正しく覚え続けるかぎり、これを続けます。間違いがあってもそのときには訂正せず、間違った言葉の山をゆっくりと注意深く練習し直して、このときは正しい答えが言えるたびにごほうびをあげます。いくつかの言葉を忘れてしまったように見えたら、手順1と2に戻り、教え直しましょう。その後、これらの言葉をフラッシュカードの山に戻します。

●●●●●●●●●●●●●●●●●●●●ひとことアドバイス●●●●●●●●●●●●●●●●●●●●
　このプログラムを使って、かなり多くの身の回りの言葉を教えることができるでしょう。また、時々フラッシュカード練習をすれば、子どもの記憶を維持することができます。100以上の言葉を覚え、もっと学びたい様子を見せたら、長い文章を読むための正式な教育を求めるといいでしょう。いつものように、学校の先生としっかり連絡をとって身の回りの言葉を教えていることを伝え、先生と協力していきましょう。
●●●●●●●●●●●●●●●●●●●●●●●●●●●●●●●●●●●●●●●●●●●●●●●●●●●●

## ≫手順4：外に出て身の回りの言葉を読む

　フラッシュカード練習で言葉を正しく読めるようになったら、外に出て、そこにある言葉に注意を向けさせましょう。車に乗っていたり、歩いていたりするときに、標識などの言葉を指さし、子どもにそれを見分けさせます。戸外にある表示はいつものフラッシュカードのものとは違って見えるので、最初は難しいかもしれません。

標識などの色、形、場所によって言葉の選択肢は狭まり、正しい言葉が思い出しやすくなります。例えば、交差点に立っている赤い三角形の標識は「止まれ」に決まっていますし、信号機に書かれている文字は「進め」か「止まれ」のどちらかですし、トイレのドアに書いてあるのは「男」か「女」（またはそれに類似した言葉）のどちらかです。

身の回りの言葉を練習するために、ほかのやり方を取り入れることもできます。外にあるさまざまな標識や看板の写真、雑誌の切り抜きを貼り合わせたノートを作ってみましょう。このときも実際の戸外の練習と同じく、新しい言葉を取り入れるのは子どもがフラッシュカード練習をマスターしたあとにします。

## ◆ 時計を読む

このプログラムでは、子どもにアナログ時計の読み方を教えます。デジタル時計は非常に普及していますが、アナログ時計の読み方を教えることをおすすめします。時計の文字盤によって、子どもは今の時刻がわかるだけでなく、時間の感覚も発達させることができます。多くの子どもは意味もわからないまま、機械的にデジタル時計に反応してしまっています。いったんアナログ時計を読むことをマスターしたら、そのスキルをデジタル時計に応用することは難しくありません。

時計を読むスキルを上達させるには、根気強い指導が必要です。しかし、子どもにとってもあなたにとっても、努力した甲斐は必ずあります。時間がわかるということは、自立への大きな一歩なのです。

### ≫ プログラムの前に

まず、プログラムを始める前に必要なスキルがどこまでできるか確認しましょう。ただし、子どもがこれらを知っていることがよくわかっている場合は、必要ありません。知らない場合は時計プログラムを始める前に教えておくと、非常に役に立ちます。時計の読み方を教えながら、同時に1から12までの数の数え方も教えようとすると、子どもにとってもあなたにとっても、やることが多すぎていらいらすることになるでしょう。

——1から12まで数えられる。

付録E　実用学習スキルの練習プログラム

──1から12までの数字を見分けられる（数字を言って適切な数字を指さしできる）。
──1から12までの数字を順番に並べられる。
──時計の文字盤の形に、1から12までの数字をぐるりと並べられる。
──長い針と短い針を見分けられる。
──時計の針がどの方向に回るか（時計回りの方向が）わかる。
──60まで数えられる。
──60まで、5とばし、10とばしで数えられる。

### ≫スキル評価

時計スキル評価表（374ページ）に沿って子どものスキルを確認します。評価の項目は、やさしいものから難しいものへと並んでいます。また、項目は後述するプログラムの進度に対応しています。評価の中で子どもが最初に間違えた項目に対応するプログラム項目から、練習を始めましょう。

### ≫教材

針の動く、大きなおもちゃの時計が必要です。紙皿を使って手作りすることもできます。厚紙で針を作り、それを割ピンで台にとめます。2本の針の長さには大きな差をつけます。長針に色をつけてもいいでしょう。外側を回るように時刻を書き、11と12、12と1の間には、1分を表す小さな刻みを入れます。時計の読み方をマスターするには時間がかかることが多いので、文具店やおもちゃ屋さんなどで市販の教材用時計を買うのもいいでしょう。

市販の公文時計は、時計の読みを教えるのに適した市販教材です。「時」と短針は赤、「分」と長針は青で表示されています。短針・長針それぞれが示す同じ色の数字を読むだけで、時刻が簡単にわかるようになっています。

## ≫ 試行錯誤をしない

多くの子どもは、時刻を正しく読むことを学んでも、わからない時刻についてはすばやく当てずっぽうを言い、しかもたいてい間違っているということになりがちです。このプログラムの基本ルールは、当てずっぽうを許さないということです。ここで紹介する手順は、試行錯誤をしないプログラムで

---

### 時間スキル評価表（例）

教材の時計を、次に書かれた時刻にそれぞれ合わせます。「これは何時でしょう？」とたずねます。子どもが手助けなしに答えられた正解だけを数えます（ただし、少し手伝ってもらっただけだったら、そのことを書いておきます）。1つの項目の中でいくつも間違うようになったら、そこで中断します。

A　時間単位
1：00
3：00
6：00
7：00
11：00
12：00

B　30分単位
2：30
3：30
8：30
10：30
12：30
6：30

C　10分単位
1：20
3：30
4：20
6：40
7：50
10：50

D　5分単位
1：15
3：25
5：35
7：45
10：45
11：55

E　1分単位
1：07
3：23
5：28
6：32
9：47
11：52

す。教え方が正しければ、子どもはほとんど間違えないはずです。よく考えて、わからなければ手助けを求めさせましょう。必要なら、遅延方法を使います。答えを当てずっぽうですばやく言うことを避けるために、質問に答える前につねに数秒待たせるのです。

## ▶手順１：時間単位で教える

　練習用の時計をちょうどの時刻に合わせます（8時など）。子どもに、短針を指ささせます。「これは何時でしょう？」（必要なら答えを教え、それを復唱させます）「これは何時でしょう？」（子どもが当てずっぽうに言おうとする場合は、答えを言う前に少し待たせます）「そのとおり、8時ね。よくできました」。

　必要なら、時刻の数字を指さしてヒントを与えます。この指さしは、徐々になくしていきます。前述した公文時計では短針の色と時の文字色が一致しているので教えやすいと思います。自作の場合もそのようにそろえるといいでしょう。

・さまざまな時刻を設定して練習しましょう。最初は、順番に時刻を進めます。その後、いくつか飛ばしながら進めます。
・架空の1日を想定し、さまざまな活動が起きる時刻について練習しましょう。
・ゲームをしましょう。「これは5時ですか？」とたずね、子どもに「はい」か「いいえ」で答えさせます。「いいえ」の場合は、正しい答えを言わせます。

## ▶応用

　あなたが言った時刻を、子どもに合わせさせます。子どもが短針だけ動かせばいいように、長針は12に固定しておきます（あとでこの補助はなくします）。必要なら、最初は短針が指すべき正解の数字を指さして教えますが、この誘導は徐々になくしていきます。12時を教えるのは最後にします。その他の時刻をヒントなしにつねに正しく理解できるようになったあとにしましょう。手順2に進む前に、ごくたまにヒントをもらうだけでどの時刻もつねに正しく見分けられなくてはなりません。

## ≫手順2：30分単位で教える

　手順1と同様に練習用の時計を用い、時間スキル評価表Bのような時刻（○時30分）に合わせておきます。そして「これは何時何分ですか」と質問します。直後に子どもの手を取って短針のほうに誘導し、手順1と同様に「○時」と言わせます。その後すぐに長針のほうに誘導し、「30分」というようにモデルを出してまねさせます。これも、短針の色と時の数字の色、長針の色と分を表す数字の色を同じにしておくと理解がしやすいです。ランダムに示しても正しく連続して言えるように何度も練習します。その後、こちらが言った時刻（○時30分）に対して子どもに時計を合わせさせる課題にも取り組みましょう。

## ≫手順3：10分単位で教える

　手順1や2と同様に練習用の時計を用い、時間スキル評価表Cのような時刻（すべて○時○十分）に合わせておきます。そして「これは何時何分ですか」と質問します。直後に子どもの手を取って短針のほうに誘導し、手順1と同様に「○時」と言わせます。その後すぐに長針のほうに誘導し、「○十分」というようにモデルを出してまねさせます。ランダムに示しても正しく連続して言えるように何度も練習します。スキル評価表などでもあるように「10時50分」など短針と長針の重なるような場合の応答と、40分以降は短針の針が次の時を表す文字盤数字へ近づいてしまうので、「時」の単位を近づいている文字盤数字で答えてしまう子どもが多いので注意します。この場合は公文時計にあるように時刻をあらわす文字盤数字の間に正しい数字が入っている手がかりがあると答えやすいです。その後、こちらが言った時刻（○時○十分）に対して子どもに時計を合わせさせる課題にも取り組みましょう。

## ≫手順3以降

　手順3以降も同様に進めます。

## ≫ほかの時計の読み方や、ほかの時刻の数え方を教える

　ここまでの時刻の読み方がすべてマスターできたら、教材用時計の3、6、9、12以外の数字を全部隠して練習します（実際にこのような時計があります

ね)。家の中にあるいろいろな時計でも練習しましょう。子どもに腕時計を買い与え、それを身につけさせましょう。機会を見つけて子どもに時刻をたずねます。

いろいろな時刻の読み方を練習しましょう。
1．8時半は、8時30分と同じです。
2．「8時10分」と「8時10分過ぎ」は同じです。また、「○分前」と「あと○分」は同じです。
3．8時10分は8時10分過ぎと同じです。
4．デジタル時計の読み方を教えるのは、おそらくもっとあとがいいでしょう。

次に、AM、PM、午前、午後、正午、零時を教えます。また、「○分後」が何時何分かも教えましょう。

1日の中の重要なできごとと時刻を関連づけることは、引き続き行います。1月のさまざまな時点で、子どもに時刻をたずねましょう。

ここまで来られたら、おめでとうございます！　難しいですが役に立つ情報スキルを子どもに教えることができたのです。

## ◆ お金を使う

このプログラムは、お金を使う基本的なスキルを教えるために作られています。このスキルには、硬貨の名前を覚えること、同じ金額の硬貨を判断すること、1000円までの金額を数えること、1000円までのお釣りを計算することが含まれます。これらのスキルがしっかり身につけば、より進んだお金の使い方や管理を教えるときに非常に役に立ちます。

### ≫ スキルの評価

次ページのお金に関するスキルの評価で、子どものスキルを確認しましょう。評価の中の項目はプログラムの進度に沿っており、基本的に、徐々に難

しくなっています。評価によって、プログラムのどこから始めるかを判断します。

> 1. 硬貨を見分ける
>    次の硬貨を見分け、名前を言うことができる。
>    ——1円
>    ——5円
>    ——10円
>    ——50円
>    ——100円
>    ——500円
> 2. 硬貨のカウンティング（1種類）
>    ——1円のカウンティング
>    ——10円のカウンティング
>    ——100円のカウンティング
>    ——5円、50円、500円のカウンティング
> 3. 硬貨のカウンティング（2種類以上）
> 4. 繰り上がり
> 5. フェイディング
> 6. 少し上の金額を払う

### ≫道具

トレーニング用に各硬貨を10枚程度まとめて封筒に入れておくといいでしょう。そうすれば、毎日トレーニングのたびに小銭を探し回る必要がありません。ほかには、硬貨を並べるためのカードがあれば十分です。これは厚紙で簡単に作ることができます。

### ≫試行錯誤をしない練習

このプログラムも、ほかのプログラムと同じように、試行錯誤をしないように作られています。正しく指導すれば、子どもはほとんど間違いをしないはずです。基本ルールは、「当てずっぽうで言わせない」ということです。ゆっくり考えさせて、当てずっぽうを言うのではなく、わからないときは「わからない」と言わせましょう。どれだけ手助けをしたとしても、正しい

答えが言えたらごほうびをあげます。

　お金を数えることには時間がかかります。また、間違いをする落とし穴がたくさんあります。間違いは起こるものと考えておきましょう。間違いをしそうだと思ったら、いったん作業を中断させ、少し手を貸すか、最初からやり直させましょう。ステップが進み、お金を数えることに多少習熟してきたら、間違いが起き始めたところで少し待ち、子どもが自分で修正できるかどうか見てみましょう。しかし最初のうちは、手を貸すことで間違いをなくします。

## ≫手順1：硬貨を見分ける
　この項目の目的は、1円～500円を見分けることです。
### ◆見分け方
　1円、5円、10円、50円、100円、500円とありますが、最初は1円、10円、100円を使って練習します。
　子どもの前に選択肢として何種類かの硬貨を呈示します。一度に示す硬貨の種類は最初の段階2、3種類であまり多すぎないほうがいいでしょう。そして例えば1円、10円、100円の硬貨を子どもの前に1枚ずつ出して、「100円ちょうだい」と言います。子どもが適切な硬貨をとって渡すことができたらほめて、トークンやごほうびを渡します。
　うまくいかないときは、軽い誘導やポインティングを使って手助けし、正解をとらせてほめます。そして徐々に手助けを減らしていきます。言葉で教示してとれる硬貨が増えてきたら組み合わせを変えて5円、50円、500円など新しい硬貨を入れて練習します。
### ◆硬貨の名前を言う
　硬貨を見分けられるようになったら、それぞれの名前を教えましょう。ここでも、簡単なものから始めます（1円と10円など）。今後はどちらがどちらかを指し示させるのではなく、それぞれの硬貨を指さして「これは何というお金でしょう？」とたずねます。
　同じやり方を繰り返しながら、徐々に難しいものへと進んでいきましょう。子どもがまったく――またはほとんど――間違いをしないように、ゆっくりと進めることを忘れずに。

2つ以上の硬貨を見ながら名前が言えるようになったら、今度は一度に1つずつ見せ、「これは何というお金でしょう？」とたずねます（少なくとも最初のうちは、何枚かの硬貨を並べて復習する必要があるかもしれません）。

## ≫手順2：硬貨のカウンティング（1種類）

最初は硬貨を1種類だけ選んで練習します。1〜10まで数えることができることがこの課題をする前提条件です。

◆ 1円のカウンティング

**出された硬貨をすべて並べて答える**

出された硬貨をすべて並べて答える場合と指示された金額のみ抽出して答える場合の2つがあります。最初はすべて並べて答えるほうから学習します。まず1円玉を1枚から10枚用意します。そこから何枚か硬貨を取り出し、子どもの前に置き「何円ある？」と質問します。

縦に5つずつ2列のマス目のシートを用意し、それに提示された硬貨をすべて並べてカウンティングして答えさせるように手助けします。

**指示された金額のみ抽出して答える**

この課題は実際にお金を支払う場合につながっていくものです。視覚的な手がかりとして金額の書かれたカードを併せて提示すると課題が簡単になります。実際はレジの数字を見て支払うことも多いので、「7円ください」という音声を記憶し、必要な枚数抽出できるというように、音声だけに頼って

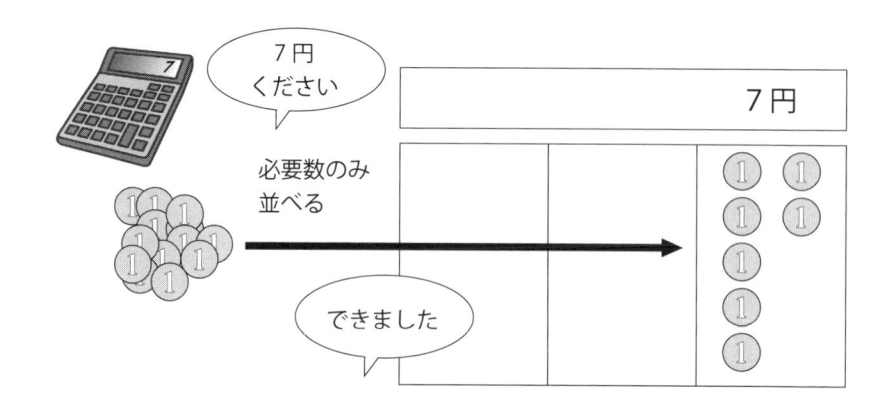

教えなくてもいいでしょう。もちろん数的な能力があればそれにもチャレンジしてみてください。また、この課題のようにいくつかのものの中から特定の数を抽出する課題では「できました」という言葉を言うことを教える必要があります。

◆ **10円のカウンティング**

1円での指導と同じように、10円玉のみを使って10〜100まで10飛ばしに数えることができるようにします。

◆ **100円のカウンティング**

これも10円と同じように指導します。

◆ **5円、50円、500円のカウンティング**

位取りの苦手な子は5ずつ繰り上がることは後で教えたほうがいいと思います。

## ≫ 手順3：硬貨のカウンティング（2種類以上）

2種類以上の硬貨が混ざった状態でのカウンティングを行います。

1円と10円、10円と100円、1円と100円の組み合わせから順に始めます。前ページのようなシートを使います。各金額のところに縦5マスの2列ずつの枠があってもわかりやすいです。1円と10円では、各硬貨を1から9枚混ぜて手渡し「全部で何円？」と質問します。子どもはシート上の該当のマス目に硬貨を並べたのちに、カウンティングして答えます。

1つの組み合わせを達成したら、次に10円と100円、1円と100円の組み合わせに移るようにします。手順2と同様に**指示された金額のみ抽出して答える課題**も行います

その後1円、10円、100円の3種類の硬貨が混ざった状態でのカウンティングへと進みます。最後に5円、50円、500円の混ざった状態でのカウンティングを行います。

## ≫ 手順4：繰り上がり

例えば次ページの図のように1円の位で10円分たまった場合、重ねて上の位に置くようにします。数えるときは「10、20、30、40」と数えようにします。上に置かれた1円玉に引きずられて「10、20、30、1」と数えてしまう

エラーが出やすいので、できるようになるまでは指導者が一緒に数えることが必要です。

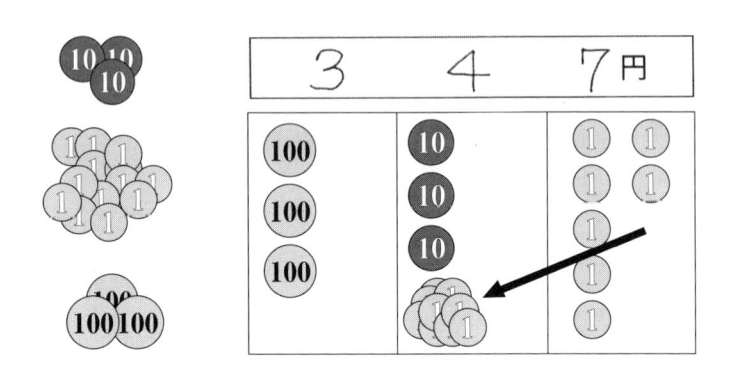

### ▶手順5：フェイディング

　最終目標はレジでの支払いと所持金のカウンティングです。レジでの支払いはレジ数字を見て必要な枚数だけ財布から出すということです。所持金のカウンティングは、小遣い帳を記入するときなどに所持金すべてを数えるということです。枠付きのシートをはずしてもできるように、また金額カードを電卓にしてもできるように徐々にフェイディングします。

### ▶手順6：少し上の金額を払う

　例えば財布の中に100円玉が3枚、10円玉が5枚で全部で350円入っていたとして、お店での代金が180円であったとします。この場合、ちょうどの金額を支払うことはできません。子どもによっては「ありません」と言ってしまう子もいます。この場合は200円出しておつりをもらえばいいのですが、これを教えるにはどのようにすればいいでしょうか。
　例えば、10円玉4枚、100円1枚を財布に入れておき、「〇〇円ください」と教示します。この場合、10円～100円について言えば、ちょうどの金額を払えるものは100円、10円、20円、30円、40円の5つであり、100円を出しておつりをもらうのは50円、60円、70円、80円、90円の5つの場合ですね。ちょうどで払える場合とおつりをもらう場合の全部で10パターンの問題をラ

ンダムに出すようにするわけです。それができたら今度は所持金の額を変えてみて同様のことが応用できるかテストしてみます。
　これら実用スキルは机上の学習だけでなく、常に日常での使用を意識して、どこまで子ども自身の力でできるかを試しながら進めてください。

## 監訳者あとがき

　本書は、米国の特別な支援ニーズをもつ子どもたちの親に向けて書かれた家庭療育のベストセラーです。基本となる理論や指導プログラムは、応用行動分析学（ＡＢＡ）という科学的な研究によって指導効果を証明された学問に基づいています。
　また、本書の対象となる子どもは幼児から青年まで幅広く、基本的には知的障がいのある人や発達障がいのある人です。
　家庭での子育ての目標や価値観は、親御さん１人ひとりによってさまざまですが、共通に願うところは「子ども自身が幸せを感じながら生活をおくること」ではないでしょうか。本書は一見指導書のようですが、原著者たちが目指しているものは、「何でも１人できるようにならなければならない」ということではありません。
　知的な障がいや自閉症があるということは「学べない」ということではなく、「学ぶのに工夫が必要」ということなのです。その工夫がＡＢＡの指導技法なのです。本書はそんな「子育ての工夫」を日常的な子育ての中から本書をヒントに学んでいただき、本人と家族の生活に役立ててもらうことを目的としているのです。環境の工夫や構造化を行いながら、学びの工夫をすれば、１人でできることも増えてきますし、それによって本人の楽しみになる活動も増えてくるでしょう。
　本書は、親向けに書かれた本ではありますが、先生方や支援者の方の勉強会の入門書としても適切な教材となるはずです。特に問題行動へのアプローチのセクションは、特別支援学校の先生方や福祉施設の先生方全員がぜひ共

通理解していただきたいと思います。またペアレント・トレーニングの中でテキストとして活用していただいたり、親御さん同士の勉強会の中でみんなで輪読されるといいと思います。

　訳出にあたっては、専門用語を使わずできるだけ平易な言葉にしました。また、生活習慣や文化の違いを考慮し、課題の一部を改編してあります。

　本書のプログラムはもちろんそのまま誰にでも使えるわけではありません。1人ひとりの親御さんが、自分の子どもにあった服を選んだり仕立ててあげるように、調整してあげてください。自分の子どもにぴったり合わせるためのヒントをたくさん発見していただくことが私の願いです。

2011年6月

井上雅彦

【著者紹介】
**ブルース・L・ベイカー**　Bruce L. Baker
カリフォルニア大学ロサンゼルス校心理学教授。1975年よりカリフォルニア大学の心理学教授。過去には臨床心理学課程の責任者を務め、現在は発達遅滞の子どもにおける精神障害の改善に関する研究を指揮。1966年にイェール大学で臨床心理学の博士号を取得し、その後9年間ハーバード大学で講義を行う。教職生活の間に、精神遅滞の子どもたちとその保護者のために多くの教育プログラムを開発。精神遅滞と家族に関する専門誌5誌の編集顧問を務め、また、子どもたちと家族に重点を置く多くの専門家組織やボランティア組織にかかわる。妻ジャンおよび2人の子どもとともにロサンゼルス在住。

**アラン・J・ブライトマン**　Alan J. Brightman
アップルコンピュータ世界の障害者のための対策グループ（Apple Computer's Worldwide Disability Solutions Group）とAT&Tラボ・ティーンエイジ部門の創設者。ハーバード大学で教育学博士号を取得、またマサチューセッツ大学より名誉科学博士号を授与。障害や慢性病をもつ子どもたちに対する固定観念の打破を、幅広いさまざまなメディアによって訴える。全米各地の教育団体の私的顧問を務め、スティーヴン・スピルバーグ氏のスターブライト財団の理事およびマイクロソフトのアクセシビリティアドバイザー委員会の一員でもある。妻メリッサ、息子アレックスおよびジェシーとともにカリフォルニア州北部在住。

【監訳者紹介】
**井上雅彦**（いのうえ　まさひこ）
1965年生まれ。鳥取大学医学系研究科臨床心理学講座教授。同大学医学系研究科附属臨床心理相談センターにおいて、発達障害を中心とした多くの相談を受けながら、自閉症に関する臨床と研究に取り組んできている。専門は応用行動分析学、臨床心理学。筑波大学大学院博士課程心身障害学研究科修了。兵庫教育大学障害児教育実践センター助手、同大学発達心理臨床センター助教授、同大学大学院臨床・健康学系准教授を経て、現職。臨床心理士・専門行動療法士・自閉症スペクトラム支援士エキスパート・学校心理士。
著作に『家庭で無理なく楽しくできる生活・学習課題46』（学研、2008）、『家庭で無理なく楽しくできるコミュニケーション課題30』（共著、学研、2010）、『発達障害の子を育てる家族への支援』（共著、金子書房、2007）、『自閉症支援の最前線』（共編著、エンパワメント研究所、2010）など多数。

【訳者紹介】
**挙市玲子**（こいち　れいこ）　［謝辞、まえがき、第1章〜第14章担当］
1968年生まれ。東京外国語大学英米語学科卒業。主な訳書に、シネマシナリオ『ショーシャンクの空に』『究極の英語リスニングWORLDWIDE』（以上、アルク）、『世界ホームレス百科事典』（共訳、明石書店）など。

**谷口生美**（たにぐち　なるみ）　［第15章〜第18章、付録担当］
1964年京都府生まれ。大阪外国語大学ロシア語学科卒業。共訳書に『エンパイアの興亡』（社会思想社）、『世界ホームレス百科事典』（明石書店）など。

親と教師が今日からできる
# 家庭・社会生活のためのＡＢＡ指導プログラム
――特別なニーズをもつ子どもの身辺自立から問題行動への対処まで

2011年7月21日　初版第1刷発行

著　者　　ブルース・L・ベイカー
　　　　　アラン・J・ブライトマン
監訳者　　井　上　雅　彦
訳　者　　挙　市　玲　子
　　　　　谷　口　生　美
発行者　　石　井　昭　男
発行所　　株式会社　明石書店
　　〒101-0021　東京都千代田区外神田 6-9-5
　　　　　　　電　話　03（5818）1171
　　　　　　　ＦＡＸ　03（5818）1174
　　　　　　　振　替　00100-7-24505
　　　　　　　http://www.akashi.co.jp

装幀　　桜井勝志
印刷　　モリモト印刷株式会社
製本　　協栄製本株式会社

（定価はカバーに表示してあります）　　ISBN978-4-7503-3432-5

Japanese translation © 2011 Masahiko Inoue, Reiko Koichi and Narumi Taniguchi

## 読んで学べるADHDのペアレント・トレーニング むずかしい子にやさしい子育て
C.ウィッタム著 上林靖子、中田洋二郎、藤井和子、井澗知美、北道子訳
●1800円

## きっぱりNO!でやさしい子育て 続・読んで学べるADHDのペアレント・トレーニング
シンシア・ウィッタム著 上林靖子、藤井和子監修 門脇陽子訳
●1800円

## 親力をのばす0歳から18歳までの子育てガイド ポジティブ・ディシプリンのすすめ
ジョーン・E・デュラント著 社団法人セーブ・ザ・チルドレン・ジャパン監修 柳沢圭子訳
●1600円

## いっしょに考える家族支援 現場で役立つ乳幼児心理臨床
青木紀久代編著
●1600円

## 家族が変わる 子育てが変わる コミュニケーションのヒント 子どもの生きる力を育てる
岡田隆介著
●2000円

## 困っている子を支援する6つのステップ 問題行動解決のためのLSCI（生活空間危機介入）プログラム
藤野京子
●1500円

## おこりんぼうさんのペアレント・トレーニング 子どもの問題行動をコントロールする方法
ジェド・ベイカー著 竹迫仁子訳
●1800円

## ワークブック おこりんぼうさんとつきあう25の方法 「怒りのマネージメント」による子どもの理解と対応
W.パトニー、E.ホワイトハウス著 藤田恵津子訳
●1300円

## むずかしい子を育てるペアレント・トレーニング 親子に笑顔がもどる10の方法
野口啓示著 のぐちふみこイラスト
●1600円

## 子どもと青年の破壊的行動障害 ADHDと素行障害・反抗挑戦性障害のある子どもたち
ロバート・L・ヘンドレン編著 田中康雄監修 松井由佳訳
●2500円

## 自閉症百科事典
ジョン・T・ネイスワース、パメラ・S・ウルフ編 萩原拓監修 小川真白、徳永優子、吉田美樹訳
●5500円

## 発達障害事典
パスカル・J・アカルド、バーバラ・Y・ホイットマン編 上林靖子、加我牧子監修 中野良顯、小野次朗、榊原洋一監訳
●9800円

## 特別支援教育 特別なニーズをもつ子どもたちのために
ウィリアム・L・ヒューワード著 中野良顯、小野次朗、榊原洋一監訳
●15000円

## 発達につまずきがある子どもの子そだて はじめての関わり方
湯汲英史編著 発達障害がある子の「生きる力をはぐくむ」1
●1500円

## 子どもと変える 子どもが変わる 関わりことば
湯汲英史 場面別指導のポイント 発達障害がある子の「生きる力をはぐくむ」2
●1500円

## ことばの力を伸ばす考え方・教え方 話す前から一・二語文まで
湯汲英史編著 発達障害がある子の「生きる力をはぐくむ」3
●1500円

〈価格は本体価格です〉